Index to
The Tithables of
Loudoun County, Virginia
and to
Slaveholders and Slaves

1758-1786

Compiled and Edited by
Margaret Lail Hopkins

Copyright © 1991
Margaret Lail Hopkins
All Rights Reserved
Published by Genealogical Publishing Co., Inc.
1001 N. Calvert Street, Baltimore, MD 21202
Library of Congress Catalogue Card Number 91-74046
International Standard Book Number 0-8063-1320-X
ISBN: 978-0-8063-1320-7
Made in the United States of America

INTRODUCTION

In some instances during the Colonial era in Virginia, Anglican Church parishes were created by the General Assembly years before counties were established as units of government. During the interim, the parish vestries performed many civil functions such as the assessment and collection of taxes, or "tithes" as they were called then. Such was the case when Cameron Parish was created in 1748, nine years ahead of the establishment of Loudoun County in 1757. Even after the formation of Loudoun County, the Cameron Parish Vestry continued for many years to exert its influence and control over civil affairs. Gradually, however, the county government assumed full control but continued to observe parish lines and customs.

During the November Session of 1769, the General Assembly formed Shelburne Parish out of the major portion of Cameron. This division was not reflected in the annual lists of tithables, however, until the year 1771, when the lists appeared for the first time in a two-part form, one part for Cameron Parish and a separate part for Shelburne Parish.

The annual lists for the years 1758-1786 are housed in the Clerk's Office of the Loudoun County Courthouse at Leesburg, Virginia. They consist of 1,279 handwritten pages of varying sizes and are numbered and arranged in chronological order. They all, however, show the ravages of time. Some are dated inaccurately and many years have missing parts. After some rearrangement and careful editing, these lists form the basis of the INDEX which follows.

An act passed by the General Assembly in 1748 defined tithables as "... all male persons of the age of sixteen years and upwards, and all negroe, mulatto, and Indian women of the same age, except Indians tributary to this government, and all wives of free negroes, mulattos, and Indians ... excepting such only as the county courts, for charitable reasons appearing to them, shall think fit to excuse." (THE STATUTES AT LARGE..., Vol. 6, pp. 40-41). (Around 1782, however, the annual lists of tithables began to include slaves under the age of sixteen).

The names of slaveholders and slaves included in the second compilation have been extracted also from the original unpublished lists of tithables for Loudon County, Virginia, 1758-1786. These records are incomplete and poorly organized because, unfortunately, modern-day counties do not provide funds for the proper management of old records used for genealogical and historical research.

It was the custom during the Colonial era to list only the first names of slaves under the full names of their masters. As individual slaves were freed, however, they acquired surnames which are recorded irregularly in the list which follows on page 93 and are so indicated by an asterisk. (A few names of Indians are indicated also by an asterisk). After the Civil War had ended and all slaves had been freed, each family was required by law to take a surname. In many cases they chose the surname of their former master. That is why this present work may provide assistance to those blacks who today may be interested in tracing their ancestors.

The 2-digit dates placed after each slave's name indicate the years during the 1700's he or she appeared in the annual lists of tithables.

Margaret Lail Hopkins
March 15, 1991

FOR

My grandchildren: William Keith, Jr., David Roger, Susan Elaine, and Linda Catherine

ACKNOWLEDGEMENT

To Louisa S. Hutchison, I owe a lasting debt of gratitude for the many months she spent revising my transcription of the names which are recorded in the original lists of tithables of Loudoun County, Virginia, for the years 1758-1786. Her ability to decipher names which had been spelled phonetically by German as well as English tithetakers and written down in a script faded with age and barely legible was remarkable. Without her, this volume would have lost much of its credibility.

To the Loudoun County Clerk of Court's Office, I express my sincere thanks for permission to photocopy the original lists and work from them at home.

To Kathy Smith, my congratulations and appreciation for her expert use of the word processor and for enlisting the aid of her husband, Buddy, in the tedious proofreading they both did.

INDEX TO
THE TITHABLES OF
LOUDOUN COUNTY, VIRGINIA
1758-1786

KEY TO ABBREVIATIONS

c .... Cameron Parish

s .... Shelburne Parish

Examples

60 .... 1760 (no division of parishes
                              before 1771)
72s .... 1772 Shelburne Parish
84c .... 1784 Cameron Parish

Capt .... Captain
Col .... Colonel   Military Rank
Maj .... Major

Wid .... Widow

A

Abbett (Abbet, Abbitt, Abbot,
     Abett, Albott)
  Edward 78c-80c
  James 60-63, 65, 68, 70, 71s-72s
  Joseph 81c
  Joseph 65, 70, 71s-72s
  Ablen see Eblen
Abraham
     Dutch 71s
     Joseph 73c-74c
     Moses 75c-77c
Abury see Allbury
Achison, John Jr. 69
Acker (Accor, Ackor, Acor, Echor)
  Peter 68, 70, 71c-77c, 79c
  William 74c-75c
Ackley (Achy, Ashley, Askley,
     Atchley, Atchly, Eckley)
  Abraham 78s
  Barnett 70
  Daniel 75s, 78s
  James 83s
  Joseph 63, 68, 78s
  Joshua 73s, 75s-78s
  Joshua Jr. 76s-77s
  Martin 76s-78s
  Peter 68, 70, 71s
  Thomas 72s-73s, 75s, 78s
Acline see Axline
Acock, John 70
Acquaintance (Quaintance)
  William 74s, 79s
Acres see Akers
Acton see Ecton
Adams (Adam, Adamson, Addam,
     Adeems, Adems, Adoms)
  Abednego 63
  Andrew 60-61, 63-65, 68, 70,
     71s-77s, 79s-80s
  Benjamin 70, 71s-72s, 74s-77s
  Daniel 58, 60-61, 65,
     76s-77s, 81s, 86s
  Edward 84c
  Elizabeth 61, 82c
  Francis 80c-84c, 86c
  Francis 72s-73s
  Gabriel 59-60
  Isaac 71c-72c
  Jacob 74s-75s
  James 70, 71c-74c, 78c-80c
  James 71s-77s, 81s-82s, 84s
  John 63, 65, 67, 69-70, 71s,
     78s, 82s
  John 74s, 77s
  John Jr. 69-70, 71s-72s, 74s-77s
  Matthew 65, 71c-75c, 80c-81c, 83c
  Matthew 76s-78s
  Nathaniel 74s-77s, 82s, 84s
  Philip 61
  Robert 68, 71s-72s
  Samuel 79c-85c
  Samuel 67-68, 70, 71s-72s, 75s,
     82s-83s, 86s
  Simon 61-63, 65

  Thomas 72s-79s, 84s
  William 59-65, 68, 70, 71s-72s,
     74s, 79s, 82s
Adamson see Adams
Addison (Addinson, Adison)
  William 59, 61-63, 65
Adelman (Addelman, Addleman, Adleman,
     Eddeman, Edleman)
  Daniel 65, 68, 70, 71s-75s, 82s
Adkins see Atkins
Aellert, Henry 68
Agee (Agin)
  Martin 70, 86s
Ager (Agar)
  William 74c-79c
Agleton see Eagelton
Agnue (Egnew)
  William 84s-85s
Ahern, Edmund 85c
Aimsley see Ensley
Airs (Aere, Ears)
  George 80s
  John 75c-77c
Akers (Acre, Acres, Aker)
  Abiah 65-68, 71s-74s
  George 84s
  Ralph 67-68, 70, 71s-72s, 74s-77s,
     82s, 84s
  Robert 63, 65, 67-68, 70, 71s-74s,
     76s-77s, 82s
  Walter 74c
Albott see Abbett
Aldridge (Aldrege, Aldrige, Eddridge,
     Eldridge, Oldridge)
  James 72s-74s
  John 74s-75s
  William 75s-77s, 79s
Alerast, Francis 65
Alexander
  James 65, 68, 70
  John 74c
  John 61-63, 72s-82s, 84s-85s
  Richard Barnes 84s-85s
  Robert 65
  Simon 65
  William (Col) 68, 70, 71c-79c,
     81c-84c
Aliff, William 70, 74c
Allbriton (Alberton, Albriton, Albrittain,
     Albritton, Allbreton)
  John 86c
  John 78s, 81s-83s, 85s
Allbury (Abury, Alberry, Aulbury)
  James 84c
  John 84c
  Thomas 68, 71c-73c
Allen (Allan, Allin, Allon)
  Benjamin 76s-77s
  Daniel 60-63, 65
  David 71c, 74c, 80c-85c
  Drury 65
  Enos 69
  George 60-63, 65, 69-70, 71s-77s
  James 63, 65, 68, 70, 71c-75c,
     78c-79c
  James 73s-77s

-1-

John 60-63, 65, 70, 71c-74c,
    76c-77c, 79c, 85c
Joseph 79c-80c, 82c-84c
Peregrine 74s
Thomas 76c-77c
William 60-63, 65, 68-69, 71c,
    74c-77c, 79c-80c, 82c-85c
William 58, 60-63, 65, 70, 71s-77s
William Jr 75s-77s
Allflint
    Ephram 78s
    Samuel 78s
Allison (Allason)
    Bryant 65
    John 78c-80c, 83c-84c, 86c
Allsoe, William 76c-77c
Ambler (Amblin)
    William 62, 64, 73c, 75c-79c,
        83c-86c
Amos (Emos)
    Thomas 68, 70, 71s-75s, 79s-80s,
        82s-84s
Anbey see Hanby
Ancram, George 75s
Anderson
    Cornelius 63, 68, 70, 71c
    Henry 68, 70, 71c-72c
    Isaac 70, 71s
    James 60, 61, 68
    John 59-63, 68, 70, 71c
    John 70, 71s-74s, 76s-79s
    Richard 61-63, 65, 68, 71c-74c,
        76c-77c
    Richard 78s, 83s, 85s-86s
    William 64-65, 68, 71c-73c, 78c,
        80c-81c, 84c-85c
    William 84s
Andrews (Andrew)
    Frederick 83s
    John 85c
    Samuel 82s
Annis see Ennis
Ansell, Leonard 75s, 79s, 82s
Ansley see Ensley
Antick, Frederick 76s-77s
Antist, James 68
Aphor see Ephaugh
Arberry see Awbrey
Armstrong
    George 86c
    Henry 68, 71s-72s, 74s
    Henry Jr 74s
    James 84s-86s
    John 68, 75s-77s
    William 84s-86s
Arnett (Arnet, Arnit, Arnot, Arnott,
    Armott)
    Alexander 62-63, 65
    Jacob 69-70, 71s-75s
    Samuel 62-63, 65, 69-70, 71s-80s,
        83s-85s
    Thomas 62-63, 65, 76s-78s
Arnold (Arnald)
    George 68, 70, 71s-74s
Arterbery see Atterbury

Arther (Arten, Arter, Arters, Artes,
    Artice, Arties, Artis)
    Henry 81c-84c
    James 60-61, 63, 65, 67-68,
        70, 71s
    John 65-66
    Joseph 62, 65-66
    Torbert 63
Artilony (Arthurlony, Artitony)
    Thomas 79s-80s, 82s-83s
Aruegost (Abercoast, Arbicross,
    Arnegost, Arvacost, Arvegrast,
    Arvereross, Arverost, Arveross)
    John 59, 61-63, 65, 67, 69-70,
        71s-74s
Arwin see Irwin
Asburn see Osburn
Asbury (Asbuary, Ashberry)
    Elisha 78s
    George 79c
    Joseph 83c, 85c
    Rice 79s
Ashby
    John 73s
    Martin 84s
Asheim, William 80c
Ashford
    Butler 63
    George 62-63, 68, 70, 71c-78c
    George Jr 75c-78c
    John 85c
    Michael 64, 70, 71c-77c, 79c-85c
    Michael Jr 72c-74c, 76c-77c
    Richard 70
    William 70, 75c-77c
Ashley see Ackley
Ashton (Astin)
    Henry Alexander 76c-82c
    Richard 75c-77c
    William 73c
Ashwell (Ashwel, Aswell, Athwell)
    Richard 61-63, 65
Askren (Ascr)
    John 72c-77c
    Thomas 72c-77c
    Thomas Jr 72c-75c
    William 75c-77c, 80c
Atchley see Ackley
Athell (Athel, Ethel, Ethell, Ethill)
    Anthony 86c
    Anthony 73s-74s, 78s, 80s, 82s-83s,
        85s
    Benjamin 73s-74s, 81s, 83s, 86s
    Henry 81s-83s, 85s
    John 60-63, 65
    Joseph 82s-83s
    Winifred 68, 70, 72s-74s, 78s,
        81s-83s
Athey (Athare, Ather, Athere, Ether)
    Augustus 75c
    George 73c-74c, 81c-83c
    Robert 84c
    William 73c-75c, 83c
    William Jr 83c
    William 76s-77s
    William Jr 76s-77s

Atkins (Adkins, Aitkins)
   Daniel 62, 78c
   John 75s-77s
   William 78c
Atterbury (Artebery, Arterberry,
   Arterbery, Atterberry)
   Edward 69, 71c
   Michael 60-61
   Sarah 69
   Thomas 72s, 76s-77s
   William 58, 60-61, 63, 70, 71c-73c
   William Jr 63
   William 79s
Attest, Henry 68
Atthames, William 82s
Aubery see Awbrey
Aubor (Aubour)
   John 68, 72c
Auger (Orger)
   Edward 76c-78c
Auglet
   Charles 65
   John 65
Austell (Austill)
   Isaac 64-65
   William 64
Auton (Aton, Atton)
   John 61, 83c-85c
   William 68
Averit see Everett
Avery, George 66, 69
Awbrey (Arberry, Aubery, Awberry,
   Awbery)
   Francis 86s
   George 62, 70, 71s-72s
   Richard 71s-73s, 75s, 79s
   Thomas 60-63, 65-66, 68, 70,
      71s-72s, 74s, 79s, 82s
   Thomas Jr 68, 70, 71s-72s, 74s, 79s
   William 68, 70, 71s-75s, 79s
Awman (Aman)
   Adam 85s
   Anthony 76s-77s, 81s, 85s
   Leonard 85s
Axama (Axum)
   William 81c-82c
Axline (Acline)
   Adam 70, 71s-78s, 81s-82s, 84s
   Barnet 84s
   Henry 82s, 84s
   John 70, 71s-73s, 76s-78s, 82s

B

Backhouse, Strange 74s
Bagley (Baughley, Begley)
   Charles 81s
   John 68, 70, 71s-75s, 78s-79s,
      81s-82s
   Mathias 72s-73s
Bagnol, John 75s
Bailey (Baley, Baleys, Bayley, Bayly,
   Bealey)
   Andrew 73s
   Charles 75c
   Charles 70, 72s
   Daniel 65, 79c

   Hezekiah 79c
   John 69, 79c
   Joseph 63, 65, 70, 71s-79s, 81s-83s
   Matthis 73s
   Mountjoy 74s
   Peirce 79c-84c
   Peirce 74s-78s
   Samuel 74s-77s
   Tarpley 78s-79s
   Thomas 73s, 78s-79s, 81s-83s
   William 74c
   William 69-70, 71s-73s, 78s-79s
Baker (Bacor, Bakar)
   Barton 78c
   Daniel 81s
   Isaac 74s
   John 63, 65
   Nathaniel 62, 65
   Peter 69, 71c-72c, 75c-81c
   Philip 65, 68, 70, 71s-72s, 74s,
      81s-82s, 84s
   Samuel 84s
   William 79c-83c, 86c
   William 59-65, 68, 70, 71s-73s, 75s
Baldwin (Baldin, Balding, Baldon, Bauldin,
   Bolding, Bolwin, Boulding)
   Francis 59, 61
   John 68, 70, 71s, 73s-75s, 81s,
      84s-85s
   John Jr 85s
   Joseph 73s-78s, 83s
   Joseph Jr 74s, 76s-77s, 78s
Ball
   Farling 60-63, 65, 68, 70, 71s-73s,
      75s-82s, 84s-85s
   Isaac 78s, 80s-81s
   James 68, 71s-79s
   Jasper 69, 70, 71s-73s
   John 60-65, 70
   Joseph 74s
   Robert 72c-74c
   Robert 75s-77s
   William 80c-83c
   William 70, 71s-73s
Ballendine (Ballandine, Balletin,
   Baliendine, Ballindine)
   John 65, 68-69, 78c-82c
   William 69
Ballenger (Ballanger, Ballinger)
   Francis 80c-81c, 83c-84c
   James 78c, 86c
   William 70, 71c-77c, 83c-85c
Balue, Andru 74s
Banester, William 60
Banning, James 79s
Barb (Barbe)
   Abraham 69, 72c-77c
   Adam 69, 72c-77c
   Henry 75c-80c, 82c-86c
   Jacob 69, 72c-77c, 79c-80c
   William 80c
Barber, James 75s-77s
Barefoot, Thomas 85c
Bargs, William 68
Bargum (Bagawin)
   Joseph 59, 67, 71s

Barker (Barger, Berger)
  Aaron 76c-77c
  Andrew 61
  Canellom (Cale) 81c-85c
  James 69, 73c
  John 61, 69-70, 72c-74c, 78c, 80c
  John Jr 75c
  John 72s-74s, 76s-79s, 81s, 83s-85s
  Jonathan 79s
  Joseph 60, 62, 69
  Mary 85c
  Michael 62, 70 (See also: Burkin)
  Nathaniel Sr 65, 68, 70, 71c-79c, 82c-85c
  Nathaniel Jr 68, 70, 71c-75c, 77c-80c, 82c-85c
  Randall 75c-79c, 82c-83c
  Samuel 78c, 82c-85c
  William 69, 71c-73c, 76c-78c, 80c-85c
Barkin see Burkin
Barkley see Berkley
Barlow, Zachariah 65
Barmore, James 70
Barnard see Bernard
Barnes (Barns)
  Abraham 59-65, 71c
  Daniel 72s, 74s
Barnett (Barnet)
  Abraham 72s-77s
  Daniel 65
Barr
  Hugh 81c, 84c
  William 65
Barrack (Barek)
  John 85s
  William 67
Barrager (Barager, Beriex, Berreger)
  John 71s-72s, 79s, 82s
Barrett (Barrat, Barratt, Barret, Barot, Barrott)
  John 60, 65, 67-68, 70, 85s
  John Jr 67-68, 70
  Peter 76c-77c
  Thomas 85s
Barrier, John 72s
Barry see Berry
Bartles (Bertles)
  John 76c-78c
Bartlett (Barklet, Barklett, Bartlet, Bartley)
  Charles 65, 71s
  Daniel 82s
  David 82s
  Garner 65
  James 75c, 80c, 84c-85c
  James 84s-85s
  John 81c, 84c
  John 73s, 76s-77s
  Samuel 76s-77s, 83s, 85s
  Scarlet 81c-82c
  Thomas 85c
  William 79c
  William 59, 76s-77s, 82s, 85s

  William Jr 82s
Barton (Barden, Bardin, Bardon, Bartin)
  Benjamin 71c
  Benjamin 74s-85s
  James 71s
  Miles Gorham 86s
  Thomas 65, 68, 70, 72s-75s
  Valentine 73s-78s
Bateman
  Abraham 73s
  William 82s, 84s
Bates (Baits)
  Anthony 65-66
  Charles 74c
  Jesse 71s, 74s, 76s-77s, 79s-80s, 83s-85s
  John 75s
  Thomas 82c-84c
Batterton
  Amos 80s-82s
  Henry 69-70, 71s-82s
  James 73s
  Samuel 76s-77s, 81s-82s, 84s-85s
Battson (Batson)
  James 63, 65, 69-70, 71s-77s
  John 79s-81s, 84s, 86s
  Margery 79s-80s, 86s
Bawner see Brawner
Baxley, William 70, 73s-77s
Baxter (Backster)
  Francis 73c-74c, 76c-78c, 80c-82c
  Gabriel 71c-72c
Bayliss (Bailes, Bailis, Bayles, Baylis)
  Charles 71s, 73s
  Daniel 72c-73c, 75c-78c
  Hezekiah 74c-78c
  John 61-62, 69, 71c-78c
  Reuben 72c-74c
  Samuel 74c-78c
Bayne
  John 71s-72s
  Thomas 71s
  Walter 72s
Bazel (Bazill)
  Thomas 80s, 82s
Beach, Joel 84c-85c
Bealey see Bailey
Beall (Beale, Bele) See also: Bell
  Alpheus 72s-73s
  Charles 79s-80s
  Isaiah 72s-73s
  Josias 72s
Beam
  Michael 76c-77c, 79c, 84c
  Richard 76c-77c, 79c
Beans see Binns
Bear (Beare, Bears, Beer, Beers)
  Andrew 68, 71c-72c
  Philip 71c-75c
Beard (Bard)
  Thomas 68
  Thomas Jr 68
  William 68

Beasley (Beazely)
   Cornelius 84c-85c
Beason (Beeson)
   Henry 60-63, 65
   Jacob 60, 61
Beatle (Beadle)
   Charles 75s
   Christopher 86s
Beaty (Baitey, Batey, Baty, Bayty,
   Beady, Beatey, Beatie, Beatty)
   Alexander 73c
   Andrew 70, 71c-72c
   Andrew 75s-78s, 80s-81s, 83s-86s
   David 72s, 74s-77s, 79s, 82s
   George 73c-77c, 79c, 81c, 83c, 85c
   James 70, 71c-75c, 79c, 81c
   James 76s, 77s
   John 76c-77c, 79c-81c, 83c-85c
   John 70, 71s-73s, 81s
   Luke 75c
   Mark 73s-74s
   Robert 70, 71c-74c, 76c-77c, 79c, 83c, 85c
   Samuel 82c-85c
   Samuel 80s
   Thomas 74s-75s, 78s-81s, 84s-85s
   William Sr 70, 71c-73c, 75c, 79c-85c
   William Jr 79c-81c, 83c-85c
   William 72s-73s, 76s-78s
Beavers (Bavors, Beaver, Beever, Beevers, Bevers)
   Alexander 65, 70, 71c-72c
   Alexander 73s-74s
   James 71, 72c-75c
   John 79c-80c, 83c-84c
   Joseph 71c-74c, 79c-83c
   Martha 80c
   Mary 82c
   Michael 60-61
   Samuel 79c-84c
   Thomas 62-63, 65, 70, 84c-85c
   Thomas Jr 63
   William (Capt) 62-63, 65-66, 68, 70, 71c-85c
   William Jr 68, 70, 71c-75c, 80c, 82c-83c
   William 75s, 81s
Beck
   Ann 74s, 76s-77s
   Birgin 80c
   Edward 70, 71s-73s
   George Peter 73s
   John Peter 73s
   Lancelot 86c
   Paul 70, 71s-72s, 74s, 76s-77s
   Preston 73s-74s, 76s-77s, 83s-84s
   Vivian 70, 72s-73s, 76s-77s, 83s-84s
Beckman (Backman, Bakeman, Beekman)
   Abraham 72s, 74s
   John 76c-77c, 79c-85c
   William 84c

Beckwith, Marmaduke 60, 63, 66, 75c, 81c
Bedine see Bodine
Bedwill (Bednioll, Bidwan)
   Jonathan 71c, 73c, 75c
Beegill (Baegill)
   Charles 82s
   David 82s
Beens see Binns
Beezer (Beesor, Beezar, Beser, Bezar)
   Aseph (Esoph) 81s-82s
   John 70, 71s, 74s, 76s-77s, 81s-82s
Begley see Bagley
Belford
   Barney 74c, 79c
   Benjamin 79c
   Bernard 78c
   Daniel 72c-74c, 78c-79c
   Daniel Jr 78c
Bell (See also: Beall)
   Charles 83s
   John 60, 62-63, 71s-73s
   Robert 61-63
Bellsford see Brelsford
Belts (Belse, Belt)
   Andrew 75s, 81s-82s, 84s
   Frederick 84s-85s
   William Smith (Dr) 80c
Belvin, Robert 73s
Benham see Bonham
Bennett (Bennet, Bennit, Bennitt)
   Charles 63, 81s, 84s
   Dozier 80c-82c
   Edward 78s, 85s
   Fielding 60
   Henry 70, 71s-74s, 76s-77s, 81s
   Isaac 71s-73s, 82s-83s
   Jacob 73c-75c, 78c-84c
   James 70, 71c-72c, 74c-75c, 78c-82c, 84c
   John 85c-86c
   Joseph 70, 71c-74c, 79c-82c, 84c
   Joseph 78s
   Mason 86c
   Richard 73c-81c, 84c-85c
   Samuel 73c
   Stout 84c
   Sydney 81s
   Thomas 73c, 80c, 82c-86c
   Thomas 70, 71s
   William 78c-80c, 82c-85c
   William 73s-74s, 79s
Benson (Binson)
   John 71s-72s
Bentley (Benly, Binley)
   Benjamin 72s-73s, 75s-77s, 79s
Berger see Barker
Berkin see Burkin
Berkley (Barkeley, Barkely, Barkley, Barkly, Berckley)
   Barbara 68, 70, 71c-72c, 74c-78c, 81c, 83c-85c

Benjamin 60, 63, 65-66, 81c,
   83c-85c
Burgess 76c-84c
Charles 60-61, 63-65, 69,
   74s-75s
Daniel 78s
Duke 75c-77c
Gardner 63, 68
George 80c, 82c, 86c
James 58, 60-63
John 63, 65, 68, 70, 71c-78c,
   80c, 82c, 84c
John Jr 79c
Reuben 60-65, 68, 70, 71c-84c
Robert 83c
Samuel 60-61, 68, 80s
Scarlet 70, 71c-80c, 82c-84c, 86c
Thomas 58, 61
William 62, 63, 65, 79c-84c
William 60-61, 65, 69-70, 71s-74s,
   78s
Bernard (Barnad, Barnard)
   John 65, 68, 70, 72c-73c
   John Jr 65
   John 74s
   Walter 75c-77c
Berreger see Barrager
Berry (Barry, Berrey, Bery, McBerry)
   Baldwin 78s-79s, 81s-85s
   Edward 70, 71c-75c
   Edward 71s-72s
   Francis 65
   John 74c-77c, 86c
   Joseph 69
   Withers 78s-79s, 81s-85s
   William 60-63, 65, 71c, 73c-80c,
      82c
Berryman (Berreman)
   Benjamin 60-61
Berson see Burson
Bertles see Bartles
Best (Beast, Bess)
   James 63, 68, 70, 71s-79s,
      83s-84s
   John 65, 68, 70, 76c-78c
   John Jr 68, 70
   Thomas 73, 70
Bethell, George 85s (See also: Athell/
   Ethell)
Betheney see Matheney
Betheri, Nicholas 82s
Betholomy, John 69
Betner, John 74s
Betts
   Fredrick 82s
   William 84s
Betzell, Isaac 73s
Bevel, Robert 74s
Bewry, Anthony 76s-77s
Bigard, James 81s-82s
Biggins (Bigens, Biggens)
   John 70, 71s-72s, 76s-79s, 82s
Biggs (Bigs)
   Reuben 71s-73s
   Stephen 74c

Bingham
   Benjamin 74s-75s
   Stephen 74s-75s
Binley see Bentley
Binns (Bean, Beanes, Beans, Been,
   Beens)
   Amos 84s
   Charles 58, 60-61, 63, 65, 68, 70,
      71s-77s, 79s-84s
   Charles Jr 80s-84s
   James 84s
   John Alexander 80s-84s
   Mathew 84s
   Thomas 78s-79s, 81s-82s
   Timothy 84s
   William 73s-74s, 76s-77s, 83s-84s
Binson see Benson
Bird see Byrd
Birns see Burns
Bishop (Bushop)
   John 60-61, 63, 68-70, 71s-78s,
      82s, 84s
   John Jr 60-63, 65, 70, 71s
   Samuel 61-63, 65, 69-70, 71s-73s,
      81s, 84s, 86s
   Thomas 63, 65
   Thomas John 63, 65
   William 62, 64-65
Bisset, Robert 71c
Bitzer see Pitser
Black
   Abraham 74s
   Daniel 80c-84c, 86c
   Daniel 65, 68, 70, 71s-77s
   David 72s
   Hugh 60, 61
   Samuel 80c-81c, 83c, 86c
   Samuel 83s
   Thomas 70, 71s, 74s
   William 60-63, 65
Blackburn
   Edward 63
   Herbert 58
   Mary 62, 68-69, 71c
   Richard (Col) 60-63
   Thomas (Col) 65-66, 68, 70, 71c
   William 79c
Blackburn & Ellzey see Ellzey &
   Blackburn
Blackle, William 68
Blackledge, Icabod 82s
Blacksmith, Matthew 74s
Blackstone, Ingludoe 74s
Blair (Blare)
   George 84s
   John 82s, 84s
   William 69, 71c
Blakney, John 76c-77c
Bland (Blan)
   Edward 61-63, 65
   Jane (Jean) 61-63
   John 74c-77c
   Robert 60, 62-63, 65, 68, 70,
      71c-78c
   William 61-63, 65, 68, 70, 71c,
      73c-77c

-6-

Blincoe (Blencoe, Blinco, Blincos, Blinkum)
   James 79c, 81c-83c
   Thomas 61, 66, 68, 70, 71c-78c, 80c-84c
   William 73c-77c, 79c-81c, 84c-85c
Blockley (Blockly)
   Thomas 78c-79c, 81c-82c
Blundal (Blundel)
   Elisha 83c-84c
Blunk, William 71s-73s
Bodage, Benjamin 72s
Bodine (Bedine, Bodne)
   Cornelius 79c
   Cornelius 70, 71s-72s, 74s, 76s-77s
   Isaac 70, 71s-72s, 74s, 78s, 82s, 84s
   Jacob 70, 71c-72c, 78c
   Jacob 73s-74s, 76s-77s, 81s
Bodrom, William 74s
Boger see Broger
Boggess (Bogess)
   Henry 68-69, 71c-84c
   Henry Jr 69
   Joseph 69
   Maryan 85c
   Richard 63, 65-66, 69, 71s-77s, 82s-84s
   Robert 79c, 80c-85c
   Robert (Jr?) 82c-84c
   Robert 78s-79s
   Vincent 85c
   Vincent 69-70, 71s-83s, 85s
Bogle, William 65
Bogwine, Joseph 72s
Bolding see Baldwin
Boles (Bole)
   Conrod 76s-77s
   John 82s
Bolton, William 70, 71s-72s, 74s-75s, 79s
Bond
   Edward 81s, 84s
   John 59, 61-63, 65, 69-70, 71s-74s, 76s-78s, 81s, 84s
   John Jr 74s, 76s-78s, 81s, 84s
   Thomas 61-63, 65
   William 67, 69-70
Boner, Henry 72s-73s
Bonham (Benam, Benham, Bennham, Bonam, Boneham, Bonum)
   Aaron 71s-75s
   Amariah 65, 72c-82c, 84c
   Benjamin 71c-79c
   Elijah 65, 68, 70, 71c
   Epheram 68
   Hezekiah 68, 70, 71c
   Jeriah 75c
   John 70, 71c-81c
   John 74s, 79s
   Joseph 70, 71s, 73s-75s, 78s-79s, 82s, 84s-85s
   Nehemiah 65, 68, 70, 71c-75c
   Peter 70, 71c-74c, 76c-78c, 81c-82c
   Peter Jr 71c, 73c-74c
   Robert 71c

   Samuel 71s-75s
   William 81s
Bonnell
   Samuel 70
   William 68, 70, 71c
Bonnitt, Susannah 60
Bonzen, John Lowdwick 72s
Booker, James 75s-77s
Bookout, Joseph 60, 65
Boon
   Hezekiah 71s
   Squire 60, 61
Booram (Boorom, Boram)
   Aaron 82s-85s
   Aaron Jr 82s-84s
   John 82s-85s
   William 70, 71c
   William 72s, 76s-78s, 82s-85s
   William Jr 82s-85s
Boorns, John 71s
Booth, John 59-63, 65, 67, 70, 71s-74s, 82s
Border (Bauther, Borders)
   Conrod 85s
   George 82s
   Nicholas 81s-82s, 84s-85s
Borick, Martin 75s
Bossett, Benjamin 63
Boswell
   Benjamin 65
   Robert 85c
   Thomas 78s
Botton, David 70
Bottonfeldt
   Adam 76s-77s
   John 76s-77s
Botts
   Aaron 58-64, 69-70, 71s-73s
   Archibald 84s-85s
   Elizabeth 69, 74s, 78s
   Joshua 69-70, 71s-80s, 82s, 84s-85s
   Moses 79c, 81c
   Moses 58-63, 65, 69-70, 71s-78s, 83s-84s
   Seth 74s, 76s-79s
   Thomas 75c
   Thomas 58, 60-62, 65, 71s, 84s-85s
   Thomas Jr 69-70
Boucher (Bowsheer, Bozur)
   Lodwick 68, 71s
   Peter 69
Boulding see Baldwin
Bouseman, John 82s
Bowditch (Bowdach)
   Benjamin 65, 70, 71s
Bowe
   Henry 70
   John Lawrence 70
Bowel see Powell
Bowen see Bower
Bower (Bour, Bowen, Bowers)
   Adam 73s
   Barnet 72s, 75s-77s, 81s-82s, 84s
   Henry 71s
   John 71s-72s

Martin 72s, 75s-77s, 81s-82s,
   84s-85s
Philip 84s
Silas 66
Bowie, John 80c-82c
Bowlers, John 70
Bowling (Boing, Bolen, Bolin, Boling,
   Bolling, Bowlen, Bowlin)
   Alexander 61-63
   Edward 85s
   George 71s-72s, 74s
   John 76c-77c
   John 82s, 85s
   Nicholas 65
   Robert 74c-77c
   William 63-65, 69-70, 72s, 82s,
      85s
Bowman, John 76s-77s
Bown, Bernard 74s
Boxley, John 76c-77c
Boy
   George 74s-77s
   Jacob 75s-77s, 79s, 82s
   Jeremiah 74s-78s
Boyce (Boys)
   Richard 74s-75s
Boyd (Boid, Boy'd, Boyed)
   Andrew 72s-73s
   Daniel 72s-75s
   Elizabeth 82c
   James 74c-82c, 84c-86c
   John 69, 71c, 73c-78c, 80c-85c
   Samuel 74s-85s
   Thomas 73c-77c, 80c, 82c
   William 69, 71c-75c, 78c-79c,
      81c-82c
   William Jr 69, 71c-75c, 78c-79c
   William 84s
Boydston (Boydstone)
   Benjamin 79c-81c
Boyer
   Frederick 62, 64
   John 82s
Boyland (Borlin, Bourland, Byland)
   David 68, 70, 71s-72s, 74s-75s
   Jesse 75s
   Samuel 70, 71s-72s, 74s, 75s, 79s
Boyles (Boils, Boyl, Boyll, Boyls)
   David 78c-81c, 83c-86c
   David 82s
   Henry 80c-81c, 83c-85c
   John 63, 80c
   William 60-61, 63-65, 68, 70,
      71c-74c, 76c-81c, 83c-85c
Bozel, William 80c
Braddock (Bradock, Bradox, Brodick)
   Francis 63
   John 61-63, 69-70
   Ralph 60-63
   Ralph Jr 60-61, 63, 65
   William 60, 63
Braden (Bradew, Bradey, Brady, Breden)
   Benjamin 83s
   Joseph 71c-75c, 78c-81c
   Michael 65, 68, 70, 71s
   Robert 75c-85c

Bradford (Bridford)
   Daniel 76c-77c
   William 75s-77s, 79s-80s
Bradley (Bradly, Brodely)
   Daniel 78c
   James 82s
   John 73s
   Jonas 75s-77s, 81s-82s
   Joseph 60-63, 65, 69-70
   Luke 76c-77c
Bradshaw, Andrew 63, 65, 69-70, 72s
Brady see Braden
Bragg (Brag)
   John 78c-80c, 84c-86c
Brake, Christian 76s-77s
Brancor, Arthur 71c
Branham (Brabham, Bradham)
   Arthur 69
   John 74c
   Thomas 75s, 78s-79s, 81s-84s, 86s
Brannon (Branan, Branner, Brannin,
   Brennan)
   Francis 72c-74c
   Lawrence 84s-85s
Branson (Brandson)
   James 69
   John 73c-74c
   John 68, 72s
Brauly, James 84s
Brawner (Bawner, Broner, Browner)
   Benjamin 62-64
   Henry 70, 71c-72c, 74c-75c
   William 61, 65, 69-70, 71c,
      74c-75c, 78c-81c
   William 73s
Breden see Braden
Brelsford (Belsford, Brelsfoard,
   Brilsford)
   Daniel 60-63, 65, 70, 71s
Bremmage see Brimage
Brenner (Brainer, Braner, Branor,
   Briner)
   Philip 74s, 79s, 82s, 84s-85s
   William 76c-77c
Brent (Brunt)
   Charles 65, 68, 71c-72c, 74c-78c,
      80c, 83c-85c
   George 83s-85s
   John 79c, 84c
   William 80c, 83c-85c
Brewer (Brew, Brue)
   Daniel 73c-77c
   Henry 59-65, 69, 71c-85c
   John 74c-80c, 82c-85c
   Moses 74c, 79c
   Thomas 71c-72c
Brewster (Bruester, Bruister, Bruster)
   Mary 59-62, 65, 69, 71c-75c,
      78c-84c
   Parris 82c-84c
   Parreynee (Perry) 78c-84c
   Robert 73s-77s, 79s
Brice, Moses 85s
Brickles (Brickells)
   Reed 68
   Richard 59, 69, 71c

Bridges
   Benjamin 61
   John 82c-85c
   William 58
Briggs
   Joseph 72, 70
   Rubin 74s-75s
Bright
   Benjamin 59, 61-64, 69
   Charles 80c
Brile (Briel)
   Christopher 85s
   John 72s, 74s
   Martin 72s, 74s
Brimage (Bremmage, Brimag, Brimiger, Brummage)
   Edward 80c
   Edward 65, 68, 70, 71s-74s
Brimford, William 74s
Brimingham see Burmingham
Bristow (Brister, Bristol)
   Henry 80s
   William 69-70, 71s-79s
Briten (Britin, Britnel, Brittain)
   Benjamin 70, 71s
   Samuel 67-68, 71s
Britt, John 72c-75c
Brittle, Wright 76s-77s
Broadhurst (Broadhurt, Brodhurst)
   William 65-66, 70, 71c-72c
   William 78s-79s
Broads
   Joseph 74c
   Robert 74c
Broadwater (Broadwaters, Broadwatter, Brodwater)
   Charles (Maj) 63, 71-73c, 78c-79c
   Cornelius 76s-78s, 80s-82s, 84s-85s
   Guy 71c
Brodbelt, James Butler 65
Broger (Bogar, Bogee, Boger, Broker)
   Andrew 75c
   George 71s
   Frederick 74s-75s, 81s
   Joseph 74s-75s, 81s
   Michael 82s, 85s
Bronaugh (Broner, Bronor, Bronough, Brunaugh)
   George 82s
   John 65
   Philip 73s, 75s
   William (Col) 60-63, 65, 69-70, 71s-85s
Brooks (Brook, Brooke)
   Bryant 69
   Charles 81c
   Hannah 69-70, 71s
   James 75c-77c, 79c-81c
   John 81c
   Tarb 86s
   William 75c-81c
   William 59-60, 62-65, 68, 70, 72s, 74s
Broom, Thomas 71s
Brougher (Prougher)
   George 74s-75s
Broughton
   Elizabeth 82s-83s
   William 79s
Brown (Broun)
   Andrew 70, 71s, 73s, 77s, 79s, 82s, 84s
   Anthony 79c
   Benjamin 59-62, 64-65, 69, 72c-84c
   Coleman 62-63, 65-66, 68, 70, 71c-85c
   Dawson 71s-77s, 79s, 82s, 85s
   Fad 63
   George 74c-79c
   George 61-63, 72s, 74s, 76s-77s, 79s, 82s, 85s
   George Lagg 63
   Gustavus Richard (Dr) 79s
   Henry 60-63, 65, 68, 70, 71s-77s, 79s, 82s
   Henry Jr 76s-77s
   Isaac 70, 71s-74s, 76s-79s, 82s-85s
   Isaac Jr 73s-74s, 79s, 82s-85s
   James 75c-77c, 79c-80c
   James 59-63, 68-70, 71s-75s, 78s, 82s, 84s-85s
   James Jr 59-60, 69, 82s, 85s
   Jehu 70, 72s-74s
   John 76c-80c, 83c
   John (Dr) 63-65, 67, 69-70, 71s-83s
   John Jr 71s, 73s-82s
   John Alexander 74s, 79s
   Joseph 70, 71c-79c
   Joseph 70, 71s-72s, 76s-77s, 80s
   Martin 75s-78s
   Mercer 60-63, 65, 68, 70, 71s-77s, 79s
   Micajah 83s
   Michael 68, 70, 71s-72s
   Peter 68, 70, 71c-80c, 84c-85c
   Peter Jr 76c-77c
   Philip 68, 70, 71c-75c, 79c-80c, 82c-84c
   Philip Jr 82c-84c
   Samuel 62
   Stephen 69-70, 71s-74s
   Thadeus 60-62
   Thomas 60-63, 65-66, 68, 70, 71c-83c, 85c
   Thomas Jr 79c
   Thomas 70, 71s-74s, 78s-79s, 82s, 84s-85s
   William 60-63, 65, 68-70, 71s-78s, 82s-85s
   William Jr 60, 62, 71s, 73s-78s, 83s
Browner see Brawner
Browning, John 75s
Bruce (Brows, Brus)
   John 72s, 74s
   Moses 75c
   Moses 84s
Bruff (Brutt)
   Patrick 69, 73c, 79c-80c
Brumback (Broomback, Brumbach)
   John 73c-74c
   Peter 76c-88c

Brummage see Brimage
Bruster see Brewster
Bry, Thomas 70
Bryant (Briant, Briet, Bryan, Bryen,
    O'Bran, O'Brian, O'Broyn,
    O'Bryan, O'Bryant, O'Bryon)
  Arthur 72c
  Christopher 74c-77c
  Dennis 70
  James 68, 70, 85c-86c
  James 86s
  John 68, 70, 71s, 79s
  Nicholas 71s
  Patrick 59-63
  Robert 74c
  Thomas 61-63, 65, 72s-74s
  William 68-70, 71c
  Zephania 72c
Buchanan (Buckannan, Buckhanan,
    Buckhannan, Buckhannon,
    Buckhanon)
  Joseph 65
  Spence 76c-85c
  William 62-63, 65-66, 68-69,
      71c-85c
Buck (Buk)
  John 70
  Vivian 75s
Bucklew (Buckelew, Buclewe, Buckalew,
    Buckelew, Buckelu, Bucklue,
    Puklue)
  Andrew 74c-75c, 78c-82c, 84c
  Garet 62-63, 65
  George 62-63, 65
  James 65
  John 79c-80c
  Jonathan 65
  Peter 64
  Richard 58-59, 61-63, 65
  Richard Jr 61
  Samuel 75c, 82c, 84c
Buckley
  James 60-63, 65, 69-70, 71s
  Jeremiah 61
  John 65-66, 68-70, 71s
  John Fryer 61-63, 70, 71c-81c
  Joshua 70, 71c-77c, 79c-85c
  Samuel 68, 70, 73c-79c
  William Sr 61-63, 65-66, 68,
      70, 72c-74c, 76c-85c
  William Jr 62-63, 65-66, 68,
      70, 71c, 73c-74c, 76c-77c,
      79c-80c
Buckner, Arthur 68
Buckney, Anthony 61
Buff, Michael 85c
Buffer
  Frederick 74s
  Michael 74s
Buffington (Bufenton, Buffinton,
    Bufington, Bufinton)
  James 63, 65, 67, 69, 70,
      71s-72s, 74s-77s, 81s-82s,
      84s
  James Jr 84s
  John 84s

Joseph 81s-82s
Joshua 84s
Buley
  Anthony 73c-74c
  Nathan 72c
Bull, Job (Joe) 61-62
Burch, Benjamin 86s
Burchett (Burchet)
  John 74c-77c
Burd see Byrd
Burden (Burdem, Burdine)
  James 75s, 79s
  Joseph 58
Burgen see Burkin
Burgoyne (Bourgoin, Burdoine,
    Burgoing)
  Isaac 81s
  Joseph 74s-77s, 79s, 86s
Burk (Burke)
  Abraham 68
  Francis 61-63
  Hanson 79s, 82s-85s
  John 58, 60, 63, 65, 68-69,
      71s-75s, 78s-79s, 82s-86s
  Martin 76s-77s
  Patrick 71s
Burkin (Barkin, Berkin, Burgen,
    Burkins)
  John 75s-79s, 83s, 85s
  Michael 61
Burmingham (Brimingham, Bruminham)
  Edward 81c-83c
Burnam (Burnum)
  Raman 71c-72c
Burns (Birns, Buren, Burn, Burnes,
    Byrn, Byrns)
  Bennet 86c
  Bennet 81s-82s
  Dennis 72c-75c
  Enoch 85c
  Garret 71s, 73s
  Ignatius 86c
  Ignatius 61-63, 65, 70, 71s-75s,
      80s-81s, 84s
  Jeremiah 79s
  John 69-70, 71c-74c, 79c-85c
  John 70, 71s-73s, 75s-77s
  Nace 82s
  Nathan 60
  Nicholas 85c
  Nicholas 82s-83s
  Patrick 62, 68, 70, 71s, 73s-74s
  Terrence 68, 71c-77c, 79c-85c
  Thomas 75c-79c, 81c-83c
  William 66, 80s
Burnside (Burnsides)
  Andrew 71s-73s, 75s, 82s-83s,
      86s
  William 83s, 85s
Burrs (Burrass, Burress, Burris)
  John 63
  Robert 65
  Thomas 65
  William 60-63, 65

-10-

Burson (Barson, Berson, Buson)
  Amos 73s-77s
  Benjamin 59, 61-63, 65, 67, 70,
    71s-74s, 76s-77s, 83s-85s
  George 59, 61-63, 65, 70
  James 59, 61-62, 65, 69-70,
    71s, 73s-78s, 82s-85s
  Jonathan 62-63, 70, 71s-72s,
    74s-77s, 84s-85s
  Joseph 59, 62, 65, 70, 73s-74s,
    76s-79s, 82s-83s, 85s
  Joseph 82s-85s
Burton
  Edward 71s, 73s-74s
  Samuel 61-63, 65, 68, 70
  William 78s-79s, 81s, 83s, 85s
  William Jr 85s
Burwell (Burell, Burwill)
  John 64, 75c-77c
  Nathaniel (Col) 76c-85c
  Robert (Col) 58, 60-63, 65, 68,
    70, 71c-74c
  Thomas 74c
Bush
  Abraham 65-66, 71c-78c, 80c-85c
  Daniel 85c
  John 68
  Samuel 78c
Bushop see Bishop
Buskirk (Buscart, Busart, Buskirt,
  Buzhart)
  Elizabeth 82s
  Isaac 63, 68, 70
  John 63, 65, 68, 70, 71s, 74s-75s
  Rudolph 71s-72s
Bussey, John 83c
Butcher (Bucher)
  John 62-63, 65, 70, 71s-79s,
    82s-83s, 85s
  Samuel Sr 62-63, 65, 69-70,
    71s-77s, 79s-80s, 83s-85s
  Samuel Jr 74s-77s
  Susannah 78s-79s
  William 72c-77c, 79c-83c
Butler (Butter, Buttler)
  Charles 85s
  Charles Jr 85s
  George 79s
  Hezekiah 74s-75s
  Jacob 84s
  James 78c
  James 65-66, 68, 75s
  John 60, 62-63, 69, 85c
  Joseph 70, 71c, 80c-82c, 84c-85c
  Joseph 73s-75s, 78s, 80s-83s
  Landrum 75s
  Samuel 68
  Thomas 75s
  William 71s-75s
Butterfield, John 85s
Butterworth (Buterworth)
  James 69, 71s, 78s
Buzen, Philip 60
Byland see Boyland
Byles (Biles)
  William 62, 75c

Byrd (Bird, Burd)
  Benjamin 79c-80c
  Benjamin 74s, 78s, 80s, 82s-83s,
    85s
  Derrick 83s, 85s
  John 79c, 80c-82c
  John 73s-77s, 83s, 85s
  Luke 68, 70, 71s-74s, 78s, 82s,
    84s-85s
  Luke Jr 78s, 84s-85s
  Richard 84s
  Thomas 74s
Byrns see Burns
Byron, Mathew 75s

C

Cabley, Thomas 74s
Caddle (Cadle)
  John 68, 70, 71s-74s
Cadwalader (Cadwadlederr, Cadwalder,
  Cadwaleder, Cadwalender,
  Cadwallader, Cadwallard,
  Cadwalleder, Cadwallet,
  Kedwalider, Kidwalid)
  Hannah 63
  Isaac 76s-77s
  John 63, 65, 69-70, 71s-73s, 76s-79s
  Joseph 62-65, 69-70, 71s-77s
  Moses 61-63, 65, 68, 70, 71s-72s,
    74s-77s, 83s-84s
  Moses Jr 75s, 83s-84s
  Rece 63-65, 69-70, 71s
  Russell 62
  Septimus 69-70, 71s-75s
  Thomas 83s-84s
Cahagan see Gohagen
Cahill, John 75s
Cain (Cane, Kain, O'Cane, O'Cain)
  Jeremiah 63-64, 68
  John 62, 86c
  Michael 73s-75s
  Newton 66
  Samuel (Capt) 60
Caldwell (Calwell, Cauldwell,
  Coldwell, Colwell)
  Hugh 60-63, 65
  Hugh Jr 61-63, 65
  James 79c-80c, 82c
  John 73s-74s
  Joseph 61-63, 65-66, 69-70,
    71s-77s, 79s, 81s-82s, 84s
  Joseph Jr 69-70, 71s-77s
  Moses 73s-74s, 76s-77s, 79s, 82s
  Seth 73c-74c
  William 60-61, 65
Caler (Caller, Calor, Kaler, Kallar)
  Andrew 79c-84c
  Andrew 85s
  Barbara 84c-86c
  Jacob 79c-83c
  Jacob 70, 72s-75s
  Nicholas 81c-86c
Callahan (Calachan, Collehan,
  Gallachon, Gallahaw, Gallyhorn,
  Goleyhon, Gollahan, Golleharn,
  Kellichan)

-11-

Edward 72s, 74s-77s, 82s
John 60, 67-68
Mathew 76s-77s
Patrick 76s-77s
Thomas 76s-77s
Callens see Collins
Calvert, Josias 86s
Calvin see Colvin
Camber see Comber
Camden (Camdin, Camdon)
    Elick 65
    John 60-63
    Leonard 81c
Cameron (Camron)
    Alexander 68, 72s
    Daniel 65, 69
Campbell (Cambel, Camble, Cammel, Cammell)
    Alexander 63, 75s
    Aneas 60-63, 65
    Archibald 63
    Collin 80c-82c
    George 61
    Hugh 74s
    James 61, 68, 70, 71s, 73s-74s
    John 80c-84c
    John 60, 72s-74s, 84s
    Robert 69, 71c-73c
    Robert 72s-75s, 78s
    William 74s
Camphire, John 81s, 85s
Canady see Kennedy
Canby, Samuel 70, 71s, 78s, 81s, 83s
Cann see Conn
Cannon see Kennan
Canouse, John 62
Caplin, Andrew 74s
Capliner, Adam 71s
Capple (Cappell, McCapple)
    Adam 72s
    Christopher 68
Carden, Jacob 73s
Carew (Carrow, Garrora, Garrow)
    John 70, 74c-77c
Cargill (Cogel, Cogell, Cogill)
    Abraham 75s
    Isaac 70, 75s
    Jacob 71s
    James 70, 71s-72s
    John 62-65, 68, 70, 71s-72s
    Joseph 71s-72s, 74s
    William 72s
Carlain, Joseph 73s
Carley, Charles 60
Carlile (Carlyle)
    David 71c-75c, 80c, 82c-84c
    James 80c, 82c-84c
    John 60, 70
    Joseph 76c-77c
Carmeikle, James 65
Carnahan (Carnaham, Carneham, Carnhan, Carniham)
    Adam 68, 70, 71s-75s, 78s-79s, 82s
Carnan (Carnarn)
    Susannah 78c-79c, 81c-82c, 84c-85c

William 72c-77c
Carne (Carn, Carna, Carney, Carnie, Carns, Karn, Kern)
    Abraham 69, 71s-72s, 74s-75s, 82s, 85s
    Alexander 68
    John 74s-77s
    Michael 71s-73s, 75s-77s
    Nathaniel 79s
    William 74s-75s
Carr (Car, Care, Karr, Kerr)
    John Sr 60-65, 70, 71s-73s, 75s-77s
    John Jr 60-63, 65, 69, 71s-75s
    Jonathan 81s
    Nathaniel 81s-83s
    Peter 60-63, 65, 68, 70, 71s-78s, 84s
    Thomas 60-61, 63-65, 68, 70, 71s-74s, 78s, 84s
    Walter 61-63, 65
    William 82s
Carragen (Garragan)
    Hugh 61
    Michael 70
Carran see Curran
Carrick (Kerrick)
    Barns 80s, 82s
    James 75s
    Walter 72s, 80s, 82s
Carrington (Carington, Carrinton)
    Timothy 68, 71c-79c
    William 78c-80c
Carroll (Carrell, Carril, Carrill, Carrol, Carrole, Caroll, Currel)
    Daniel 81s-85s
    Demsey Sr 60-63, 65-66, 68, 70, 71c-72c, 74s-75c, 80c
    Demsey Sr 83s-85s
    Demsey Jr 61-63, 65-66, 69-70, 71s-79s, 81s-85s
    James 83c-86c
    John 74s
    Rebecca 81c-84c
    Roger 74c-75c
    Sanford 62-63
    William 81s-85s
    William Porter 70, 71c-72c, 74c-75c
Carruthers (Coruthers, Cruthis, Carrathers, Caruthus, Creuthist, Cruthers, Cruthes)
    James 61, 63-65, 68, 71s-75s, 77s, 84s
    John 65, 70
    Joseph 65
Carson (Cason)
    David 68, 70, 71s-72s
    Thomas 69-70, 71s-73s
Carter (Cartor)
    Alexander 69-70, 75c-80c
    Alexander 74s
    Benjamin 70
    Charles 61, 64
    Edward 68-69, 71c-79c, 81c-84c, 86c
    George 80s
    Henry 65, 68, 84s-85s

James 78c
James 58, 62-63, 65, 69-70,
    71s-79s, 82s-85s
Jesse 73c-75c
John (Esq) 61-63, 65-66, 68, 70,
    71c-77c, 79c-81c, 84c-86c
John Jr 68-69, 71c-75c, 77c,
    81c-83c, 85c
John 83s-85s
Joseph 71s
Landon (Col) 59-63, 65-66, 68,
    70, 71c-81c, 83c-85c
Mesheck 70, 71s
Morris (Veale) 69, 71c, 73c-77c,
    79c-80c, 82c-84c
Moses 72c
Nicholas 74s
Peter 66, 68-69, 71c-77c,
    79c-84c, 86c
Richard 69-70, 71s-75s
Robert (Hon) 60-63, 65-66, 68,
    71c-85c
Samuel 70, 71s, 73s-75s
William 83s-85s
Cartright, Samuel 65
Carty see McCarty
Cary, Samuel 84s
Cash
    James 83c
    Peter 83c, 85c
Cashlew, John 82c
Cason see Carson
Casover, Abraham 71s
Caster (Castor, Kaster, Kester)
    William 60-61, 63-65
    Vincent 79s
Castilo see Costelo
Castle (Castile, Carsal)
    William 71s-74s
Catby, Thomas 75s
Cate, William 68
Catheart, John 83c
Catheney (Gatheney)
    John 62
    Daniel 62
Caton, Jacob 72c-74c
Catterday see Scatterday
Cavener (Cavender)
    John 71s, 79s
Cavens (Cavans, Cavin, Cavins, Keven)
    Edward 61-63, 65, 69-70, 71s-80s
    John 61-63, 65, 69, 71s-74s,
        76s-79s, 84s
    Joseph 63-65, 69-70, 71s-74s,
        76s-78s
    Patrick 75s-77s, 82s
    Robert 61-63, 65
    Thomas 70, 71s-74s, 76s-79s
    William 61-63, 65, 69-70, 71s-75s,
        78s-79s, 81s-84s
Cavonett, John 70
Cazaletis, Peter 74c-75c
Celey, Peter 71c
Cesedy, Brian 63
Cestehlo see Costelo
Chaddock, Isaac 72s

Chaffin, Robert 76s-77s
Chalfant (Chalfent, Chalfint)
    Robert 70, 71s, 81s-83s
Challey, Charles 74s
Chamberlain (Chamblin, Chamlen,
    Chamlin, Chimberlin, Chaimberlane,
    Chamberlane, Chambling)
    Aaron 70, 71s-74s, 76s-77s
    Abraham 72s
    George 71s-72s, 74s, 85s
    James 73s-74s
    Jesse 76s-78s, 80s
    John 70, 71s-73s, 76s-78s,
        80s-81s, 83s-85s
    Richard 70, 71s
    Thomas 70, 72s, 74s
    William 76s-78s, 80s-85s
Chambers
    Alexander 71c-79c
    William 82s
Champe (Champ)
    John 58, 60-62
    John Jr 58, 60, 62-65, 70, 71s
    Thomas 58, 60, 61-65, 69-70,
        71s-75s
Chandler
    Benjamin 69-70, 71s-73s, 75s
    John 75s-77s
Chapman
    James 61
    John 81c-83c
    John 71s-72s
    Peter 60, 62-63, 66, 68, 70, 71c
    Thomas 71s-73s
Chaptor, John 81s
Charm, Alexander 78c
Chatham (Chattam, Chitham, Chittom)
    George (Exors) 71s
    James 68
    John 68, 71c-74c
Chatterley (Chatterly, Chatly)
    Charles 71s-73s, 75s
Cheek (Chick)
    William 78c-81c, 83c
Cherven, Claudius 85s
Cheshire (Cheshier, Chesshier,
    Chessier, Cheser, Chesshire,
    Chrishier)
    Joel 71s-73s
    Philamon 61, 63, 65
    Samuel 71s-73s
    Samuel Jr 71s-73s
Chew, Joseph 81c
Chick see Cheek
Chickerberry, John 83s
Childs (Chiles)
    Daniel 74c
    Frederick 74c
    Henry 65
    John 63, 66, 68, 70, 74c, 78c
Chilton (Chelton, Chittarl)
    Ann 71s
    Charles 60-61
    George 58, 60-63, 65, 69-70,
        72s-74s (75s-estate)
    James 82s

-13-

John Stewart 68-69, 71c-80c,
  82c-84c
Joshua 75c-77c, 80c
Mark 60-63, 65, 68, 70, 71s
Marthy 71c
Mary 85c
Sturman 59-63, 65, 68-69, 71c-75c,
  78c-80c, 82c-83c
Thomas 68-69, 71c-74c
Thomas 72s-74s
William 68-69, 71c-75c, 78c-80c
William Jr 79c-80c
Chinn (Chin)
  Charles 58-63, 65, 71s-75s,
    78s-79s
  Christopher 65, 69, 72s-75s,
    80s-82s
  Elijah 58-63, 65, 69-70, (71s-estate)
  Elijah (Jr?) 78s-79s
  Rawleigh Sr 71s-82s, 84s-85s
  Rawleigh Jr 74s-75s, 78s-82s
  Thomas 69-70, 71s-80s, 84s-85s
  Thomas Jr 84s-85s
Chisholm, Alexander 81c
Chisser (Chiser)
  John 81c
  Philip 66
Chitham see Chatham
Chockley, Thomas 76c-77c
Chostolo see Costelo
Christian, Jasper 71s
Chriswell see Cresswell
Chrouse see Crouse
Church
  Jonathan 81c-83c, 85c
  Thomas 60-61, 65
Cimbolin see Kimberlon
Cime see Kymes
Cirby see Kirby
Ciscoe see Siscoe
Clack, Spencer 63, 76c-77c
Clague (Claig)
  Joseph 68, 70, 79s, 82s
Claim, Henry 72s
Clannahan see McClannahan
Clapham, Josias 60-61, 63-66, 68,
  70, 71s-77s, 79s, 81s-82s
Clark (Clarke, Cleark, Clerk, Clerke)
  Barnabas 76s-77s
  Benjamin 65, 69-70, 71s, 82s-83s,
    85s
  Charles 68, 70, 71c-77c
  Dennis 71c
  Francis 65, 70, 71s-72s, 74s-75s,
    78s
  Herman 68
  Hezekiah 85s
  John 65, 69-70, 71s
  Richard 85s
  Spencer 65
  Thomas 69-70, 71s, 73s, 76s-79s,
    82s
Clarkson 58, 62-63, 65, 69, 71s
Clartee, Thomas 75s
Clay, Henry (Harry) 60-63

Claypole (Claypool, Claypoole)
  James 61, 63, 69-70, 71s-79s, 84s
  Joseph 60-61, 63, 65
Clayton (Claton, Cleton)
  Ezekiel 69-70, 72s-74s
  Joseph 72s-78s
  Thomas 71c-77c
  William 82s-85s
Clearanter, Sylvester 78s
Clearland, Phillip 76c-77c
Cledge, Benjamin 70
Clemons (Clemans, Clemens, Clemmonds,
  Clemmons)
  Charles 85c
  James 62, 65, 69-70, 71s
  Jeremiah 70, 71s, 73s
Clendenin (Clandenon, Clendenon,
  Clendinen, Clendinin, Clendining,
  Clendennan)
  Samuel 72s-74s, 76s-77s, 81s-82s, 84s
Cleveland (Cleaveland, Cleavland)
  James (Capt) 73c-84c, 86c
  John (son) 74c-77c, 86c
  Oliver 74c
  William 81c-82c, 84c, 86c
Clews (Clowes, Clows, Cluse)
  Joseph 60-63, 65, 69-70, 71s-77s,
    82s-84s
  Thomas 60-65, 68, 70, 71s-74s,
    82s-83s
Clice (Clise, Cloise, Clyse, Kleist)
  Christian 73s
  Frederick 69-70, 71s
  Jacob 74s-77s, 82s, 84s
  John 69-70, 71s, 73s-77s, 82s, 84s
Clifton
  Burdett 70, 71s-72s
  Thomas 74s-75s
Cline (Clyne, Kline)
  David 74c-80c, 82c-86c
  Frederick 72s-73s
  William 65, 68, 70, 72c, 74c-75c,
    78c-80c, 83c
Cloward 63
Coats (Coates)
  John 63
  Thomas 71s
Cobbage, Joseph 75c-77c
Cobble see Gobble
Cochran (Cockran)
  Nathan 75s, 78s-82s, 84s-85s
Cocke (Cock)
  William (Maj) 65, 71s-77s,
    79s-82s, 84s
Cockerell (Cockeral, Cockerale, Cockerall,
  Cockeril, Cockerile, Cockerill,
  Cockrall, Cockrel, Cockrell, Cockriel,
  Cockriell, Cockril, Cockrill)
  Benjamin 60-61, 63, 65, 68, 70,
    71c-79c, 81c-85c
  Benjamin Jr 84c-85c
  Christopher 68-69, 71c-85c
  Elias Sr 63, 72c-73c, 75c-80c, 82c,
    86c
  Elias Jr 76c-80c
  George 73c, 75c-80c, 82c, 86c

-14-

Hannah 82c
Harper 83c
Henson 80c, 82c, 86c
Jeremiah 59-61, 63, 65-68, 70
    71c-85c
John 62, 69, 72c-85c
Joseph Marmaduke 68-69, 71c-85c
Sanford 60-63, 65, 68, 70, 71c-85c
Thomas Sr 60-63, 65-66, 68, 70,
    71c-85c
Thomas Jr 60-63, 65-68, 70, 71c-75c,
    78c-81c, 83c-85c
William (Sanford) 75c-80c, 82c-85c
Coe
    Edward 82c-83c
    Francis Peter 85c
    Francis Peter 72s
    Jacob 85c
Coffee (Coffe)
    Ambrose 69-70
Cogill see Cargill
Cogwell (Cogswell)
    Joseph 68, 72s
Cohagan see Gohagen
Cohan (Cahan, Coham)
    John 78c
    Joseph 68-69, 71c-75c, 79c
Cohoun (Cohoon)
    John 85s
    Joshua 83s
Coin, Henry 71s
Colclough (Cokelough, Cokelongh,
    Colcloe)
    Alexander 62, 68, 70, 71c,
        76c-77c, 79c, 81c-82c
Coldwell see Caldwell
Cole
    Charles 60
    James 63
    John 59
    William 82s
Colebank (Colebanck)
    Peter 71s-72s, 74s, 78s
Coleman (Colman)
    Cornelius 62-63, 65, 68, 71c-73c
    Daniel 79s, 82s
    Eleanor 68
    Isam 76s-77s
    James (Col) 60-65, 68-69, 71c-85c
    James Jr 85c
    Joel 73c, 76c-78c, 82c-84c
    John 73c-77c, 80c-85c
    John 60-63, 65, 69-70, 71s-74s
    Joseph 73s-75s, 79s, 81s-82s
    Nathaniel 79s
    Richard (Capt) 60-63
Collas, Jacob 70
Collehan see Callahan
Colley (Coley, Coaley, Cooley,
    McColley)
    James 71c, 76c-78c, 82c, 85c
    Thomas 63
Collick, William 68
Collier, Richard 58

Collins (Callens, Colens, Colins,
    Collen, Collens, Collin,
    Collings, Cullen, Cullins)
    David 70
    Edmund 71s
    George 65, 69-70, 71s
    Isaac 64
    John 61-65, 69-70, 71s-73s,
        80s, 83s
    Joseph 63, 65, 69-70, 71s-72s,
        74s
    Patrick 68, 71c-72c
    Richard 70, 71s-72s
    Thomas 61-63, 65, 69
    Thomas 86s
    William 65, 72c-77c, 80c-84c
Collison (Culaster)
    Jeremiah (Jary) 83c, 85c
Collom, Thomas 68
Collop, George 75c
Colobanee, Peter 70
Colvill
    James 78c
    Thomas (Col) 65
Colvin (Calvin)
    William 60-61, 66, 68-70
Comber (Camber, Camper, Comper,
    Compor, Coomer, Cumbers, Cumbus)
    James 74c, 76c-79c, 82c, 84c,
        86c
    John 71s-77s, 82s
    Richard 61
Combs (Combe, Combes, Coombe, Coombes,
    Coombs, Coomes, Cooms)
    Alais 69
    Andrew 62-63, 65, 72s, 80s, 82s
    Daniel 65, 68, 71c, 73c-74c,
        76c-77c, 83c-85c
    Elisha 70, 71s-74s
    Henry 68
    Israel 85s
    John 65, 70, 71s, 79s-80s, 82s
    Joseph (Capt) 65, 69-70, 71s-75s
        78s-81s, 84s
    Mahlon 80s, 82s, 85s-86s
    Richard 63-65
    Robert 70, 71s-75s
    Samuel 60-63, 65, 68, 70, 72s-77s,
        79s-82s, 84s
    Samuel Jr 79s
    Stephen 73s-75s, 78s-84s
Commings see Cummings
Compton (Comton, Cumpton, Kumpton)
    James 61-63
    John 61-63, 68, 70, 82s
    Matthew 61-65, 68, 70
    Samuel 59, 61-65, 68, 70
    Samuel Jr 59, 61-63
    Zebedee 61-63, 65
Conn (Cann, Con)
    Edward (Edmond) 78c-81c
    Hugh 63, 69-70, 71c, 73c,
        76c-81c, 83c-85c
    John 70c, 83c-85c
    Mary 72c-73c, 75c, 78c, 80c-81c,
        83c-84c

Mary 74s, 79s
　　　Samuel 78c-81c, 83c-85c
　　　Scy 72c
　　　Thomas 85c
Connard (Conard, Conerd, Connerd,
　　　Connord, Coonard, Cunard, Cunnard)
　　　George 74c
　　　James 59, 61, 63, 65, 68, 70,
　　　　　71s, 73s
　　　James Jr 71s, 73s
　　　John 62, 65, 67, 69-70, 71s,
　　　　　75s
　　　Jonathan 65, 67, 69-70, 71s-73s
　　　Thomas (Tamos) 62
Connell (Connill)
　　　Thomas 60, 61, 63, 65
　　　William 61
Connelly (Comeley, Coneley, Conely,
　　　Conly, Connally, Connely, Conoly)
　　　Bartholomew 68, 70, 71s
　　　Cornelius 84s-85s
　　　Daniel 72s, 74s
　　　Daniel Sanford 79c
　　　Francis 85c
　　　John 61-63, 80c, 82c-86c
　　　Sanford Ramey 75c-78c, 80c, 82c,
　　　　　84c, 86c
Conner (Coner, Coners, Connor)
　　　Charles 63, 65, 68, 70, 71s-77s
　　　Daniel 63, 65, 68, 70, 71c-77c,
　　　　　79c
　　　Edward 80c-82c, 84c
　　　Edward 59-63, 74s
　　　Elizabeth　78s
　　　James 72s
　　　John 59, 65-68
　　　Robert 63
　　　Thomas 82s
　　　Samuel 63, 65, 78c
　　　William 71s-72s, 75s
Conouf, Christopher 60
Conrod (Conrad, Conrade, Cunrad,
　　　Cunrade, Cunrod)
　　　Anthony 81s-82s, 84s
　　　Cornelius 65
　　　George 75c
　　　James 74s
　　　James Jr 74s
　　　John 72s-74s, 76s-77s, 81s-82s,
　　　　　84s
　　　Jonathan 74s, 76s-77s, 82s, 84s
　　　Joseph W. 75s
Constable, William 69-70, 71s-75s
Constant (Constance)
　　　William 69-70, 71s
Cooke (Cook, Cooks)
　　　Alexander 76c-77c
　　　Benjamain 72s-74s
　　　David 72c-74c
　　　James 79s-80s, 83s
　　　Jeremiah 81c-82c
　　　John 62, 68, 70, 71s-72s, 74s
　　　Jonathan 74c-78c, 80c-84c
　　　Lewis 73c-83c
　　　Thomas 71c, 75c
Cool, Isaac 62

Cooper (Coopper, Couper, Cowper)
　　　Alexander 71s, 73s-77s
　　　Aneas (Enos) 71s-72s, 86s
　　　Apollos 70, 71s-77s
　　　Benjamin 69, 71c-77c, 79c-83c
　　　Frederick 59, 61-63, 65, 67-68,
　　　　　70, 71s-73s, 75s, 79s, 82s,
　　　　　85s
　　　George 61
　　　Henry (Harry) 74s, 76s-77s
　　　Isaac 70, 71s, 73s
　　　John 70, 72s-74s
　　　Mary 78s-81s
　　　Michael 67-68, 70, 71s-73s, 75s,
　　　　　79s, 82s, 85s
　　　Samuel 76s-77s
　　　Spencer 69-70, 71s-72s
　　　Thomas 73s-74s
　　　Vincent 84s
　　　William 62-65, 69-70, 71s-72s,
　　　　　81s-82s, 84s
Cooth, James 61
Copass, Thomas 70
Cope, Thomas 61-63
Copeland (Cooplen, Copland, Coplen,
　　　Copley)
　　　Andrew 73s, 75s-77s, 82s, 84s
　　　David 71s-77s, 81s-82s, 84s
　　　James 76s-77s, 82s, 84s
　　　John 71s, 73s-77s, 81s-82s, 84s
　　　Joseph 72s
　　　Richard 81s-82s
　　　William 81s-82s
Copsey (Copsy)
　　　James 79s, 82s
　　　John 78s, 82s, 84s
　　　John Moyer 86s
Corbus (Corpus)
　　　Godfrey 79c-80c, 83c
Cordell (Cordael, Cordail, Cordial)
　　　Adam 78s-79s, 81s-82s, 86s
　　　Jacob 71s-72s, 75s, 78s,
　　　　　81s-82s, 86s
Cornelius (Connelius, Corneilison,
　　　Cornelias, Cornelious,
　　　Cornelison, Cornellison,
　　　Cornelus, Corneluson)
　　　Conrad 63-64
　　　Garret 62-63, 65, 68, 70, 71s-74s
　　　John 63, 68, 70, 72s-75s, 78s-79s, 84s
　　　Peter 62, 63, 68, 78s
　　　Rudolph 70
　　　Thomas 62
　　　William 59, 61-63, 65, 70
Corngiver (Cornkiver)
　　　Valentine 71s, 73s, 81s
Corran see Curran
Correhin, Patrick 75c
Corshon (Cusohon)
　　　Tunis 69-70, 71s
Cortz see Kortz
Coruthers see Carruthers

-16-

Costelo (Castilo, Cestehlo, Chostolo,
    Costaloe, Costiloe, Costoloe,
    Costolon, Crutchlo, Custehlo)
  Christopher 71s-74s, 78s, 84s
  Edward 70, 71s-72s
Cotton (Cotten, Cottum)
  John 78c
  John 68, 70, 71s-82s, 84s-85s
  Ralph 73c-77c
  Thomas 59, 65, 67, 70
  William Sr 58, 60, 63, 65, 68,
    70, 71s-82s, 84s-85s
  William Jr 63, 65, 69-70, 71s-77s,
    79s-85s
Coulten, David 71s
Counts (Coonce, Coons, Coonts, Coontz,
    Coots, Counce, Countz, Couts, Cunts)
  Adam 61-63, 65, 68, 70, 71s-77s,
    81s-82s
  Frederick 82c
  Frederick 68, 70, 71s
  Henry 61-63, 65, 70, 71s-77s,
    81s-82s
  Philip 59, 61-62
  Tetrick (Teberry) 81c-82c
Coushonbury, Aaron 58
Cousins (Cuzens)
  Nicholas 86c
Coutsman (Coutzman)
  Jacob 68, 70, 71s-72s, 74s-77s,
    79s
Covington, Samuel 74s
Cowgill (Cowgel, Cowgell)
  Abraham 73s-74s, 76s-79s, 81s-85s
  Isaac 72s-74s, 76s-78s, 81s-85s
  Isaac Jr 84s-85s
  James 84s
  Joseph 75s
  Ralph 84s
Cowley, James 70, 72c-73c
Cox (Cocks, Cocs, Coks)
  James 70, 71c-74c
  John 67-68, 70, 72s-73s
  Joseph 63-65, 68, 70, 71s-73s,
    79s, 82s, 84s
  Samuel (Maj) 70, 71s-77s, 79s-80s,
    85s
  William 74c-77c
  William 71s
Coxon, John 65 (dec'd)
Coxwell (Coywell)
  Joseph 70, 76s-77s
Craft, Lawrence 84s
Cragors, Fradrick 61
Craig (Crage, Crague, Craige, Craigg,
    Creag)
  Absolom 80s-83s
  James 63, 65, 71s-72s, 74s-77s,
    80s-84s
  John Sr 65, 67, 70, 71s-77s
  John Jr 65
  Joseph 61, 63-65
  Joseph 65, 67-68, 70, 71s-74s
  Robert 83s-84s
  Samuel 70, 71s-77s
  William 71s-72s, 78s-79s, 82s-84s

Craney (Crany)
  Patrick 74c
  Patrick 75s
Craven (Cravin)
  Christian 82s
  James 84s
  Thomas 78s-80s, 82s-83s, 85s
Crawford
  George 60-61
  James 73c
  William 63
Creemer (Creem, Creamer)
  Elizabeth 82s
  Jacob 70, 79s, 84s
Cresswell (Chriswell, Creswell,
    Crisswell, Criswell)
  John 64-65, 69, 71c-77c, 79c-81c,
    83c-85c
  Samuel 63-66
Creuthist (Cruderus)
  James 62, 76s-77s
Crips, John 76s-77s
Crisswell see Cresswell
Cristall, John 68
Christophor, William 71s
Crocclews, Rudolph 71s
Croff (Croaf, Croaff, Crofe, Croof)
  Anthony 75s
  George 71s-72s, 74s-75s, 81s
  Jacob 68, 71s-72s, 74s, 76s-77s,
    81s, 85s
  Joseph 75s
  Philip 71s-72s, 76s-77s
Croie, Stoffel 72s
Cromwell (Crummell, Crumwell)
  William 68, 70, 71c-72c
Cronleh, John 79s
Crook (Croock, Crooke, Crooks)
  Allen 71c-73c, 75c, 84c
  Charles 79c-80c
  Jacob 71s-74s
  James 83c-84c
  James 78s
  John 65, 68, 70, 71c-72c,
    74c-75c, 78c-80c, 82c-83c
Cropping, John Going 86c
Crosley, William 74s
Cross (Crose)
  Adam 76s-77s
  Caslet 76s-77s
  Charles 81s
  Elizabeth 80c
  John 62-63, 68, 70, 71c-72c,
    74c, 80c, 83c-85c
  Joseph 76c-79c
  Joseph 73s
  Samuel 76c-77c
Crossen (Crossin)
  Henry 72s-73s
Crouch, John 70, 71s-73s, 75s
Crouse (Chrouse, Crowse, Crroues)
  Christian 72s, 75s-78s, 81s-82s
Crow
  Christopher 74s
  Jeremiah 72s
Crowder, Thomas 76s-77s

Crowell (Croll, Crull)
   David 72s, 84s
   Henry 72s, 73s
   Philip 81s
Crowley (Crowly)
   David 81s
   Dennis 85c
Crozir, John 84c
Crull see Crowell
Crumb (Crom, Crum, Crump)
   Henry 69, 71c-73c
   Margaret 79c
   Thomas 82s
   Turner 71c, 79c-80c
Crumbaker
   John 82s
Crumbough (Crumbar, Crumbo)
   Conrad 71c
   John 82s, 85s
Crumper, Conrod 70
Crumrine, Christian 84s
Crumwell see Cromwell
Crupper (Cruper)
   John 68, 70, 71s-72s, 79s-82s
   Richard 63, 65, 69-70, 71s-78s, 80s-84s, 86s
Crutchlo see Costelo
Cruthers see Carruthers
Cryer, William 72s-73s
Culaster see Collison
Cullins see Collins
Culp (Kulp)
   Michael 70, 71s
Cumbers see Comber
Cummings (Commings, Comons, Cuming, Cumings, Cumins, Cummins, Cummons, Kummins)
   Anthony 79s, 83s
   Benjamin 75s-77s, 81s-85s
   George 70, 71c, 73c, 75c-80c, 82c-83c, 85c
   Gideon 83c
   Gideon 76s-77s
   James 71s-72s, 75s-79s, 83s-84s
   Jane 71s-72s
   John 78s-83s
   Jonathan 69-70, 71s-79s
   Joseph 69-70, 71s-77s, 79s, 82s, 85s-86s
   Malachi 65, 69-70, 71s-79s, 81s-85s
   Moses 73s-78s
   Richard 74c-77c
   Thomas 62, 71s-72s, 79s, 83s-84s
   William 61, 63, 68, 78s-79s, 81s-86s
Cumpton see Compton
Cundeff, James 72s
Cunnard see Connord
Cunningham (Cuningham)
   John 76s-77s, 81s-82s
   Thomas 67-68, 70, 71s-75s
   Walker 85c
Cunrod see Conrod
Cunts see Counts
Curkman (Curpman)
   Philip 81s-82s

Curran (Carran, Carron, Corrain, Corran, Correhin, Currain, Currains, Currans, Currant, Curren, Currens)
   Abraham 70
   John 71s-77s, 79s, 81s-82s, 84s
   Michael 70, 81s
   Patrick 75c
   Robert 74s-77s, 79s, 81s-82s, 84s, 86s
Currel see Carroll
Curry (Currey, Currie)
   John 70, 71s-73s
   Robert 73c-75c
   Robert 79s
   Terrence 69, 71s-72s, 74s-75s
   Thomas 79c
   Thompson 68
Curtis
   Barnabas 83c-84c
   Barnabas Jr 83c-84c
   Chichester 85s
   George 83c-86c
   James 82s-83s, 85s
   John 79c-80c, 83c-86c
   John Jr 80c, 83c
   Thomas 76c-77c
Curtner, Anthony 71s
Custard
   Isaac 68, 70, 71s
   Michael 68
Custehlo see Costelo
Cuzens see Cousins
Cymes see Kymes
Cypher, John 86s
Cypolt see Sypolt
Czelotis see Cazaletis

D

D'Bell see Debell
Dabens see Dobbins
Dabict, Hunch Terick 63
Dade, Townsend (Rev) 79s
Dagan, John 74c, 76c-77c
Daker see Deakin
Dale (Daile, Dales)
   Robert 74c-77c, 78c, 84c
   Thomas 73s-74s
Daley (Dailey, Daily, Dalley, Dayley, Daylie, Dayly, Dealy)
   Charles 68, 71s, 75s-77s, 79s, 82s
   Daniel 70, 71s
   Edward 76s-77s
   John 79c-80c, 83c-85c
   Nicholas 78s-79s, 82s, 85s
   Philip 61-63, 65, 67, 69-70, 71s-73s
   Ralph 76s-77s
   Thomas 82s
Dalkin (Delkin, Dilkin)
   John 68, 70, 71s-73s, 76s-79s, 81s, 83s-85s
Dallis (Dallas)

Alexander 85c
Alexander 84s
Dennis 58, 60-61, 71s
James 82c-84c
James 71s-72s, 79s
Dalton
  Jarrard 70
  John 65
Dane, Burle 74c
Danen, William 76c-77c
Daniel (Danniel, O'Daniel, Odaniel, Odanill)
  Ann 80c-81c
  Charles 71s
  David 85s
  Dudley 68-69, 71s, 75s
  Henry 61-63, 65, 69-70, 71s
  James 62, 74s-75s, 82s-83s, 85s
  John 76c-79c, 84c-85c
  John Jr 79c
  John 69-70, 71s-72s, 85s
  Joshua 61-63, 72s-73s, 76s-79s, 82s, 84s
  William Sr 74s-75s, 80s, 82s-83s
  William Jr 80s, 82s-83s
Danielley (Daneiller, Danely, Danolly)
  James 73s
  John 72s-74s
Darby see Derby
Darflinger see Tarflinger
Darius (Darious)
  Edward 60, 63
Darling, George 75s-77s, 79s
Darnel (Darnal, Darnels)
  George 80s
  Jeremiah 65
Darott, John 68
Darr (Dar, Derr, Tarr)
  Bostin, 74c
  Conrod 74s, 75s, 76s-77s, 81s-84s
  Elizabeth 82s
  George 79c-84c, 86c
  Sebastian (Basten) 71c-73c, 75c-77c, 79c-80c, 82c-86c
Darrell see Dorrell
Dashner, George 84s
Davey (David, Davy)
  George 72s-73s, 76s-77s
  Isaac 61-62, 76s-77s
  Jenkin 61-62, 65, 67, 69, 70, 71s
  John 73c, 75c-78c
  John 61-62, 76s-77s
Davidson (Davison)
  Alexander 84c-85c
  John 84c-85c
  William 70, 74c-77c, 84c-85c
Davis (Daveis, Daves, Davies, Daviss, Davys, Deves)
  Abel 74s-75s, 80s-81s, 83s
  Abraham 68, 84s
  Allen 74c-80c, 85c
  Amos 60, 63, 65, 68, 71c-72c, 74c, 76c-77c
  Amos 73s
  Anthony John 79c
  Barrett, 68, 70
  Benjamin 59, 61-63, 65, 68, 70, 71s-77s, 80s-83s
  Bennet 80c
  Caleb 71s
  Charles 68, 70, 71c-78c, 80c, 82c-83c
  Charles Jr 68
  Charles Burgess 70, 72c-77c
  Cornelius 65
  Daniel 60
  David 60-62, 79c, 82c
  David 82s
  Elijah 70, 71s-73s
  Elisha 73c-75c
  Evan 68, 70, 71c-75c
  Evan 71s-73s
  Francis 84s-85s
  Gary 70, 71s, 73s-79s
  George 70
  Henry 63
  Howell 80s-81s, 83s
  Jacob 75c-77c, 79c-80c, 82c-84c
  James 83c-84c
  James 62, 69-70, 72s-85s
  Jeremiah 68, 71s
  Jesse 73c
  Jesse 62-65, 71s-73s
  John Sr 58-65, 68-70, 71c-85c
  John Jr 63-65, 70, 71c-75c, 78c-80c, 82c-85c
  John (Capt) 64-65, 68-70, 71s-79s, 82s, 84s, 86s
  Jonathan (Esq) 60-63, 65, 68, 70, 71c-85c
  Joseph 61, 80c, 85c
  Joseph 84s-85s
  Joshua 63, 69, 72c-80c, 84c-85c
  Lewis 84s-85s
  Meredith 72c-75c
  Morris 84s
  Nathan 65, 68
  Patrick 84s
  Peter 65
  Robert 68, 70
  Sampson 65
  Samuel 79c-85c
  Samuel Sr 58, 61, 65, 68, 70, 71s, 74s-79s, 81s-85s
  Samuel Jr 58, 61, 63, 65, 70, 71s-74s, 76s-78s, 82s-85s
  Simon 86s
  Spencer 84s-85s
  Thomas 62, 68-70, 71s-75s, 79s, 81s-82s, 84s
  Van ___ 84s
  Vincent 82c-85c
  William 64-65, 68-70, 71s-72s, 74s-75s, 79s, 82s
  Zachariah 60-63, 68-69, 71c-78c
Dawkins, William 63, 65
Dawsey see Dorsey
Dawson (Dason, Dauson, Dawbson, Dorson, Doszen, Dowson)
  Abraham 60-63, 65, 68, 70, 71s-75s, 79s, 82s-84s
  Charles 71c-72c, 74c, 78c-79c

Frederick 83s, 85s
Garrard 62
James 75s-77s
John 60-61, 63-65, 69, 71c-75c, 78c-79c
John Jr 71c-75c
Mathias 60-61, 69, 71c-78c, 81c-84c
Nicholas 63
Saul 74c
Thomas 63-64, 69, 71c-74c
Timothy 74c
William 60-61, 63, 68, 71c-74c
Day
  Ballard 79c-80c, 82c-83c
  Edward 68, 70, 71c-77c, 80c-85c
  Edward Jr 80c, 82c-83c
  Hanson 71c-83c
  Jeremiah 78c-85c
  John 80c-81c
  Matthew 68, 70, 71c-77c, 79c-83c
  Samuel 74c-75c
  William 61-63
  Zachariah 73c-75c, 78c, 81c-85c
De Laforce see Deleforce
Deakin (Daker, Deaker, Deeker, Dicker, Diggin)
  Christopher 71s, 74s-77s
  Stophel 72s
  William 72c-75c
Deale (Deall, Deel)
  James 70
  John 60-61, 63
  John Jr 60-61, 63
  Peter 65
  Samuel 65
Dealey see Daley
Deane (Dean)
  James 79s
  Jeremiah 85s-86s
  Robert 68, 76s-77s, 79s
  Samuel 60-63, 65, 69-70, 71s-77s, 79s, 81s, 83s-86s
  Samuel Jr 79s, 84s-86s
Dearman, George 86s
Debell (D'Bell, Debel, Debella)
  John 68, 70, 71c-82c, 84c
  Mary 60-62
  William 60-63, 65, 68, 70, 71c, 78c-86c
Decaly, Thomas 65
Dechilds, Jeremiah 71c
Decout (Dichout, Dickout, Tickout)
  Palser 70, 71s-77s, 81s-82s
Decraf, Abraham 82s
Dedrish see Tetrick
Deere, Conrad 71s
Dehaven (Deheavon, Dehavin)
  Abraham 65-66, 68, 70, 71s-75s, 79s-80s
  Abraham Jr 68, 70
  Isaac 68, 70, 71s-75s, 80s, 82s
  Jacob 68, 70, 71s-72s, 74s-75s, 79s-80s
  William 70, 71s-75s
Delany see Dulany

Deleforce (De Laforce)
  Joseph 72c-77c
Delkin see Dalkin
Delon see Dillon
Dement (Demnin, Dument)
  Benoni 59, 61-65, 69, 71c-78c
  James 74c-77c
  John 71c-77c, 79c, 81c
  William 73c
Demery (Demry, Temery)
  John 81s, 82s, 84s
Deneal, John 84c
Dennis
  John 75s-80s, 83s-84s, 86s
  Samuel 86s
Dennison, James 65
Denny, Joseph 79s-80s
Dent
  John 73s-74s
  Thomas 64
Derby (Darby)
  Fann 82s
  Timothy 74s, 76s-77s
Derr see Darr
Derry, Palser 82s
De Sardorius, Joseph 82s
Deskins (Deskin, Diskin, Diskins, Driskens)
  Daniel 60, 63, 69-70, 71s
  George 65
  John 61
Devantever see Vandevanter
Devers (Deaver, Devias)
  Bassett 68, 70
  Edward 65
  Gilbert 74s-75s
Devine (Divine)
  James 61, 80c
  William 68, 70, 71s-74s, 78s-79s
Devon, John 71c
Dewcase, Cornelius 65
Dewer (Deur, Dewar)
  Conrod 72s
  William 74c-80c
Dewiss
  Solomon 78s
  Stephen 78s
De Witt (Dewit)
  John Ross 60, 62-63
Dews (Dewces)
  Samuel 82c
  Samuel 69, 75s, 78s, 80s-81s, 84s-85s
Dewsberry (Duesberry)
  James 72s-75s
Dial (Diall, Diol, Dyal, Dyale, Dyall)
  Edward 83c
  James 63, 68, 73c
  John 71c-72c
  Moses 69
  William 60-61, 63
Diaovenbough, John 82s
Dick
  Adam 70, 72s-73s
  George 70, 74s
  Nathan 70, 74s

Dicker see Deakin
Dickey
   James 68-69, 71c-84c
   William 79c-84c
Dickout see Decout
Diggin see Deakin
Dignot (Dignet)
   Peter 70, 71s-73s
Dignum, John 72c
Dike see Dyke
Dilkin see Dalkin
Dillon (Delon, Dilin, Dilion, Dillen, Dillian, Dillin, Dilling, Dillion)
   Aaron 85s
   Abdon 85s
   Amos 68, 70, 74s-77s, 80s, 83s-85s
   Isaac 63, 65, 68, 70, 74s
   James 63, 65, 69, 72s-77s, 82s-85s
   James Jr 73s-74s, 76s-77s, 84s
   John 69-70, 72s-77s, 82s-85s
   John Jr 73s-75s, 82s-84s
   Jonathan Sr 65, 70, 72s-74s, 76s-77s, 81s-82s, 84s
   Jonathan Jr 82s, 84s
   Josiah 63, 65, 68, 70, 72s-77s, 84s-85s
   Moses 83s-84s
   William 65, 68, 70, 71s-74s, 76s-77s, 82s
Dimmond (Dymond)
   Phillip 85s
   William 77s
Dimsden, Zachariah 65, 72c
Dinahow see Donohue
Dishman, Samuel 86s
Diskins see Deskins
Diver (Divegar, Divers)
   James 73c-75c
Divine see Devine
Dixon (Dickson, Dixson)
   James 71s
   John 85s
   Jonathan 69, 71c-72c
   Joshua 74s
   Moses 61
   Robert
   Samuel 71s, 85s
   Solomon 65, 69-70, 71s-77s, 83s-85s
   Thomas 71s-74s
   William 62-63, 65, 69-70, 71s-72s
Doage, Isaac 71s
Dobbins (Dabens, Dobbin, Dobens, Dobins, Dowbins)
   Griffen 67-68, 70, 71s-73s
   Leonard 73s
   Samuel 63, 65
Dobson, Robert 72s
Dodd (Dod)
   Jesse 65
   John 60-65, 69-70, 71s-79s, 84s
   Thomas 60-63, 65
   William 60-63, 65
Dodson, Jesse 69-70
Doggin, John 75c
Dogherty (Dockarty)
   Charles 71s-72s

Donaldson (Donalson)
   Bailey 63, 65, 79s
   James 59-63, 65, 68
   Spencer 83c-84c
   Stephen 63-65, 68, 70, 71s-77s
   William 74c-75c, 80c
Doneer, Daniel 65
Donham see Dunham
Donohue (Dinahow, Donohoe, Donohooe, Donohou, Donohow, Donough, Dunnahue, Dunnohue, Dunohue, McDonahoe, McDonohoe)
   Cornelius 60-65, 70, 71s-77s
   James 63
   John 76s-77s, 80s
   Robert 75c
   Samuel 70, 71s-77s, 80s
   Thomas 85c
   Thomas 60-62, 69-70, 71s, 73s-74s
Dooe, Peter 75s
Doogan see Dagan
Dooling see Dulin
Dorff (Dorf)
   Samuel 64-65
Dorman, Geoge 76c-77c
Dorrell (Darrell, Dorrill)
   Charles 81s
   Peter 69
   Sampson 72s
   William 61
Dorrett (Dorritt)
   John 72s-73s
Dorris (Doris, Dorrist)
   Benjamin 72c
   Isaac 74c-77c
   Isaac 73s
   John 70
   Joseph 72c
   Samuel 73c-75c
   William 72c
Dorrough, James 62
Dorsey (Daucy, Dawsey, Dossey, Dossy)
   Bates 72c-75c, 79c, 85c
   Greenberry 61-62, 64-65, 68-69
   John Samuel 69
Dorson see Dawson
Doughty (Doudy, Douty, Dowdey)
   John 76c-79c
   Reuben 71s, 73s-74s, 76s-77s, 79s, 84s
   Thomas 68
Douglas (Douglass, Dougless)
   Hugh 80s-83s
   Jeremiah Coffer 83c
   William (Capt) 60-63, 65, 68, 70, 71s-77s, 79s-83s
Douling see Dulin
Dove, William 75c-77c
Dowdall (Doudle, Doudowedl, Dowdal, Dowdel, Dowdell, Dowdle)
   Brawner 80c, 84c
   Eleanor 84c
   George 61-63, 68, 71c-74c, 76c-78c, 80c
   John 72c-81c

Joseph 65, 69, 72s-74s
Moses 84c
Thomas 76c-77c, 80c
Thomas 68, 71s
Dowell, Philip 63, 65
Downey (Downney)
   Dillon 80c, 83c
Downing, Joseph 60
Downs (Dines, Downes)
   Benjamin 65, 69, 70, 71s-72s,
     76s-77s, 79s, 81s-84s, 86s
   Henry 63, 65, 69-70, 71s-75s,
     78s, 80s-86s
   James 85s
   John 63, 65, 68, 71c, 73c-77c
   John 74s, 79s, 81s, 83s, 85s
Dowson see Dawson
Doyle (Doyal, Doyall)
   Charles 82s
   Edward 82c
   James 64
   John 69, 73c-74c, 79c
   Robert 85c
Dozer, _____ (Mrs) 60
Drain, John 76s-77s, 79s
Drake
   Andrew 74s-75s
   Benjamin 78s-80s, 82s-85s
   Francis 82s-84s
   Jonathan 70s, 72s, 74s-78s,
     81s-83s
   Joseph 82s-84s
   Michael 74c, 78c, 80c
   Nicholas 76c-77c
   Samuel 82s
   Thomas 69-70, 72s-77s, 79s,
     81s-85s
Drapentair (Drapentear, Drapenteer,
   Drapintur, Drapontare)
   James 60-63, 65
Drews, John 73c
Drinker, Joseph 72s
Drish (Driesch, Driesh, Dryesh)
   Christian 80s
   Frederick 65, 68, 70, 71s-74s,
     76s-77s, 79s
   Frederick Jr 79s
   William 71s-73s, 76s-78s, 82s
Driskens see Deskins
Driver, Thomas 85s
Droeser, David 70
Drone, John 79s
Drum (Drumm)
   George 78c, 80c-84c
   George 69-70, 71c-77c, 79c
   Peter 73c-74c, 76c-79c
   Peter 70, 71s, 84s
   Philip 76c-83c
   Philip 69-70, 71s-72s, 75s
   Philip Jr 70, 73s-74s
   William 78c
   William 76s-77s
Dudley, James 80s-81s
Duesberry see Dewsberry
Dulany (Delany, Dulaney)
   Benjamin 74s-81s, 84s-85s

Joseph 80c
Dulin (Dooling, Douling, Dulen,
   Duling)
   Atwell 85c
   Daniel 73c-77c
   Edward 65, 75s, 79s
   James 73s-75s
   Thaddeus 73c-77c, 79c, 81c-82c,
     84c-86c
   William 78s-79s, 82s-83s
Dument see Dement
Dunaway (Dunway)
   Ezekiel 75c-77c
   Samuel 85s
Dunbar (Dunbarr)
   Daniel 71c-85c
   Thomas 80c-85c
   William 60-63, 65, 68, 70,
     71c-85c
   William Jr 78c-85c
Duncan (Duncean, Dunkan, Dunken,
   Dunkin)
   Charles 74c-84c
   Coleman 78c-84c, 86c
   Henry 75c-79c
   Henry 82s-85s
   John 72s-75s
   Jonas 75s, 79s, 83s-85s
   Joseph 84s
   Joshua 60-63, 65, 69-70, 71s-79s,
     81s-85s
   Joshua Jr 62, 83s, 85s
   Philip 76c-77c
   Samuel 58-59, 61-63, 65
   Thomas 86c
   William 85s
Dundass (Dundess)
   Job 59-61
Dunham (Donham, Dunnam)
   Amos 80c-81c, 83c
   Amos 71s-75s, 78s, 81s-85s
   Ephraim 60-65
   Lewis 84s-85s
Dunlap (Dunlop)
   John 78c, 80c-84c
   John 70, 71s-74s, 76s-77s
   Samuel 83c-84c
   William 83c-84c
Dunn (Dun)
   Joseph 65
   Richard 75s-77s, 79s
   Thomas 65
   William 74c-77c, 79c-81c
Dunnell, _____ 72
Dunning
   John 74s-75s
   William 71c, 74c
Dunnington (Dunington)
   George 59, 67-68
Dunohue see Donohue
Duren (Dewring, Durin, During)
   George Sr 60-63, 65, 67-68, 70,
     71c-74c, 76c-77c
   George Jr 68, 70
   James 72c-73c, 76c-77c
   John 65, 68, 70, 71c, 74c

Thomas 68, 70, 71c-73c
William 76c-77c
Durham, William 73c
Dusthaven (Dursthimer)
   Jacob 76s-77s, 81s
Dutchy, Benjamin 61
Dutey (Duty)
   Thomas Sr 63, 68-69, 71c-85c
   Thomas Jr 68-69, 71c-73c, 75c-77c,
     79c-85c
   Thomas 74s-78s
Dyal see Dial
Dye
   David 85c
   Enoch 75c
   John 82c, 84c-85c
Dyer, John 70, 71s-73s
Dyke (Dike, Dyck, Dycke)
   George 67-68, 71s-73s, 75s-79s, 81s
   Henry 79c
   Henry 74s-78s, 80s, 83s-84s
   Nathan 71s-72s, 76s-79s, 81s
Dymond see Dimmond

E

Eades (Eads, Edes, Edz)
   John 66, 68, 70, 71c-74c, 84c
   Thomas 60-63, 65
Eagelton (Aggleton, Agleton)
   John 73c, 75c-77c, 79c, 84c
Eaky, Martin 72s
Ealey, Thomas 63
Ears see Airs
Easter, Augustus 73c-74c
Eaton (Eaten, Eation)
   Benjamin 70
   Henry 63, 66, 68, 71s, 75s-77s,
     79s
   Henry Jr 73s-74s
   Henry Howe 60, 64-65, 68
   James 60-63, 65, 74s
   John 61-62, 70, 74s
   John Jr 74s
   Joseph 69-70
   Leonard 66
   Moses 69-70, 76s-77s
   Thomas 60-61, 76s-77s
   William 70, 75s
Eavans see Evans
Ebbe (Ebb)
   Edward 81c
   William 84c
Eblen (Ablen, Ablin, Ebbling, Eblend,
   Eblin, Eblon, Elben)
   John 63, 65, 68, 70, 71s-77s,
     83s-84s
   John Jr 75s-77s
   Peter 63, 65, 69-70, 71s-77s,
     84s
   Samuel 72s-77s
Eceles, John 83c
Echor see Acker
Eckbert see Egbert

Eckley see Ackley
Ecton (Acton, Eckton)
   Francis 82c-85c
   James 62-63
   Samuel 85c
Edes see Eades
Edgcomb, George 74s-75s
Edleburey, Henry 75c
Edleman see Adelman
Edlin, Thomas 79s-82s
Edwards (Edmond, Edward)
   Abel 71c-72c, 74c-77c
   Amos 71s-77s, 81s
   Amos Jr 81s
   Arthur 72c-77c
   Benjamin 60-65, 68, 70, 71s-72s,
     74s-77s, 79s-81s, 85s
   David 64-65, 68, 71s
   Elisha 85c
   Elisha 71s-77s, 80s-81s, 83s-84s
   Hugh 82s, 84s
   Isaac 68, 70, 73s
   Jesse 79c-80c, 82c-84c
   John 74c-78c
   John 68-69, 71s-79s, 82s
   Jonathan 75s-77s
   Joseph (Josiah) 74s, 76s-77s
   Joshua 65
   Philip 72s, 74s-78s, 80s-81s,
     83s-85s
   Richard 79c
   Thomas 76c-77c
   Zachariah 78s
Efaw see Ephaugh
Egbert (Eckbert)
   Abraham 71c-72c
Egelin (Egdelen, Egelon)
   John 76s-77s, 79s-81s
Egnew see Agnue
Eights, Robert 70
Eizen (Izner)
   Frederick 70, 71s
   Michael 70, 71s
Elder (Elders, Eldon)
   Andrew 75s
   Hugh 75s
   Joshua 68, 71s-73s, 80s-81s
Eldridge see Aldridge
Eler (Iler, Iller)
   Jacob 62-63, 65
   John 70
Elgin (Elgan, Elgine, Ellgin)
   Christopher 68, 70
   Francis Sr 61-65, 68, 70, 71s-83s,
     85s
   Francis Jr 76s-80s, 83s
   George 81s-82s
   Gustavus 72s-75s, 78s-84s
   Ignatius 79s-83s
   Jesse 83s
   Rebecca 81s-82s, 85s
   Walter 74s-83s, 85s
Elley, Thomas 61-62
Elliott (Eliot, Elliot, Ellit, Ellits,
   Ellot)
   Daniel 73c-74c, 76c-77c

James 74c, 76c-78c, 80c, 85c
James 75s-77s, 79s
John 59-61, 72s, 74s-77s, 79s, 82s
Jonathan 71c
Richard 78s-79s
William 78c
William 60, 69, 75s-77s, 79s
Ellis (Elias, Elliss)
    Elias 66, 68, 70, 71s-77s
    Evan 71s-77s, 82s-83s, 85s
    Jessey 66, 68
    John 74c, 79c-80c, 84c
    Joseph 63, 65, 79s
    Robert 66, 75s-77s, 82s
Ellmore (Elmer, Elmor)
    John 82c-85c
    John 73s-74s, 81s
Ellzey (Elsey, Elzey)
    John 60-65, 68-69, 71c-85c
    Lewis (Capt) 65-66, 68, 70, 71c-74c, 76c-80c, 82c
    Thomas Lewis 85c
    William (Capt) 63, 74c, 76c-78c, 80c, 82c
    William Jr 82c
Ellzey & Blackburn (Messrs) 68-69, 71c-74c, 76c-77c, 79c
Emmanuel, Isaac 59-61
Emmett (Emmet)
    George 71s, 79s, 82s
Emmons, David 78c-80c
Emord, George 70
Emos see Amos
Emrey (Emery, Emmerie, Emmery, Emry)
    George 68, 70, 71s-77s, 79s-82s
    Henry 74s
    Henry Jr 74s
    Jacob 81s-82s, 84s
    John 71s, 74s
    Stephen 59, 61-62, 64-65, 68, 70, 71s-79s
Ennis (Annes, Annis)
    George 79s
    John 60
    William 60-61
Ensley (Aimsley, Ansley)
    Henry 60, 74s
    Mary 61
    William 73s, 79s, 82s
Enwood
    John 74c
    John 79s
Ephaugh (Aphor, Efa, Efaw, Effha, Faw, Pfaw)
    Abraham 63
    Bartley 70, 71s-72s, 74s-75s, 78s
    Jacob 63-65, 74s-75s, 78s-79s, 81s-82s, 84s, 86s
Ervene, Samuel 82s
Erwin see Irwin
Eskridge
    Burdett 65-66
    Charles (Col) 60-63, 65-66, 68, 71c-74c, 76c-86c
    Richard 63, 65-66

William 83c-84c, 86c
Essex, John 59
Ethell see Athell
Ether see Athey
Etrys (Etreys, Etris, Etry, Etsy)
    Henry 70, 71s, 73s-74s, 76s-77s
Eustice, Thomas 80s
Evans (Eavans, Evanes, Evens, Evins)
    Abraham 72s
    Alexander 80c-85c
    Benjamin 70, 71s-74s, 82s
    Daniel 76c-77c, 79c-85c
    David 71s-74s, 76s-77s, 81s
    David Jr 72s, 76s-77s
    Elizabeth 79c-80c, 82c
    Evan 68, 70, 71s-75s, 82s, 84s
    Francis (Frank) 67-68, 70, 71s-74s, 76s-77s
    Griffith 64-65
    Henry 63, 65
    Isaac 82s, 84s
    John 74c-75c, 79c-80c, 83c-85c
    John 60-65, 68, 71s-78s, 81s-82s, 84s
    Joseph 72s, 74s, 81s
    Joshua 69, 71c-73c
    Josiah 71s, 73s, 76s-77s
    Major 63, 68, 70, 71s-74s
    Mary 74c
    Oliver 81s
    Samuel 73s-74s, 79s
    Thomas 78c, 85c
    William 64-65, 68, 71c-85c
    William 73s-77s, 81s-82s
    Zachariah 73c-78c
Everest, Richard 74c-77c
Everett (Averit, Everard)
    Joseph 82c-85c
Everhart
    Elizabeth 71s
    Jacob 68, 70
Eversol, Jacob 67
Ewers (Awar, Evers, Ewer, Ewre, Ewres)
    Jonathan 70, 71c
    Jonathan 72s-75s, 81s-83s
    Joseph 83s
Exceen, Daniel 70, 71s

F

Fagan (Fagon, Feagan, Feagins)
    Daniel (Capt) 70, 71s-75s, 78s, 84s-86s
    Frank 72s-73s
    Hugh 68, 71c-74c
    James 69
    John 72s
Fairfax (Farefax)
    Bryan 65, 82c, 85c
    George William (Col) 59, 61, 63, 65
Fairhurst (Fairhust, Farehost, Farehurst, Farehusk)
    George 69-70, 71s-75s, 82s

Jeremiah 59, 61, 63, 65, 67,
  69-70, 71s-74s, 82s
John 72s-75s, 82s-83s
Fally see Foley
Faloney, John 73s
Fancy, Laughtane 75c
Fanjoy (Pamjoy)
  William 74c-77c
Fann (Fan)
  Benjamin 81s, 83s
Fanny, George 76c-77c
Fansher
  George 68
  Lodowick 68
Farber (Forber)
  Adam 75s
  Benjamin 85s
Fardin, Charles 76s-77s
Farguson see Ferguson
Farmer
  Adam 82s
  Cristen 67
Farnsworth (Farlingworth)
  Adonijah 73s-75s, 84s-85s
  Henry 68, 70, 71s-73s, 75s-77s
Farone (Fauron)
  Joseph 76c-77c, 79c
Farrell (Farrel, Farroll, Ferril)
  James 65
  John 76c-77c
  Joseph 61
Farrow (Farrer, Forow, Furrow)
  Adam 70, 71s-74s
  Alexander 58-61, 63
  John 70, 71s, 74s, 81s-82s
  Joseph 61, 69-70, 71s-73s,
    75s-80s, 82s
  Mathias 72s-74s, 81s-82s
  William 60-61, 75s
Farthing, Charles 84s
Fauley see Foley
Faulk see Folkes
Faulkner (Falkeneer, Falkenon,
  Faulkinere, Fulkaneiz, Fulkener,
  Fulkenur, Fulkerman, Fulkerson,
  Fulkner)
  Benjamin 83s
  Henry 83s
  Jacob 70, 76c-78c
  Jacob 79s, 81s, 83s
  John 79c-80c
Fauntleroy, Bushrod 62-63, 65
Faw see Ephaugh
Fawley see Foley
Feagan see Fagan
Feaks see Fix
Fearst see Fierst
Feathercal (Feathercoil)
  George Michael 59, 61
Featherstone (Featherston)
  Thomas 76s-77s, 79s-80s, 83s
Feezel see Fuzell
Felder see Fielder
Feller, David 74c
Felty (Felly, Feltey)
  Isaac 71s-73s

John 67, 69
Fendall (Fendal, Fendol)
  Philip Richard 82c-86c
  Samuel 84c-86c
Fenekin see Finegan
Feniture (Finetune)
  John 68, 73s
Fenley (Fendley, Findley, Finlay,
  Finley, Finly)
  David 69, 71c
  Patrick 74c-77c
  William 71s
Fennell, Thomas 74s
Ferguson (Fargerson, Fargurson,
  Farguson, Faugerson, Fergason,
  Fergusson, Forgerson, Forgeson,
  Forginson, Forgisson, Forguson,
  Furgerson)
  Francis 59, 61-63, 65, 69-70, 71s,
    73s-77s
  Henry 59, 61-63, 65
  James 59, 61-63, 65, 70
  Jeremiah 69
  Nehemiah 61-63, 69
  Peter 69, 71c, 73c
  Robert 83c
  Robert 84s
  Thomas 69
Ferril see Farrell
Fersner (Fiercener, Fursner)
  Christopher 70, 71s-73s, 75s-77s
Fervor (Fervour, Fevour)
  Adam 81s, 84s
  George 84s
  Luke 79c-80c, 83c
Fiches, Henry 74s
Ficklen (Frikllen, Fuklen)
  William 68, 70, 71s
Fiddler, Thomas 70
Fidus, Christopher 68
Field (Fields)
  Jemima 82s, 84s
  Jeremiah 80s, 83s
  John 60, 62-63, 70, 74c-85c
  Nathaniel 68, 70, 71s-73s
  Thomas 85c
  Thomas 60, 62-63, 65, 68, 70,
    71s-72s, 74s-77s, 79s
  Thomas Jr 68, 70, 71s-72s, 74s-75s
  William 70, 71s-72s, 75s-77s,
    79s-82s, 84s
Fielder (Feildor, Felder)
  John 60, 80s
  Samuel 68, 70, 72s, 74s
  William 60, 62-63, 65
Fierst (Fairus, Fearis, Fearst, Fedis,
  Feerst, Fidus, Fierce, Fiere,
  Pharist, Phierce)
  Christopher 65, 67, 69, 71s-74s,
    76s-77s, 82s, 84s
  George 76s-77s, 83s
  John 74c
  John 65, 71s, 73s
  Peter 71s-74s
Filleps see Phillips
Filler, Andrew 82s

Fillis see Phillis
Finch (Finck, Fink)
   Colvin 78c, 80c, 82c
   Frederick 75s
   John 73c
   Philip 71s-73s, 75s, 82s
   Philip Jr 75s
   Thomas 75c, 78c-83c
   William 72c-79c
Finegan (Fenekin, Fenikin, Finekin,
   Finican, Finigan, Finikin,
   Finnegan, Finnikin, Phinnekon)
   Davis 65
   Dennis 69, 71c-72c
   John 82s
   William 59-62, 65, 67, 69-70,
      71s-72s, 74s-77s
Finelon (Finilon, Finnilon)
   Thomas 71s-73s
Finetune see Feniture
Finley see Fenley
Firestone, Joseph 82s, 85s
Firmen, Stophel 73s
Firr see Furr
Fisgeben, John 85c
Fisher
   Daniel 68-69, 72c-75c, 78c-80c,
      82c-85c
   George (Henry) 84s-86s
   Joseph 84s
   Joseph Jr 84s
   Ludwick 72s-73s
   Nicholas 71s
   Richard 74c-75c
   Robert 72c-75c
Fitsmire, Fredrik John 65
Fitzgerald (Fitzgarald, Fitzgarill)
   Garrett 61, 65
   James 73c-74c
   John 78c-79c
   John 66, 75s-77s, 79s
   Thomas 73c
   William (Col) 59-63, 65, 68-70,
      71c-77c, 80c-84c
Fitzhugh, William (Col) 65, 68-70,
   71s-75s, 82s-85s
Fitzpatrick
   James 65
   Thomas 65-66, 68
Fitzsimmons (Fitsimmon, Fitzimmonds,
   Fitzsimmonds, Fitzsimon,
   Fitzsimonds, Phitzsimon)
   Hugh 85s-86s
   James 63, 65, 69, 72s, 80s-83s,
      85s-86s
   John 74s
Fix (Feaks)
   Charles 75c, 79c
   Henry 69-70, 74s
   Jacob 69-70, 74s-75s, 78s
   Philip 75s
Fizzell see Fuzell
Flax, John 63
Fleener, Nicholas 73s
Fleetwood (Fleatwood)
   Isaac 72s, 74s-77s

Fleming
   Robert 60-61
   Thomas 60-61, 65
   William 62-64
Fletcher (Flaher, Flecher, Fletiker)
   Abraham 63-65, 69, 71c-74c
   Christopher 73s, 76s-77s
   George 65, 69, 71c-72c, 74c
   James 72c-75c, 78c-79c
   Joseph 73c-77c
   Spicer 74c
   Stophel 72s-73s, 75s
   William 72c-84c
Fling (Flin, Flyn)
   Dennis 70, 71s-74s, 79s
   Elizabeth 79c-84c
   George 59, 62-64, 68, 71c-74c,
      79c-85c
   William 76c-77c, 79c-84c
Flood, Thomas 80c-82c, 84c
Floyd (Floayed, Floid)
   Peregrine 73s, 75s
   Thomas 58, 60-62, 65, 68, 70,
      71s-74s
   William 60-61, 63, 65, 68-69,
      71c, 84c-85c
Foglesong (Fuglesong)
   Jacob 74s-75s
Foland (Folan, Folen, Folent, Folin,
   Folong, Follen, Forlow)
   Felty 72s-73s, 76s-77s
   Frederick 65, 67-68, 70, 71s-75s
   Frederick Jr 74s
   Jacob 65, 68, 70, 71s-75s
Foley (Fally, Fauley, Fawley, Folis)
   John 69-70, 71s, 73s, 75s,
      81s-82s, 84s
   Henry 85s-86s
Folkes (Faulk, Folk, Folks, Foulk,
   Fulk, Fulkes)
   John 65, 67-68, 70, 71s-77s
   William 64-65, 68, 71s-73s
Forber see Farber
Forbus, Thomas 74s
Ford
   Elisha 75s
   George 75s
   James 71c-72c
Fore (Foor, Four, Foure)
   Adam 67
   George 81s-82s, 84s-85s
Foreman
   Lewis 74c-85c
   Peter Sr 69, 71c-85c
   Peter Jr 80c-85c
Ferguson see Ferguson
Forister (Frister)
   John 85c-86c
Forow see Farrow
Forrest (Forist, Forrist)
   Anthony 68, 70, 72s, 74s-75s, 78s
Forson, Thomas 63
Fossett, Edward 68, 70, 71s-73s
Foster (Forster)
   Aaron 76s-77s, 81s, 84s
   Andrew 84s

-26-

Benjamin 70, 71s, 74s-77s,
  81s-84s
Jeremiah 65, 68
Moses 76s-77s, 81s, 84s-85s
Robert 72s-73s, 84s
Samuel 68, 78c-83c
Fouch (Foush, Foutch)
  Abraham 62-65, 69-70, 71s-72s,
    75s, 80s, 85s
  George 65
  Hugh 59, 61-65, 68, 70, 71s
  Isaac Sr 60-65, 68, 70, 71s-78s,
    80s-85s
  Isaac Jr 79s-85s
  Jacob 59, 62-65, 70, 71s-75s,
    78s-83s, 85s
  John 60-65, 68, 70, 71s
  Jonathan 59, 61-63, 65, 68
  Philip 65
  Thomas 73s-77s, 79s-85s
  William 65, 79s, 81s-83s
  William Jr 80s
Fouler see Fowler
Fout (Fouts)
  Frederick 73s-75s
  George 59, 61-63, 67, 69-70,
    71s-73s, 75s
  Jeremiah 70
  Pawel 71s
  Philip 61-63, 65, 70
  William 81s, 83s
Fowler (Fouler, Fowloe)
  Daniel 74s
  Dennis 75s
  James 67
  John 65
  William 59, 61-63, 65, 69-70
  William James 76s-77s
Fowles (Vowels)
  Thomas 75s
  William 74s-75s
Fox (Foxx)
  Absolom 72c-74c, 76c-77c
  Absolom 65, 68, 70, 71s
  Adam 69-70
  Ambrose 63, 65, 69-70, 71c,
    73c-82c, 84c-85c
  Amos 65-66, 68, 70, 71c-75c, 78c,
    80c-85c
  Anthony 68, 70, 73s-75s, 85s-86s
  Daniel 75c-77c, 79c
  Gabriel 65-66, 68, 70, 71c-74c,
    76c-77c
  George 82c, 84c-85c
  George (2) 76s-80s, 83s-85s
  Henry 72s
  Isaac 85c
  James 68, 71c-84c
  James Jr 83c-84c
  Joseph 74c-82c, 84c-85c
  Morris 82c-83c
  Peter 69-70, 79c-80c
  Robert 68, 70
  Samuel 76s-77s
  Uriah 84c
  William Sr 68-69, 71c-84c

William Jr 68-69, 71c-75c,
  80c-82c, 84c
Foy
  George 68
  William 75s
France (Francis, Frans, Franses, Frantz,
  Frounce)
  Christopher 68
  John 65, 68, 71s-75s, 78s, 81s-85s
  Lawrence 65, 67-68, 70, 71s-75s,
    82s, 84s
  Lewis 71s
  Ludwick 73s-75s
  Nicholas 74s-75s, 78s-79s, 82s
  Peter 82s
  Philip 74s-75s, 78s-79s
  Thomas 68, 71c-80c, 83c-84c
  William 82s
Franer, Phillip 68
Frank (Franck, Franks)
  Henry 70, 71s
  James 68
  William 74c
Frazer (Frayser, Frayzer, Frazier)
  Alexander 65, 71s-73s
  James 72c, 74c-75c, 78c-79c, 81c-82c,
    84c
  James 68, 70, 71s
  John 83c-84c
  John 73s
Fredd (Frad, Fred)
  Joseph 69-70, 71s-75s, 82s-85s
  Joshua 82s-85s
  Thomas 82s-85s
Freeland (Fraland, Frayland)
  James 71s-74s
Freeman
  Aaron 65
  James 70
  Richard 58, 61, 65
  Samuel 70
Freestone (Freeston)
  Henry 70, 72s-77s
  Jacob 69-70, 71s-72s, 74s-77s, 84s
French
  Alexander 73s-74s
  Daniel 58-63, 65, 69-70, 71s-74s
  James 70, 71s-72s, 74s
  John 65
  Lowek 72s
  Mason 74s-75s, 84s-85s
Friend, Frederick 75s
Frintz
  Philip 76s-77s
  Philip Jr 76s-77s
Frissel, Luke 83c
Frister see Forister
Frost (Frest)
  Jediah 76c-77c
  John 63
  Joseph (Josiah) 75c-80c, 83c-84c
Fry (Frae, Fray, Frey)
  Andrew 75s-77s
  Christian 76s-78s
  Jacob 75s-78s, 82s, 84s-85s
  John 85c

John 76s-77s
Mathias 70, 71s-73s, 75s
Nicholas 86s
Peter 84c-85c
Peter 84s, 86s
Phillip 75s-77s, 81s-82s, 85s
Fryer (Frayer, Frier, Fryar, Fryeare,
    Fryerare, Fryerear)
    Abigail 71c
    James 68-69
    Jebey 81c
    Jeremiah 72c
    Jeremiah 69, 71s
    John 60-62, 65-66, 68, 70, 71c-72c
    John (Peter) 70, 71s-74s
    Robert 68, 71c-72c, 74c-82c,
        84c-85c
    Terry 72s
    William 72c
Fuglesong see Foglesong
Fuklen see Ficklen
Fulkerson, Benjamin 83s
Fulkes see Folkes
Fulkner see Faulkner
Fulton
    David 75s-78s, 80s, 82s-83s
    Hugh 65, 68, 71s-73s, 75s, 79s,
        82s
    John 71s
    Robert 75s-80s, 82s-83s
    Robert Jr 79s, 83s
    William 84c-85c
Furgerson see Ferguson
Furr (Firr, Fur)
    Edwin 60, 62-63, 65, 69-70,
        71s-82s, 84s
    Enoch 70, 71s-72s, 74s-75s, 79s,
        82s, 84s-85s
    Ephraim 60-63, 65
    Jeremiah 69-70, 74s-77s, 79s-80s,
        84s
    Moses 61-62, 69-70, 71s-79s, 83s
    Stephen 81s-82s, 84s-85s
    William 60-63, 65, 69-70, 71s-75s,
        78s-79s, 83s
Furran, John 73c
Furrow see Farrow
Furry, Adam 68
Fursner see Fersner
Fuzell (Feezel, Feizel, Fizzell, Fuzel,
    Pheasel, Pheasil, Phezel)
    Barnard 72s, 74s
    Jacob 68, 70, 71s, 74s
    Phillip 68, 70, 71s-72s, 74s-75s
    Phillip Jr 68, 71s

G

Gagg, Thomas 65
Gahagan see Gohagen
Gaines (Gains, Ganer, Ganes)
    Benjamin 64-65
    Bryan 68, 71s-72s
Gale (Gail)

Nicholas 59-60
Robert 71s
Gallachon see Callahan
Galloway (Gallaway, Galoway,
    Gollaway, Golloway)
    George 60
    John 60, 62-63, 68, 73s
    Robert 68
Gamble, James 68
Gant (Gaunt, Ghent)
    John 79c
    Joseph 71c, 73c-75c, 78c, 80c-83c
Garbie, William 69
Gardner (Garner, Garnor, Gartner,
    Gerner, Gordner, Gordoner,
    Guardner)
    Anthony 68, 70, 72s-73s
    Bryant 70, 72s
    Cornelius 72s
    Francis 73s
    Jacob 60, 63, 65, 68, 70, 71c-84c, 86c
    John 72s-77s, 84s
    Joseph 62, 65, 69, 71c-74c, 76c-85c
    Joseph Jr 68
    Luke 72c-80c
    Samuel 68, 70, 73s-78s, 80s, 83s
    Sylvester 58, 60-63, 65, 69-70,
        71c-72c, 74c-85c
    William 70
Garnish, William 60
Garns (Garens, Garnens, Garnes)
    Lewis 74c, 76c-82c, 84c-85c
    William 73s-77s
Garragan see Carragen
Garrard see Gerrard
Garrett (Garet, Garrat, Garratt,
    Garret, Garrot, Garrott)
    Abel 84s-85s
    David 59, 65-66
    Edward 58, 60, 63, 65
    John 59-60, 63, 69-70, 71s-73s,
        78s-80s, 82s-85s
    Joseph 78s-80s, 85s
    Silas 80s
    Thomas Sr 69-70, 71s-80s, 82s-85s
    Thomas Jr 75s, 82s-83s, 85s
    Walter 76c-77c
    William 67, 70, 71s-73s
Garrison (Gareson, Garison)
    Aaron 60-63, 65
    Alexis 62
    Dunham 65
    John 60-63, 65
    Moses 60-63, 65
    Nehemiah Sr 60-63, 65
    Nehemiah Jr 62-63
    William 72s
Garrow see Carew
Garvis (Garus)
    William 61-62
Gary (Gairy, Garey, Garrey, Gearry)
    Francis 69, 73c
    James 60-63, 65, 74c-75c, 78c, 82c
    James Jr 82c
    Sampson 78c
    William Bailey 74c-75c

Gates
  John 63
  Samuel 74c
Gatheney see Catheney
Gaus see Goss
Gavin, Thomas 74s
Gaws see Goss
Gaxon see Jackson
Gearry see Gary
Geddings, Henry 61
Geffery see Jeffrey
George (Georg)
  Jacob 85s
  Jesse 79c-80c
  Jesse 75s-77s, 83s-84s
  John 65, 72s-74s, 78s, 81s-82s, 85s
  Matthew 63, 68, 73s
  Michael 82s-84s
  Thomas 66, 69-70, 71s, 73s, 75s, 79s, 82s
  Travers 61
  William 70, 75c, 78c-80c
  William (Capt) 66, 68, 70, 71s, 73s, 75s-77s, 82s
Gerrard (Garard, Garrard, Gerard, Jarrard)
  David 68
  John 62, 78c
  John 70, 73s, 78s
  Joseph 78s
  Philip 68
  Thomas 85s
  William 68, 72s, 78s
Gesslan see Gislan
Gest (Gess, Giss, Gist)
  Hanson 80c-82c, 86c
  John 60-65, 68, 71c-78c
  John Jr 61-63, 65, 68-70, 71c, 73c-86c
  Mary 81c, 84c
  Nathaniel 78c-84c
  Robert 76c-77c
  Thomas 81c-84c
  William 78c-84c
Ghent see Gant
Gibbins (Gibbings, Gibons)
  John 69
  Stephen 81s, 84s-85s
  Walter 76s-77s, 79s-80s
Gibbs (Gibs, Kibbs)
  James Lewin 76c-85c
  Thomas 80c-81c
Gibson
  Aaron 71s-74s
  Alice 69, 79s
  David 86s
  Isaac 69-70, 71s-77s, 79s, 81s-82s, 84s-85s
  James 69-70, 71s-77s
  John 69-70, 71s-77s, 79s, 85s
  Joseph 69-70, 71s-77s, 84s-85s
  Joseph Jr 85s
  Moses 69-70, 71s-77s, 79s
  Thomas 65, 69-70, 71s-77s, 79s-80s, 86s
  William 84s

Gifford (Giffert)
  James 75c-77c
Gilbert
  Joseph 79s, 82s
  Silas 78s-79s, 82s-83s
Gilburns, Walter 78s
Gilder, Daniel 75s
Giles
  Frederick 76c-77c, 80c, 84c
  George 81c, 84c-85c
  John 71c-77c, 81c-85c
Gill
  Erasmus Sr 75s, 83s
  Erasmus Jr 74s-75s
  John 74c, 76c-779c, 83c-84c
  Samuel 74s
Gilliam, Peter 76s-77s
Gilliland (Gilland, Gilleland)
  James 59, 61-63, 65
Gilmore (Gillmore)
  Daniel 80c
  Robert 80c-84c
  Thomas 76c-77c
  William 80c
Gislan (Geesling, Geizling, Gesslan)
  John 75c, 78c-80c
Gist see Gest
Githings (Gitthings, Gotthings)
  John 69, 73s-77s
Glasgow (Glasko)
  Ezekiel 67
Glasscock (Glascock)
  James 69, 71s-79s
  Jesse 71s, 84s
  Peter 81s-84s
  Peter Jr 70
  William 84s
Gleeson, Edward 86c
Glis
  Frederick 68
  John 67
Gobble (Cobble)
  Frederick 70, 71s
Goddard, John 60-63, 65
Godwin see Gooding
Goff (Gough, McGough)
  Adam 71s
  James 65, 70
  Jesse 80s-85s
  John (Turton) 68, 70s-71s
  Michael 82s
  Salathiel 70, 71s, 73s
  William 78s-81s, 83s
Gohagen (Cahagan, Cohagan, Gahagan, Gahagin, Geohagan, Goahagen)
  Christopher 80c
  Francis 72c, 73c-77c
  Michael 71s-75s, 78s-79s
  William 78c-80c, 82c-85c
Going (Goin, Gowen, Gowing)
  Jason 72c, 74c-75c, 78c
  Jason 79s
  Joseph 72c
  Joseph 69, 71s, 73s-77s
  Leonard 78c-80c
  Luke 68, 71c-74c, 76c-79c, 81c

Richard 85c
Golchor, John 69
Gold, Joseph 71c, 73c-77c, 79c, 85c
Golding (Goldin, Goulding)
    James 60-61, 69, 71c-73c
    James Jr 72c
    James 75s
    James Jr 74s
    John 71c-73c
    John 74s-75s
Goldsberry, William 63
Goldsmith, Samuel 76c-77c, 79c
Gollahan see Callahan
Golloway see Galloway
Good, Jacob 72c-73s
Goodheart
    Henry 85c
    Henry 86s
Gooding (Godwin, Gooden, Goodin, (Goodwin)
    Abraham 70, 72s-77s
    Amos 59, 61-63, 65, 69-70, 71s, 73s-75s, 84s
    David 84s
    John 69, 73s-75s
    Thomas 70, 71s-74s
    William 64-65
Goody (Goodey, Goodie)
    John 68, 70, 74s, 82s
    Sam 82s
Gordner see Gardner
Gordon (Gord, Gorden, Gordin, Gording)
    James 68-69, 71c-77c, 84c-85c
    Sarah 79c
    Thomas 61, 65
    William 63
Gore (Goar)
    John 60, 62-63, 65, 67-68, 72s, 74s, 82s
    Joseph 85s
    Joshua 59, 63, 67-68, 70, 71s-75s, 78s, 80s-83s
    Joshua Jr 59, 61-63, 65, 69-70, 71s-75s, 78s, 80s-83s
    Thomas 60-63, 65, 68, 70, 71s, 78s, 81s-83s
Gorham (Goram, Goran, Goreham, Gorrum, Gorum)
    Ann 73c-75c
    John 60-63, 78s-81s
    John Jr 60-63, 65
    Sanford 61-63, 66, 68, 70, 71c-72c
    Thomas 60-63, 65, 68, 70, 71s-81s
Gosling, Josiah 63
Goss (Gaus, Gaws)
    Charles 63-65
Gossett (Goset, Gossate, Gosset, Gossitt)
    James 65
    Mathias 60, 62-63, 65
    William 60-63, 65
    William Jr 61, 65
Gotely (Goteby)
    John 84c-86c
Gott, Adam 68
Gotthings see Githings

Gough see Goff
Grace, Patrick 65
Grady (Grayde, McGrady)
    James 69-70, 71s-85s
Graff
    Frederick 71s, 74s
    Phillip 75s
Gragg see Gregg
Graham (Grayham)
    Elizabeth 74s-77s, 82s-83s
    Henry 62, 69
    John 62, 74c-81c, 84c-85c
    Joseph 71s, 73s
    Lowrey 75c
    Peter 71s-73s, 75s-77s, 81s-82s
    Philip 81s, 85s
    Robert 70
    William 63, 73s-75s, 78s
Grammar, Andrew 83s-85s
Granden (Grandon)
    Edward 68, 70, 71s
Gransor, William 71s
Grant
    Deskin 69, 71c-75c, 78c
    Isaac 73s-75s, 78s-79s
    James 62-65, 68, 71c-73c, 75c-78c
    James Jr 78c
    Jane (mulatto) 68, 71s
    Jasper 60-63, 65, 69-70, 71s-78s
    John 59, 61-63, 65, 69-70, 71c-73c, 75c
    John 68, 71s-78s, 82s
    Joseph 72s
    William 60-61
Grasty, George 63
Grattage (Grattige)
    John 75s, 82s
Graves
    Frederick 68
    Lott 86s
Gray (Grey)
    George 83c-84c
    James 76s-77s
    John 72s-73s
    Richard 79c
    Samuel 84s, 86s
    William 65, 68, 70
    William Harges 78s-79s
    Zachariah 78s-79s
    Zachariah (Jr?) 79s
Grayson
    Benjamin 58-65, 80c, 84c
    Benjamin 79s, 82s-85s
    Elizabeth 69-70, 71s-72s
    Reuben 61-62
    Spence (Rev, Col) 60-63, 65, 72c-74c, 76c-78c, 81c-83c
    William (Col) 74c-77c, 79c-82c
    William 66, 72s, 81s
Green
    Addison 85c
    Beel 83c-85c
    Benjamin 74c-77c, 79c, 81c-83c
    Charles 74s-75s
    Daniel 82c-83c
    Daniel 85s

Febey 81c-82c
Garrard 78c-82c, 85c
Henry 74c-75c
Isaac 71
James 60-63, 74c-85c
Jarrett 84c
John 78c-80c, 83c-85c
John 83s, 86s
Joseph 70, 71s, 75s
Nance 68
Nicholas 81c
Richard 74c-79c, 82c-84c
Thomas 82c-85c
Thomas 60-63, 65-66, 68, 70,
   71s-72s
Greengilpin (Grangilpin, Spreengolpin)
Francis 81s-82s, 84s
Greenlees (Greenlease)
James 81c-85c
Greenup, Christopher 72s-75s, 79s-80s,
   82s
Greenwalt (Greenvile)
George 74s-75s
Greenwood
Bailey 71s
Caleb 68, 70, 71s
George 71s-75s
Thomas 73s-75s
William 59
Gregg (Gragg, Greeg, Greg, Grig,
   Grigg)
Aaron 82s, 84s
Abner 78s
Amos 67, 69-70
Elisha 69-70, 72s-75s, 80s, 83s
George 59, 61-63, 65, 67, 69-70,
   71s-75s, 79s, 82s
George Jr 73s, 75s, 79s, 82s
Isaac 83s, 85s
Israel 71s
Jacob 85s
John 86c
John 62, 65, 67, 69-70, 71s-75s,
   78s, 81s-83s, 85s
John Jr 70, 71s-74s, 76s-78s
Joseph 78s, 80s-83s, 85s
Josiah 85s
Levi 76s-77s, 80s-83s, 85s
Moses 65
Richard 70, 71s-77s
Samuel 59, 61-63, 65, 67, 69-70,
   71s-78s, 80s-85s
Stephen 71s-77s
Thomas Sr 59, 61-63, 65, 67, 69-70,
   71s, 73s-75s, 78s, 80s-83s,
   85s
Thomas (potter) 71s-72s, 74s, 82s,
   85s
Thomas Jr (son of potter) 71s-73s,
   75s, 78s, 80s-83s
Thomas (wheelwright) 69-70, 72s-75s,
   78s, 82s-83s
William 59, 61-63, 65, 68, 70,
   71s-75s, 79s
Gregory (Greggory)
Richard 70, 71s

Grey see Gray
Grider (Groyder)
Cornelius 63, 67
Frederick 60, 63, 65, 67
Frederick Jr 65
Griffith (Griffen, Griffeth, Griffey,
   Griffeys, Griffin, Griffy)
Amos 79s
David (Rev) 74s-75s
Isaac 74s-75s, 78s
John 61-63, 65-66, 68-70, 71s-75s,
   79s, 86s
Joseph 78s
Richard 69-70
Samuel 79s
Stephen 68
Thomas 80s-83s, 85s
William 68, 70, 71s-75s
Grigg see Gregg
Grigsby (Grigesbey, Grigesby, Grisbey,
   Grisby)
Butler 72c-77c
Charles 72c
Enoch 60-63, 65-66
James 68
John 85c
Nathaniel 60-63, 65-66, 68, 70, 71c-85c
Nathaniel Jr 76c-85c
William 80c-81c, 83c-85c
Grimes (Grames, Grymes)
Edward 75c-77c, 79c
John 71c-73c, 75c
Joseph 73c-75c
Lowrey 73c-74c
Morris 71s
Nicholas 62-65, 68, 70, 71c-85c
Nicholas Jr 63-65, 83c-85c
Philip 78c, 82c-83c
Philip Jr 79c
Robert 69
Thomas 70, 71s, 73s-77s
William 64-66, 75c-77c, 80c, 82c-85c
Grinnen, William 65
Grittin, George 76s-77s
Grogan, Patrick 80s
Groom, William 67, 70
Gross (Groce, Grose)
Charles 73s-74s, 82s, 86s
James 75c
James 76s-77s
Philip 78s, 84s
Grouse, Christopher 73s
Grove (Groves)
Anthony 68, 71s-74s
George 68, 70, 73c-75c
Jacob 70, 82s
John 68, 70, 71c-72c, 76c-77c, 79c,
   81c, 83c-84c
Joseph 68, 71s-74s, 76s-78s, 81s-82s
Richard 79c
William Sr 68, 70, 71c-77c, 79c-84c
William Jr 68, 70, 73c-74c
Growa, Joseph 70
Growf, Joseph 85c

-31-

Grubbs (Grubes, Grubs)
    Benjamin 65
    Richard 71s-72s, 74s-77s, 79s, 81s
    Thomas 62
Grue, Michael 72s
Guardner see Gardner
Gulick
    Ferdinand 82s-83s, 86s
    Francis 86s
    John 83s, 86s
    Moses 83s, 86s
    Samuel 85s
Gumor, Jacob 71s
Gump, Frederick 79s
Gunn, John 69-70, 71s-75s, 78s,
    80s-81s, 84s, 86s
Gunnell (Gunell)
    John 72c-78c, 85c
    William 76c-85c
    William 71s-72s
Guthry (Guthery, Guttrie, Guttry)
    Thomas 59-63, 65
Guy
    Benjamin 83s-85s
    Enoch 85s
    Hezekiah 70, 71s-78s, 82s-85s
    Samuel Sr 72s, 74s, 76s-79s, 85s
    Samuel Jr 82s, 85s
Guyer see McGuire
Guyn
    John 73c
    Samuel 73c
Gwyn, Charles 78c

H

Hackney, Aaron 79s
Haddock (Haddax, Haddocks, Haddox,
    Hadox, Hattocks, Hattox)
    Enoch 62-63
    Isaac 72c
    John 60-63, 68, 70, 71c-79c,
        81c-84c
    John (2) 71s-74s
    Randolph 82c-84c
Haden see Headen
Hagerman (Hagarman, Hagman)
    Aaron 79s, 83s-84s
    Aram 76s, 81s-86s
    Aram Jr 82s, 85s, 86s
    Cornelius 79s, 81s-86s
    Guisbert 83s, 85s-86s
    James 76s-77s, 79s, 81s-83s,
        85s-86s
    John 85s
    Robert 76s-77s
Haggard (Hagard)
    James 60, 63, 65, 68, 71c-75c
Hagins see Higgins
Hague (Haige, Harg, Hauge)
    Amos 70, 71s-72s
    Francis 60-63, 65, 68, 70, 71s-74s,
        76s-79s
    Isaac 60-61, 63, 65, 69-70, 71s-72s

John 60-65
    Samuel 68, 70, 71s-74s, 76s-78s
    Thomas 63, 65, 68, 70, 71s-75s, 79s
Hailard see Hilliard
Hailey, William 76s-77s
Halbert (Halbirt, Halburt, Halbut,
    Holbert)
    Michael 78c, 80c, 82c-85c
    Michael 79s
    Richard 68
    Thomas 68, 70, 71c
    William 62-63, 65-66, 68, 80c
Hale (Hail, Hale, Heald)
    Charles 70, 73s
    George 74s
    James 71s, 74s-77s, 79s
    Nathan 61-63, 65, 67, 70
    Nasser 61
Halfpeny, John 72s
Hall
    Benjamin 78c-80c, 84c-85c
    Caleb 65
    Cornelius 76c-79c, 81c-82c
    Dennis 84s
    Edward 62-63, 65, 69
    Henry 80s, 83s
    James 60-61, 63, 65, 69, 78s
    John 60-63, 65, 68, 70, 71c-75c,
        78c-83c
    John 79s-80s
    Jonathan 71s, 75s
    Joseph 73c
    Joseph 68, 72s
    Moses 60-63, 65, 70, 71c
    Moses Jr 61-63, 71s-74s
    Richard 71s, 74s, 76s-77s, 83s
    Robert 68
    Samuel 69
    Warren 80c-82c
    William 60-62, 65-66, 69-70,
        72c, 75c-78c, 81c-82c
    William 81s
Haller see Holler
Halley see Holley
Hallfield see Holfield
Halling (Hawlin)
    Benjamin 76c-77c
    John Wilcoxen 65, 70, 71s-73s,
        75s-79s, 82s
Hallis see Hollis
Halstead (Holstead)
    James 76s-77s
Halton, Samuel 69
Haman see Homan
Hamblin (Hamblar, Hamblen, Hambler,
    Hamlen, Hamler, Hamlin)
    Adam 69, 71c-75c, 78c-79c
    William 63, 68, 70, 71c, 75c-78c
Hambrick, Price 82c
Hamet (Hemmett)
    George 79s-80s
Hamilton (Hambleton, Hammel)
    Alexander 73c, 76c-85c
    Archibald 71c-75c, 78c-80c
    David 70, 71s, 74s
    Gaven 63, 65

James 60-63, 65, 69-70, 71s-74s,
    84s
Jane (Jean) 82s, 84s
John 58, 60, 62-63, 65, 68
John Taylor 70
Robert 81c
Robert 61-65, 68, 70, 72s-77s
Thomas 60
William 61, 78s-80s
Hammond (Hamand, Hamen, Hammon,
    Hammund, Hamon)
    Adam 71s
    Ephraim (Afram) 59, 62-63, 65, 67,
        69-70
    George 70, 71s-78s, 81s-82s, 85s
    James 70
    John 67, 69, 71s
    Richard 63, 65, 67, 69
Hampton (Hamton)
    Henry (Conyers) 69, 71c-74c, 76c-78c
    James 69, 71c-74c
    James 75s-77s
    Jeremiah 65, 69, 71s-75s, 78s-79s,
        81s-84s, 86s
    Jeremiah Jr 83s, 86s
    John 83c
    Joseph 75s, 78s-79s, 81s-82s
    Preston 72c-75c
    Thomas 65, 68, 71c-78c
    Thomas 82s
Hamrich, Samuel 83s
Hams
    David 63
    Joseph 63
Hanby (Anbey, Hamby, Hanbury, Henby)
    John 60-63, 65, 68, 70, 71s-75s,
        79s, 82s
    Richard 75s-77s, 79s
Hancock (Handcock, Hencock)
    Fairfax 82c-84c
    George 59-63, 65-66, 68, 70,
        71c-85c
    John 79c-85c
    Martin 82s
    Simon (Maj) 65, 69-70, 71s-85s
    William Sr 59-63, 65, 68-69,
        71c-73c, 78c-79c, 83c-85c
    William Jr 65, 68-69, 71c-72c
Hand
    Peter 85s
    William 74c-75c, 78c-79c
Handerson see Henderson
Handley (Handly)
    James 76c-80c
Handrickson see Hendrickson
Hanes (Haines, Hains, Hane)
    John 70, 76s-77s, 84s
    Simon 65, 69-70, 71s-74s, 76s-77s
    Thomas 73s-74s, 76s-77s
Hanet, Jonathan 65
Haney (Hame, Hany, Haymie, Haynie)
    Charles 68-70
    Christian 60-64
    Henry 85c
    Isaac 80s
    William 79c-85c

Hankins, Daniel 83c
Hanks (Hank)
    Fleetwood 84s
    John 69-70, 71s, 73s-74s
    Thomas 79s
    William 62-63, 65, 68, 70, 71s-72s,
        79s, 82s, 84s
    William Jr 63
Hannah (Hanna)
    John 68-69, 71c-72c, 74c, 76c-78c
    Kelly 68
Hannon, John 75c
Hansford (Hanford)
    Charles 84c, 86c
Hansinger (Honsinger)
    Simon 60-61
Hanson (Henson)
    John 60-61
    Richard 69-70, 71s-72s, 74s-75s
Hanttey, John 70
Harber (Harbour)
    Peter 71s, 74s, 82s
Harbert see Herbert
Harby, John 65
Hardage, Aaron 63
Hardewick (Hardiwick, Hardwek, Hardwick)
    Christopher 67-68, 70, 71s, 73s
Harding (Hardain, Harden, Hardin)
    Anthony 82c-84c
    Charles 80c-84c
    Edward 60-62
    Elihu 78c, 80c
    John 74c-80c
    Joseph 65, 72s-75s, 78s-79s, 81s-83s,
        85s
    Presley 81c
    Robert 70, 71s-73s
Hardy (Hardey)
    Benjamin 60-63, 65, 68-69, 71c-77c
    George 68, 70, 71c-73c, 80c-81c,
        83c-84c
    George 74s-77s
    Henry 74c
    James 69, 71c
    John Pendexter 74s
    Solomon 68-69, 71c-77c, 79c-84c
    William 61-63, 68-69, 71c-74c
    William Jr 72c-73c
    William Jr 68, 71s, 79s, 81s
Hare (Hair)
    Leven Powell 78c
    Thomas 71s-72s, 74s, 76s-77s
Hark
    John 70, 71s
    Peter 78s
Harkleroad (Harkelrad, Harkelroad,
    Harkeroad, Harkroad)
    John 73s, 78s, 81s-82s, 85s
Harkney, Joseph 60
Harlan, Stephen 60
Harle (Harl, Harles, Herls, Hurle)
    James 72s
    John 60-62, 64, 68-69, 71c-79c,
        84c-85c

-33-

Harman (Hairman, Hamard, Harmon, Harmond)
   Peter 70, 71c, 73c-74c, 79c-81c, 83c-84c
   William 65, 68
Harn see Horn
Harned (Harnard)
   Samuel 63, 65
   William 64
Harper (Harpour)
   Jacob 72c-74c, 84c
   James 71c-77c, 80c, 82c-85c
   John 72c-75c, 78c-82c, 85c
   Nicholas 72c-85c
   Peter 75c
   Thomas 74c-75c, 78c-85c
   William 71c-77c, 80c-82c, 84c
Harrard see Herrod
Harris (Hares, Haris, Hariss, Harries, Harriss)
   See also: Harrison
   Alec 65-66
   Assa 84s
   Benjamin 62-63, 65, 70
   Daniel 62, 70, 71s, 73s-74s, 79s, 82s-84s
   David 58, 60-61, 65, 69
   Ezekiel 74s
   George 73c-77c
   Henry 68, 71s-75s
   James 76c-78c
   Jesse 72s-77s, 82s
   John 75c-80c
   John 58, 60-63, 65, 71s-79s, 81s-85s
   John Jr (Jack) 72s-77s, 79s, 83s-84s
   Jonathan 79s
   Joseph 60-62, 70
   Joshua 74c
   Samuel 60-63, 65, 69-70, 71s-78s, 84s
   Samuel Jr 72s-78s
   Thomas 73c-85c
   Thomas 61, 63, 69-70, 72s-74s, 78s
   Thomas Jr 71s-72s
   William 74c-75c, 80c-85c
   William 65, 68, 70, 71s-74s, 76s-78s
   William Jr 65, 74s
Harrison (Harisan, Harison)
   See also: Harris
   Alexander 78s, 83c-84s
   Benjamin 69
   Burr Sr 59-63, 65-66, 68, 70, 71c-72c
   Burr Jr 63, 65-67
   Cuthbert 79s-84s
   Daniel 63-64, 81s
   George 65-66, 70, 72c
   John 66, 71c, 73c-75c, 79c-85c
   John Peyton 69-70, 71s-73s, 75s, 80s-82s
   Joshua Sr 59-60, 63, 65-66, 68, 70, 71c-73c, 76c-85c
   Joshua Jr 83c-85c

   Micajah 72c
   Samuel 63-65
   Thomas Ellzey 60, 62, 72c-73c, 76c-85c
   Valentine 73s-75s, 84s, 86s
   William B. 84c-85c
   William (Rigney) 62-63, 65-66, 76c-78c, 81c-85c
Harrop, James 84s-85s
Harryford see Heryford
Hart (Harte, Hartt, Heart, Hoart)
   Brian 85s
   Daniel 82c
   Daniel 67, 69-70, 72s-77s, 80s, 82s
   Jacob (Neer) 74s-77s, 82s
   Jonathan 76s-77s, 81s-82s, 84s
   Joseph 59, 61-64, 67-68, 70, 71s-74s
   Musshell 68
   Richard 68, 71s
   Thomas 74s, 82s, 85s
   William 74c-79c
   William 69-70, 72s, 74s-75s, 81s-82s
Hartley (Hartly)
   John 71s-72s, 76s-77s
   Thomas 79s
   William 75s, 79s
Hartman, Mathias 73s-74s, 76s-77s
Hartzell (Halzell, Hartsel, Hatchel)
   Henry 76s-77s
   Jacob 73s, 74s
   Melchar 70, 71s, 73s-77s, 79s, 82s
   Nicholas 82s
Harvey, Anthony 62
Harvin, William 65
Haslip
   Richard 69-70
   Robert 70
Hastings, John 75c-77c
Hatch (Hotch)
   Daniel 68, 70, 71s-72s
Hatcher (Hacher, Hacker, Hetcher)
   George 60-62, 64-65, 69-70, 71s-74s, 83s
   Henry 75s, 82s
   James 60-63, 65, 69-70, 71s-77s, 81s-84s
   John 61-65, 68, 71s, 74s, 76s-77s, 83s-84s
   Joshua 76s-77s, 84s
   Peter 81c-83c
   Phillip 73s-75s
   Phillip Jr 82s
   Thomas 69-70, 71s-77s, 81s-84s
   William 60-62, 64-65, 69-70, 71s-73s, 75s-77s, 83s-84s
   William Jr 60-62, 64-65, 69-70, 71s-73s, 75s-77s
Haten see Headen
Hatfield (Hatfeeld, Hatfeld, Hatfild)
   Adam 59, 61
   Andrew 59, 61-63
   Edward 61-63, 65, 69-70, 71s-72s
   John 67
   Mansfield 70, 71s-72s
   Thomas 59, 61-63, 67
Hath
   George 71c

William 71c
Hatherly see Heatherly
Hautershell see Howdershell
Haven (Havin, Heaven, Heven)
   Howard 58, 61-65
   John 58, 60-63, 65, 67
Hawk, Richard 76c-77c
Hawkaty (Hoekoly)
   William 83c, 85c
Hawkins (Hauckings, Hawkens, Hawkings)
   Benjamin 65
   David 62
   Isaac 59, 61-62
   James 59, 61-62, 65
   John 62, 76s-77s, 79s-80s
   Jonathan 59, 61-62, 65
   Thomas 79c, 81c
   Thomas 60-61, 75s
Hawkley, Robert 80c
Hawler see Holler
Hawley see Holley
Hawlingsworth see Hollingsworth
Hawn, John 81s
Hawser see Howser
Hayhurst, William 62-63
Hays (Hay)
   Bartholomew 73s-74s
   David 71c-72c, 74c-78c
   John 83s
   Thomas 60
Hayton see Heaton
Haywood, Zachariah 71s-72s
Hazel (Hassel, Hazell, Hazle)
   Conrad 76s-77s
   Elisha 81c-83c
   Elisha 84s
   Ignatius 79c-81c
   Ignatius 83s-85s
   Richard 60
Headen (Haddon, Haden, Hadin, Hadon,
   Haten, Hatten, Hatton, Headen,
   Headin, Headon, Heden, Heydon)
   Benjamin 79c-80c
   Elisha 73c-78c, 82c
   Enoch 86c
   George Sr 60-62, 65-66, 68, 70,
     71c-85c
   George Jr 60-63, 65-66, 68, 70,
     71c-77c, 79c-80c
   Jacob 79c
   Jeremiah 83c-85c
   John 60-62, 65, 68, 70, 71c,
     76c-78c, 81c, 83c-85c
   Lewis 74c
   Lewis 73s
   Richard 60, 62-63, 65-66, 68, 70,
     71c-82c, 84c
   Richard Jr 72c-73c
   Samuel 62-63, 65-66, 68, 70,
     71c-82c, 85c
   Samuel Jr 85c
   Samuel 72s, 75s, 82s-83s
   William 63, 65-66, 68, 70, 71c-78c
Heale see Hill
Heart see Hart

Heater (Heaters, Heators, Heeter)
   Elizabeth 82c
   John 73s-74s, 76s-77s, 81s-82s, 86s
   William 71c-72c, 74c
   William 73s
Heath (Heith, Heth)
   Andrew 70, 71c-85c
   Jeremiah 75s-77s
Heatherly (Hartherly, Hather, Hatherly,
   Heatherby, Hetherby)
   John 64-65, 70, 71s-74s, 78s
   Leonard 78s
   Thomas 72s-74s
Heaton (Hayton, Hetton)
   Benjamin 71s-77s
   Henry 65
   James 65, 75s-77s
   John 74c
   John 72s-73s, 75s-77s, 79s, 82s
   John Jr 72s-73s, 75s-77s
   Moses 65, 71s-72s, 74s-75s
   Thomas 76s-77s
   William 71s-77s
Heaven see Haven
Hebron (Hebourn, Heburn)
   John 83c
   John 76s-77s
   William 70, 71c-72c
Heckman see Hickman
Heiler see Hiler
Helmedollar, Michael 82s
Helms (Helm, Helme, Hems)
   Christian 67
   John 83c-84c
   Joseph 83c
   Leonard 65, 69-70
Hemmett see Hamet
Hemry (Hemer, Hemery, Hemmere, Hemmerie,
   Hemrey)
   Adam 78s, 84s
   Henry 67-69, 71s-72s, 75s-77s
   Jacob 68, 71s, 76s-77s, 85s
   John 67-68, 70, 71s, 74s-77s
Henby see Hanby
Hencock see Hancock
Henderson (Handerson)
   Adam 78s
   Henry 86s
   Hugh 73s-74s
   James 60-61, 63, 65, 69-70, 71s
   John 65, 67-70, 79s-80s, 83s-85s
   Jo 71c
   Samuel 62-63, 69-70, 71s-81s, 83s-84s,
     86s
   Thomas 60-63
   William 62, 65, 69-70, 75c, 78c-80c
Hendmore see Hindmore
Hendran (Hendrain)
   John 65
   William 69-70, 71s, 74s
Hendrickson (Handrickson, Henderickson,
   Hendraxon, Henrexon, Henrikson)
   James 65
   John 60-63
   Simon 69, 73s
Henksman, Samuel 86s

Henry (Hennery)
    David 78s
    James 84s
    John Sr 70, 71s-74s, 78s, 84s
    John Jr 70, 71s-74s, 76s-77s,
        79s, 84s
Henwood (Henward)
    James 72c
    John 58, 62, 64-65, 75c-77c
    William 58
Hepburn (Hepborn)
    John 85c
    John 75s
Herbert (Harbert, Harbourt, Harburt)
    John 75c-77c, 80c, 86c
    Josiah 72c-79c
    Peter 86c
    Peter 72s, 76s-77s, 79s
    Thomas 72c-79c
    William 76s-77s
Heriman, Samuel 86c
Herman (Hermon)
    Peter 74c, 76c-77c
Hermatal (Helmatal, Hermaton)
    Michael 72s-74s
Heron, John 80c-81c
Heronimus (Heronimas, Heronimous,
    Heronomus, Heronymus, Hieronymus)
    Andrew 62s
    Francis 58-65, 70, 71s-72s,
        74s-75s, 79s, 82s-84s
    Henry 82s-84s
    John 83s
    Palser 58-60, 61, 64
Herring, John 75c
Herrist, Sebastian 74s
Herrod (Harrard, Herret, Herriott)
    Asher 79c
    Ephraim 73c-74c, 76c-77c, 79c-80c
    John 84s
Heryford (Haraford, Harryford, Hereford,
    Hereyford, Heriford, Herriford,
    Herryford)
    Ann 76s-77s, 79s
    George 68, 70, 71s-75s
    Henry 60
    James 68, 70, 71s-72s, 74s-75s
    John 60-65, 68, 70, 71s-77s, 79s
    John Jr 76s-77s, 79s
Heselman see Hustleman
Hesket see Hiskett
Hess (Hes)
    Abraham 68-69, 71c-79c
    Henry 78c-80c, 83c
    Henry Jr 83
    Jeremiah 75c-78c
    John 74c-80c, 83c
    John 84s, 86s
    John Jr 78c-81c
    Nicholas 84s
    Palser 68-69, 71c-80c, 83c
    Peter 69, 71c-80c, 83c
    William 68-69, 71c-80c, 82c-83c
Hesser
    Andrew 85c-86c
    Andrew 84s

Conrod 85c-86c
Conrod 79s, 82s, 84s
Hetcher see Hatcher
Hetry, Henry 68
Hetser (Hetsfer)
    Henry 78s, 81s
Heven see Haven
Hewatson see Huetson
Hewman see Homan
Hibbs (Hibb, Hibs, Hilbs, Hoobs, Hubbs,
    Hubs)
    Amos 83s-85s
    Isaac 65, 73s, 75s-77s
    Jacob 61-62, 68, 70, 71s, 73s,
        75s-77s, 79s
    Jeremiah 70
    John 62, 68, 70, 71s, 73s
    Joseph 76c
    Joseph 67-68, 70, 71s-73s, 75s, 77s,
        79s, 82s, 84s
    Joseph Jr 82s, 84s
    Nehemiah 67, 69
    William 83c, 85c
    William 67-68, 70, 71s-73s, 79s, 81s,
        83s-85s
Hichew (Hichue, Hickue, Highsue, Hychew)
    Jacob 75s-77s
    Nicholas 69, 71s, 75s-77s
Hickey (Higgy)
    James 73c-77c
Hickman (Heckman)
    Conrod 65, 68, 70, 71s-72s, 74s-77s,
        81s-82s, 84s-85s
    Jacob 70, 84s-85s
    Peter 84s-85s
    William 69, 71c-74c, 78c-80c, 83c
Hicks (Hixx)
    Jacob 74s
    John 85c
    Kimble 72c-74c
    Nicholas 72s-74s
    Robert 85c
    Thomas 80c
Hickson (Hixon, Hixson, Hukson)
    Benjamin 75s-77s
    Daniel 65, 69-70, 71s-72s, 74s-75s
    Elijah 78s
    Mathew 62-63, 65, 69-70, 71s-72s,
        78s-79s
    Timothy 69-70, 71s-80s, 82s
    William 62-63, 65, 68, 70, 71s-72s,
        74s-80s
Hieronymous see Heronimus
Higgins (Hagins)
    John 65, 73s
    Judah 58, 62, 64
    Thomas 58, 62, 64
    William 75s, 84s-85s
Higgy see Hickey
High, Thomas 75c
Hikam, John 76s-77s
Hildebrant
    John 71s
Hildrope, John 75s
Hiler (Heiler, Hilar, Hyler)
    Cornelius 79c, 81c, 83c-84c

David 83c-84c
Henry 78c-80c, 83c-84c
John 81c-84c
Michael 75c, 79c-80c, 83c-84c
Hill (Heale, Hills)
  Abraham 76s-77s
  Charles 85s
  Daniel 70, 75s-77s
  George 68-69, 71c-72c
  James 65, 70, 71s, 73s
  John 60, 71s
  Joseph 73s-77s
  Mathew 74c-75c
  Richard 66, 68, 71s-72s, 75s-77s
  Samuel 63, 65, 70, 71s-77s
  Thomas 65, 70, 71s-73s
  William 72s-77s
Hilliard (Hailard, Hillard, Hillyard, Hilyard)
  John 68, 70, 71s-74s, 82s
Hillman, Joseph 65-66
Hindman, Mathew 69-70, 71s-74s
Hindmore (Hendmore)
  Richard 69-70
Hinds (Hindes, Hines)
  David 73c-77c
  John 72c
  John 83s-84s
  William 74c-77c
Hirst see Hurst
Hiser (Hizer)
  Henry 82s
  Michael 84s
Hiskett (Hesket, Hiscot, Hisket, Huskett)
  Benjamin 62, 68, 70, 71s-74s, 81s
  Benjamin Jr 73s
  John 84s
  William 61, 67, 70, 71s-75s
Hixx see Hicks
Hoart see Hart
Hodges, John 75c
Hodgin, Samuel 69
Hodgkins, Walter 84c
Hodo, Peter 65, 68
Hoe (Hooe)
  Barnet 79c, 81c
  John 82s
  William 79c-80c
Hoff see Hough
Hoffer (Hoofaire, Houghaire)
  Jacob 79c
  Jacob 75s
Hogan (Hogen, Hogin)
  Michael 74s-75s
  Samuel 68
Hogeland (Hoglin)
  William 68-69, 71c
Hogue (Hoge)
  David 83s
  Isaac 82s-83s, 85s
  Joseph 61, 69-70, 71s-74s
  Solomon 60, 63, 68, 70, 71s, 73s-77s, 80s, 82s-85s
  Solomon Jr 74s-77s

William 63-65, 69-70, 71s-77s, 83s-84s, 86s
William Jr 64-65
Holbaugh, Cornelius 78c
Holbert see Halbert
Holcomb (Holcom, Holcome)
  John 75c-79c, 81c
Holden (Holdern, Holderon, Holdren, Holdron)
  Bartholomew (Barnet) 63, 65, 68, 70, 71s, 73s-77s, 80s-82s, 84s-85s
  Charles 69-70, 72s
  Cornelius 63, 65, 68, 70, 71s-78s, 80s-82s, 84s-85s
  John 62-63, 65, 69-70
  Joseph 65
  Patrick 75s-77s
  Solomon 72s
Holder
  Francis 76s-77s, 79s, 83s
  John 70, 71s-73s
  Luke 69-70, 71s-72s, 74s, 76s-77s, 79s, 83s
Hole (Whole)
  Charles 59, 61-63, 65, 69, 71s, 74s-77s, 82s, 84s
  Jacob 82s, 84s
  Levi 82s, 84s
  Nathan 84s
  Peter 74s-75s
Holfield (Hallfield)
  Edward 65
  Thomas 65
Holland (Hollan, Hollen, Hollon, McHolland, McHollon)
  Luke 69-70, 73c-74c
  Patrick 65, 69-70, 73s, 76s-78s
  Thomas 68, 70, 71c-72c, 74c
  Thomas 73s, 78s, 81s, 84s, 86s
Holler (Haller, Howler, Holer, Hollar)
  Peter 74s-78s, 82s
Holley (Halley, Hawley, Holly)
  Absolom 83c-85c
  John 83c-85c
  William 83c-85c
Holliday, William 68
Hollingsworth (Hawlingsworth, Holingworth)
  Elias 65
  Rachel 60, 74s
Hollins, John 63
Hollis (Hallis, Hollas)
  John 60-62, 65, 85c
Holloway, William 70
Holmes (Holme, Holms, Hombs, Homes, Hoomes, Hooms, Wholmes)
  Benjamin 75c-77c
  Benjamin 79s
  Edward 71s-77s, 82s
  James 73c-74c
  John 58, 60-65, 68, 70, 71c-77c, 85c
  John Sr 71s-75s, 79s-82s, 84s-85s
  John Jr 79s-82s, 84s
  Joseph 83s-84s
  Peter 79s

William 60-61, 63, 65, 68, 70,
   71s-75s, 84s
Holsoppen (Holsople)
  Adam 71s, 73s
Holstead see Halstead
Homan (Haman, Hewman, Hoeman, Howman,
  Human)
  _____(wid) 84s
  Jacob 71c
  John 75c
  John 82s, 84s
  Joseph 74s
  Ralph 70, 71s-73s, 79s
  Robert 60-61
  Samuel 80s, 81s-84s
Homer (Hummer)
  John 81c-85c
  Michael 68, 70, 71c, 73c-78c,
    80c-85c
  Michael Jr 83c-85c
  Richard 75c-77c
  William 73c-77c, 80c-84c
Honecker, Jacob 71s
Honeman
  Abraham 78c
  William 78c
Honsinger see Hansinger
Hood
  John 81s-82s, 84s-85s
  William 73c-74c
Hoofaire see Hoffer
Hook
  Jacob 66
  William 74s
Hool see Hull
Hooper, William 76s-77s
Hop, John 80c
Hope, Sebastian 75s
Hopewell (Hopell)
  Hannah 66
  John 83c-84c
  John 60-62, 70, 71s-73s
  Mary 76s-77s
  Samuel 60-61, 63, 70, 71s-72s
  Thomas 76s-77s
Hopham, Robert 79c
Hopkins
  David 81s
  James 64, 72s, 74s, 79s
  Joseph 63, 65-66
  Rice 85c
  Richard 79s, 81s-82s
  Thomas 81c
Hopper, James 82c
Hoppoch, Cornelius 79c
Hopwood, Moses 84c
Hordell, James 62
Horley, William 61-62
Horn (Harn)
  Frederick 72s, 74s-77s
  George 85c
  George 76s-77s
Horries (Whoresh)
  James 70, 71s
Horseman (Horceman, Houseman)
  Abraham 79c-85c

Jeremiah 71c-75c
John 68, 69
Stuffell 65
William 69, 71c-77c, 79c-85c
Horskinson, Josias 75s
Horton
  Joseph 76c-78c, 80c
  Reuben 71s
Hosea, Isaac 78c-80c
Hoselman see Hustleman
Hosins, John Theodosius 73s
Hough (Hoff, Hoof, Huff)
  Amos 65, 69-70, 71s-74s, 76s-77s, 79s
  Anthony 83c-84c
  Barnet 79s
  Benjamin 61-63, 65, 69-70, 71s
  Charles 80c-82c
  Charles 83s-85s
  Henry 63, 65
  James 70, 80c-81c
  James Jr 80c
  James 82s-85s
  John 60-65, 69-70, 71c-77c, 79c-84c
  John Sr 70, 71s-74s, 77s-79s, 82s, 84s
  John Jr 70, 71s-73s, 75s-77s, 79s
  Jonah 76s-77s, 82s
  Joseph 72c-75c, 78c-79c
  Joseph 60-65, 69-70, 71s-74s, 79s, 82s
  Joseph Jr 71s-74s, 82s
  Mahlon 74s, 76s-77s, 82s, 84s
  Moses 84c-85c
  Philip 63, 65, 68, 71s-75s, 78s,
    81s-82s, 85s
  Samuel 70, 71s-72s, 74s, 79s-80s, 82s
  Stacey 79s
  Thomas 63, 65
  William 79c-80c
  William 61, 68, 70, 71s-74s, 76s-79s,
    82s, 84s
Houghaire see Hoffer
Houghman (Hoffman, Hoofman, Huffman,
  Hufman)
  Adam 68, 70, 71s, 76s-77s
  Anthony 76c-77c, 79c-80c, 82c-86c
  Charles 78s-79s, 81s, 84s
  Christopher 85s
  David 73s, 76s-77s
  George 71c, 73c-74c
  Jacob 65, 67-68, 70, 71s, 73s, 81s-82s
  John 68, 70, 71c, 74c-77c, 79c-81c,
    84c
  John Jr 79c-81c, 84c
  Peter 78c-79c, 84c-85c
  Philip 81c, 84c
Houghton
  Charles 75s
  Elijah 74s
Hountsman see Huntsman
Houpt (Houp)
  Boston 70
  Sebastian 71s-73s
Householder (Housholder)
  Adam 82s, 84s-85s
Houton see Hutton
Howard (Howerd)
  Benjamin 79s

Charles 60
Michael 82s, 84s
Vachel 60
Howdershell (Hautershel, Hautershell,
    Hortershell, Houdeshel,
    Houtirshell, Howdershelt)
    Adam 69
    Henry 69, 71c-72c, 74c-77c
    Jacob 69, 71c-77c, 79c
    John 82c, 84c
    Lawrence 71c-75c
    Michael 69, 71c-77c, 79c-80c,
        82c-84c
    Michael Jr 75c, 79c-80c, 82c-83c
    Philip 75c
Howeaton (Howeatch)
    Henry 63, 65, 71s-72s, 74s-77s
    Thomas 72s, 74s-75s
Howell (Hourle, Howel, Howill)
    Abner 62-63, 65, 68, 70, 71s-75s
    Andrew 68, 70, 71s-72s, 74s,
        81s-82s
    Benjamin 71s, 73s-75s, 78s-79s
    Charles 68, 70, 71s-72s, 75s
    Daniel 70, 71c, 73c-78c, 81c
    Daniel 62-63, 69-70, 73s-75s
    David 68, 70, 71s, 73s
    Ezekiel 84s
    Hezekiah 62-63, 68, 70, 71s-72s,
        74s-75s, 82s
    Hugh 62-63, 65, 68, 70, 71s-75s
    Jacob 74s
    James 63, 65
    John 62-66, 69-70, 71c-74c, 76c-79c,
        81c-83c
    John Sr 65, 68, 70, 71s-77s
    John Jr 70, 71s-75s
    Jonathan 76s-77s
    Kiah 79s, 81s
    Reading 70
    Reuben 78s-79s
    Samuel 78c-79c, 81c-84c
    Thomas 68, 70, 71s
    Timothy 62-63, 65, 68, 70,
        71s-75s, 78s, 80s, 82s, 84s
    William 62-63, 65, 68, 70, 71s-74s
    Zachariah 73s
Howser (Hawser, House, Houser,
    Housor, Howseir, Howsor)
    Christian 69, 71c-80c, 82c-84c
    Michael 80c-84c
Hubbard, John 80c-81c
Hubbell (Hubble)
    Nathaniel 70
    Thomas 65, 68, 73c, 75c-77c,
        79c, 83c-85c
    Thomas 81s
Hubbs see Hibbs
Hudnall, Stephen 74c
Hudnut (Hudnot, Hudnott)
    Daniel 70, 71c, 74c-75c, 79c-80c
Hudson (Hutson)
    David 60, 61
    Richard 60-65
    Thomas 68, 70, 71s-72s
    William 63

Huetson (Hewatson, Hughston, Huteson)
    Benjamin 76s-77s, 81s-83s
Hufaker, Jacob 76s-77s
Huff see Hough
Huffman see Houghman
Huffty (Hufftey, Hufty)
    Benjamin 74s-77s
Hugeley (Hugelley, Hugheye, Hughley,
    Hughly, Huguely, Hugley, Huguly,
    Ugely, Yugly)
    Abraham 83c-85c
    Abraham 65, 68-69, 72s-78s, 80s
    Charles 68-69, 71c-77c, 79c-85c,
    Charles Jr 83c, 85c
    George 83c-85c
    Jacob 68-69, 71c-77c, 79c-81c, 83c-85c
    Job 68-69, 71c-83c, 85c
    John 75c, 85c
    Thomas 65
Hughes (Hughs)
    Constantine 83s
    Isaac 74s-75s, 79s-80s, 82s-83s, 85s
    Michael 75c-77c
    Nathaniel 63
    Theophilus 82s
    Thomas 75s-77s
Hughlett (Hughlet)
    James 79s
    Leroy 59-63
Hughsmith, Jacob 73s
Hull (Hool, Hule, Hulls)
    Bernard 78c
    Charles 72s
    John 74c
    Richard 72s-74s
    William 78c
Human see Homan
Hummer see Homer
Humphrey (Humphres, Humphreys, Humphries,
    Humphris, Humphry, Humphrys, Umphiss,
    Umphry)
    Abner 81s
    Isaac 72s-75s, 85s
    John 76s-77s
    Morris 70, 71s-74s, 76s-78s
    Robert 68, 71c-75c
    Thomas 63, 68, 70, 71s-77s, 81s
    William 65, 68-69, 71c-86c
Hunt
    Daniel 61-65
    James 64-65
    John 85s
    Samuel 86s
    Stephen 68, 70, 71s-75s, 79s-82s, 85s
    Thomas 59-60, 70, 71s, 73s-74s, 78s
    William 73c-77c
    William 79s
Hunter
    Eliphalet 73c-77c, 79c-80c, 82c-85c
    Israel 80c, 83c-85c
    James 75c
    Jonathan 81s-82s, 84s
    Joseph 74c, 76c-79c
    Joshua 68-69, 71c-74c
    Robert 72c

Thomas 63-65, 68-69, 71c-77c,
    84c-85c
Huntley, John 68, 71c-74c
Huntsman (Hountsman)
    Peter 73s-74s, 78s, 84s
Hurle see Harle
Hurley (Hoorly, Hurly)
    Cornelius 68, 70, 71s-72s
    Sylvester 75c-77c
    William 68, 70, 73s-74s
    Zachariah 68, 71c
Hurst (Hirst, Hush, Huss, Hust)
    James 64-65
    Jesse 83s-84s
    John 59-61, 63-65, 68-69, 71c-85c
    John 63, 65, 74s-77s, 82s-84s
    John Jr 63
    Richard 73s-75s
Hurt, John 60
Hurtleman, Michael 82s
Huskett see Hiskett
Hussey (Huzsey)
    Isaac 68, 70, 71c-77c, 81c-84c
Hustleman (Heselman, Hoselman,
    Usselman)
    Michael 71s-72s, 75s, 82s
Hutchins (Hutchens, Hutchings)
    Robert 65, 68, 70, 71c-75c,
        81c-84c
Hutchison (Hutchason, Hutcherson,
    Hutchinson, Hutchson)
    Andrew Sr 61, 63, 65-66, 68, 70,
        71c-73c, 75c-85c
    Andrew Jr 60, 63, 65, 70, 71c, 74c
    Benjamin Sr 58, 60-65, 69-70,
        71c-85c
    Benjamin Jr 73c-77c, 79c-81c,
        84c-85c
    Daniel 61-63, 65-66, 68, 70, 71c
    George 80c-85c
    Isaac 79c-85c
    James 79c-80c
    Jeremiah Sr 60, 62-63, 65-66,
        68, 70, 71c-85c
    Jeremiah Jr 68, 71c-85c
    John Sr 60, 61, 63, 65-66, 68,
        70, 71c-85c
    John Jr 73c-82c, 84c-85c
    Joseph Sr 60-66, 68, 70, 85c
    Joseph Jr 71c-75c, 78c, 80c-81c,
        83c-84c
    Joseph 74s-78s, 80s-85s
    Joshua 85c
    Lewis 69-70, 71c-82c, 84c-85c
    Peter 76c-77c
    Peter 78s-82s
    Richard 61-63, 65-66, 68
    Samuel 75c-82c, 84c-85c
    Thomas 60-61, 63, 65, 68, 70,
        71c-85c
    Vincent (Vinson) 83c-85c
    William 58, 60-70, 71c-80c, 82c-84c
    William 71s-85s
Hutherly, John 63
Huts, John 75c

Hutton (Hooton, Houten, Houton,
    Houtoun, Huton)
    Elijah 67-68, 72s, 76s-77s, 82s, 84s
    John 59, 61-63, 65, 67, 70, 71s,
        78s, 80s
    John Jr 70
    Joseph 61-63, 65, 67-68, 70, 71s-73s,
        82s
    Thomas 59, 62-63, 65, 67, 69-70, 71s
Hych (Hytch)
    Thomas 76c-78c
Hychew see Hichew
Hyde, Philip 85s
Hyler see Hiler

I

Iden (Idon)
    Jacob 76s-77s
    John 73s-77s, 83s
    Samuel 59, 61-63, 65, 68, 70, 71s,
        73s-77s
Igmire see Ingmires
Iler see Eler
Ingledue (Inglediew, Ingledo, Ingledoe,
    Inglesdew)
    Blackstone 70, 71s, 73s, 75s-77s,
        83s-85s
Ingles, James 68
Ingman, William 72c
Ingmires (Igmire)
    Robert 75s, 79s
Ingrom, Jane (mulatto) 69
Ireman, George 82s
Irey (Irie, Iry)
    John 74s-77s, 80s, 83s
    Philip 74s-77s, 80s, 83s-84s
    Samuel 80s, 83s
Irlenn, John 70
Irwin (Arwin, Arwine, Erwin)
    Adam 70
    Francis 74s-75s
    James 65
    Samuel 66, 68, 72s, 74s-75s
Iseman, George 82s

J

Jackson (Jackion, Jakson, Gaxon)
    Alexis 59, 61, 65, 67-68
    Christopher 69
    David 71s
    George 59-63
    Henry 59, 61-62, 65
    Jacob 67-68, 74s
    James 60, 68, 70, 71s, 74s-75s, 82s
    John 74c-77c, 83c-85c
    John 61, 63-65, 67-68, 70, 71s-78s,
        82s-85s
    Jonathan 83c-85c
    Joseph 70
    Matthew 78c-79c

Matthew 75s
Newman 59-63
Richard 75s, 82s
Robert 71c-79c, 81c-85c
Robert 68, 71s
Thomas 59, 63, 65, 71s
William 61-63, 65, 67-68, 70,
    71s-72s, 75s, 82s
William Jr 65, 67, 70, 71c-77c
Jacobs (Jacob, Jacobus)
    Jacob 68, 70, 71s-72s, 74s-77s
    John 75s
    Mathias 70, 71s-73s, 75s, 82s, 85s
    Peter 85s
    Price 85s
    Thomas 75s
    Thomas Samuel 76c-77c, 80c, 83c
    William 71s
Jaegar see Yaker
James (Jeames)
    Benjamin 73c-80c, 83c-85c
    Daniel 59-61, 74c, 78c
    Daniel 74s-75s, 78s
    David 70, 71s-73s, 75s, 81s,
        83s, 85s
    Elias 73s-74s, 76s-77s, 84s-85s
    Isaac 73s-74s, 78s
    Jacob 80c, 82c-85c
    Jacob Smith 71c-79c
    John 65, 78c
    Jonathan 74s-75s, 83s
    Joseph 68, 70, 71s-73s, 75s-79s,
        81s-83s, 85s
    Moses 84c-85c
    Richard 59, 61-62, 72s, 78s
    Thomas 68, 70, 71s, 73s-75s,
        84s-85s
    William 62, 71c-85c
    William Jr 78c-80c, 83c-85c
    William 81s
Jamison (Jameson, Jammeson, Jemison)
    Alexander 76s-77s
    Benjamin 69-70, 71s-75s, 79s
    George 76s-77s
    John 79s
    Robert 68, 70, 71s-78s
Janes (Jane)
    Joseph 70
    Thomas 84c
    William 84c
    Zachariah 84c
Janney (Janey, Janny, Jany,
    Jennay, Jenney, Jennie, Jenny)
    Abel Sr 59, 61-65, 68, 70,
        71s-77s, 79s, 84s
    Abel Jr 70, 71s-72s, 74s-75s
    Amos 70, 71s-74s, 76s-77s, 82s,
        84s
    Aquilla 75s-77s, 82s-84s
    Blackstone 63, 65, 68, 70, 71s-77s,
        82s, 85s
    Elisha 82s-85s
    Isaac 65, 72s-73s, 80s
    Israel 68, 70, 71s-77s, 82s-83s,
        85s

Jacob 60-63, 65, 68, 70, 71s-77s,
    82s-85s
Jacob Jr 73s-77s
Jesse 80s, 82s, 84s
John 74s, 82s, 84s
Jonas 65, 68, 70, 71s-77s, 83s
Joseph 60-63, 65, 68-70, 71s-78s,
    82s-84s
Larhome 76c-77c
Levi 73s-75s
Mahlon Sr 59-65, 69-70, 71s-77s,
    79s, 84s
Mahlon Jr 70, 71s-72s
Mary 60, 62-64
Ruth 69
Samuel 59, 61-63, 65, 68, 70, 71s-74s
Stacy 62-63, 65, 69-70, 71s-75s, 78s,
    80s, 82s-84s
William 59, 61-63, 65, 69-70, 71s-75s,
    78s, 80s, 82s-84s
William Jr 69-70, 72s-73s
Jarrard see Gerrard
Jarrett (Jarred, Jarritt)
    John 69, 78s, 82s
    Joseph 78s
    William 78s, 82s
Jarvis (Jarvice)
    George 76s-77s
    William 63
Jeames see James
Jeffrey (Geffery, Jeffery, Jefferys,
    Jeffrys)
    James 58, 60-62
    James Jr 58, 60-61, 63
Jemison see Jamison
Jenkins (Jenken, Jenkens, Jenkin, Jenkings,
    Jinkin, Jinkins, Junkins)
    Aaron 73c-80c, 82c-83c
    Amos 63, 65, 68-69, 71c-75c
    Charles 73c, 84c-85c
    Elisha 83c-85c
    Ezekiel Sr 59-65, 69-70, 71s-77s, 79s,
        82s-85s
    Ezekiel Jr 82s-85s
    Henry 62-63, 65, 68-69, 71c-77c,
        79c-80c, 82c-83c
    Isaac 63, 65, 67, 69-70, 71s-77s,
        81s-82s, 84s
    James 75c, 78c, 80c, 83c
    Job 68-70, 71c-75c
    John 74c, 76c-85c
    John Jr 59-63, 65, 68-70, 71c-73c
    John 63-65, 67-70, 71s-77s, 82s
    Joseph Jr 61
    Margaret 60-63, 65
    Richard 80c-84c
    Richard 74s-75s
    Robert 79c-80c, 83c-84c, 86c
    Robert 68, 70, 71s, 73s-74s
    Sampson 85s
    Samuel 59-62, 65, 68, 71c, 73c-75c
    Samuel Jr 59, 63, 65, 69
    Stephen 74c, 82c-84c
    Thomas 59-62, 64, 68, 70, 71c-85c
    Thomas 71s-77s
    Vachell 68, 70, 71s

William 60-61, 68-69, 71c-75c,
    78c, 80c-83c
William 73s-75s, 81s-82s, 84s-86s
Zachariah 68-69, 71c-72c
Zachariah 74s-75s
Jenney see Janney
Jennings (Jenings, Jenning, Jennins,
    Jinings, Jinnings)
  Daniel 72c-77c, 79c-84c, 86c
  Israel 74s, 79s, 83s
  James 64-65, 68-69, 71c-77c,
    79c-84c, 86c
  Jesse 74s
  Robert 81c-83c
Jett
  Katharine 62
  William Jr 60-61
Jewell (Jewel, Juel, Juell)
  Elisha (Elijah) 80c, 82c-85c
  George 84c-85c
  John 74s-78s
  Jonathan 79c-80c, 82c, 84c-85c
Jinkins see Jenkins
John (Johns, Jons)
  Benjamin 66, 68, 70, 71s-73s
  Daniel 68, 73s-75s, 78s-80s,
    84s, 86s
  David 68
  Elias 66, 70, 72s, 74s, 79s
  James 59-61, 63, 66, 72s-74s
  Joseph 59-61
  Thomas 60, 66, 68, 70
Johnson (Jonson) See also: Johnston
  Daniel 74c
  Edward 75s
  Harrison 80s
  Jacob 75s
  Richard 75s
  Robert 75s, 79s, 82s, 86s
  Samuel 68
  Silas (Cylas) 72c
  Susanna 79c
  Thomas 69, 72c
  William 74c-75c, 82c, 84c
  Yellis 79s
Johnston (Johnstone)
  See also: Johnson
  Abraham 71s
  Archibald 74s-77s
  Benjamin 74s-77s, 79s-83s
  Christopher 74c-77c
  Elisha 69
  George 70, 71s-75s, 78s-85s
  Hugh 79s-85s
  James 82s-83s, 85s-86s
  Jane 85s
  Jeremiah 73c
  John 58, 60-65, 67-68, 79s,
    83s-85s
  Mary 70, 71c-80c, 82c
  Mason 79c-84c, 86c
  Robert 73c-74c, 76c-77c, 80c,
    82c, 84c, 86c
  Smith 58, 62, 64
  Thomas 73s
  Tunis 68, 70, 71c-73c

William 64-65, 67, 69-70, 71s-85s
Yellis 71c, 73c
Joice, James 61
Joles, Thomas 74s
Jolley (Jollie, Jolly)
  Benjamin 74s-77s
Jolliff, Amos 84s
Jones (Jonas, Jons)
  Abraham 61-63, 65
  Andrew 67-68, 73c
  Andrew 74s
  Aswell 62
  Daniel 58-59, 61-65, 69-70
  Daniel Jr 69-70, 72s, 75s
  Elias 74s
  Eneas 74s, 76s-77s
  George 68-70, 71s-74s, 78s, 83s-84s
  Henry 82c
  Henry 78s, 80s
  Isaac 79s
  Isaiah 74s, 80s-81s, 84s
  Jabez 75s
  Jacob 68, 70, 71s
  James 61-63, 65-66, 70, 71s-77s, 84s
  Jarvis 70, 71s-72s, 74s
  John 68-70, 71c-73c, 75c-78c, 85c
  John (Capt) 62-66, 68-70, 71s-75s,
    78s, 80s-83s, 85s
  John Jr 71s-75s, 80s-82s
  Joseph 57, 61-65, 83s, 85s
  Joshua 66, 68, 70, 71s-73s, 80s-81s,
    83s-84s
  Mary 71s-72s, 75s, 82s
  Mishell 79s
  Peter 84s
  Philip 73s-75s
  Richard 76c-77c
  Richard 71s
  Robert 76s-77s
  Stephen 68, 70, 71s-73s
  Theophilus 63, 65, 67
  Thomas 60-62, 65, 71c
  Thomas 72s-73s
  Tobius 79s, 82s
  William 75c-80c
  William 59, 61-63, 65-66, 68, 70,
    75s-78s, 80s-85s
Jordan (Jhadain, Jordin, Jurdin)
  Angel 82c-84c
  George 61
  John 61
  Thomas 68-69, 71c, 73c-74c, 76c-77c,
    79c
  Thomas 77s
Joseph, Jesse 69
Joshhimer, Jacob 82s
Joy, Richard 71c-79c, 82c-83c
Jucoe, Thomas 84s
Judy, Jacob 80c
Juell see Jewell
Julian, Isaac 74s
Juliar, Jacob 71s-72s
Julick
  John 80c
  John Jr 80c
Jurdin see Jordan

-42-

Jury (Jurey)
    David 82s-85s

K

Kain see Cain
Kaler see Caler
Kannedy see Kennedy
Karn see Carne
Karr see Carr
Kaster see Caster
Kedwalider see Cadwalader
Keele (Keelle, Kell)
    John 62-63, 65
    John Jr 62, 65
Keene (Keen, Kein)
    Francis 68-69, 71c-86c
    John 58, 60-63, 65, 68, 70,
        71c-74c, 76c-77c
    John (Jr?) 86c
    Jonas 84s
    Newton (Capt) 65
    Richard 60-63
Keith (Keeth, Keyth)
    Henson 82c, 84c-85c
    John 75c, 83c-85c
    Vinson 83c-84c
Kelcher (Kelsher)
    John 73c-74c
Kelham (Kellem) See also: Kelly
    Emanuel 71s
    Thomas 80s, 83s
Kellihan see Callahan
Kelly (Kelley) See also: Kelham
    Anna 85c
    Daniel 74c-83c
    Edward 65, 80c-85c
    Emanuel 72s
    Francis 76c-77c, 80c
    George 71s-72s, 75s
    James 76c-84c
    James 74s
    John 65, 69, 71c, 83c
    Joseph 71c-85c
    Patrick 65-66, 68, 70, 71c-84c
    Samuel 68
    Thomas 60-63, 65, 69-70, 71c-79c
    Thomas 72s-74s
    William 81c-85c
Kelmedor, Michael 76s-77s
Kelsey (Kalsey)
    John 72c
    Thomas 67, 70, 71s-74s
Kelson, John 76c-77c
Kenard, Samuel 63
Kendrick (Kinderux, Kendrich,
    Kendricks, Kindrich, Kindrick)
    John 68, 70, 71s, 73s-77s,
        80s-86s
Kennan (Cannon, Kennon, Kenton,
    Kinnan, Kinnon)
    Mark 83s-84s
    Thomas (Capt) 74s-79s, 82s-85s

Kennedy (Canady, Kanada, Kannadey,
    Kannedy, Kennady, Kenneday,
    Kennelly)
    James 60-63, 65, 69-70, 71s
    John 74s-75s
    Michael 73s-75s
    Peter 75c-77c
    Timothy 75s
    Wagstaff 63
    William 75s-77s
Kenney
    James 74c
    John 78s
    William 73c
Kent, Thomas 71c, 75c
Kenton see Kennan
Kephart, Godfrey 86s
Kepler (Kepley, Keppler, Kippler)
    Benedict 71s, 79s
    Benjamin 70, 73s
Kerby see Kirby
Kern see Carne
Kerr see Carr
Kerrick see Carrick
Kester see Caster
Ketcher, John 75c
Keven see Cavens
Keyme see Kymes
Keys (Kees, Key, Keyes)
    Bartholomew 75s
    Francis 75s
    James 68
    John 72s
    William 69-70, 72s-74s
Kibbs see Gibbs
Kidd (Kid)
    James 60-61, 63, 65, 68, 71c
    James 70, 72s-74s
    Martin 71s
Kidwalid see Cadwalader
Kidwell, William 69
Kiger see Kyger
Kilburn, Isaac 76s-77s
Kilgore (Killgore)
    George 74c-85c
Kimberlon (Cimberland, Cimbolie, Cimbolin,
    Kimberland)
    Jacob 70, 71s
    John 70
    Mathias 75c-77c
Kime see Kymes
Kimery
    Henry 70
    Jacob 70
Kimmons (Kemmings, Kemmins, Kimmings,
    Kimmins)
    James 69-70, 73s-75s
    Jane 69, 73s
    Thomas 73s-75s
Kinary, Richard 72c
Kincheloe, Charles 79s
Kindrick see Kendrick
King
    Benjamin 76c-85c
    Charles 72s
    Daniel 75c, 78c-79c

Gerrard 80s
James 64, 68
Jesse 79c
Jesse 80s, 83s-85s
John Sr 59-63, 65, 68-69, 71c-77c, 85c
John Jr 61-62, 64, 68-69, 71c-75c
John 78s-80s
Mordecai 79c
Osburn 61-63, 65, 68-69, 71c
Osburn 78s-80s, 82s
Richard 61-62, 66, 76s-77s
Smith 59-62, 69, 71c-81c, 83c
Thomas 78s-81s, 83s, 85s
William 60-62, 74c, 81c-85c
William Jr 62, 64, 80c
Kinmore, Richard 65
Kinnet, John 70
Kinnon see Kennan
Kinworthy, William 85s
Kiple, Richard 75c
Kiplinger, Adam 68
Kippler see Kepler
Kirby (Cirby, Kerby)
    James (Dr) 84c
    John 68, 71s-72s
Kirk
    Alexander 75c
    James 76s-77s, 79s-82s
    John 73c-77c
    William 60-61, 63, 65-66, 70, 71s-72s
Kirkpatrick, Robert 78s
Kirling, Joseph 70
Kisner, Jacob 70
Kirtin, Joseph 79s
Kitchen (Kichen, Kitchin)
    Daniel 75c-77c, 79c-85c
    James 83c
    John 73c-80c, 82c-83c
    William Sr 71c-85c
    William Jr 74c
Kitt, Martin 85s
Kleist see Clice
Kline see Cline
Knepton see Nepton
Knight (Night) See also: McKnight
    Isaac 59
    John 71s-77s
    Peter 79c-80c
Knoe see Noe
Knott (Nott)
    George 72s-75s
Knowls (Knowles, Noles, Nowles, Nowls)
    Joseph 61
    Joshua 62-63, 65, 69-70, 71s-79s
Kortz (Cortz)
    Michael 70, 71s, 74s-75s, 79s, 81s
Kott, George 70
Kummins see Cummings
Kumpton see Compton
Kyger (Kiger)
    George 63
    John 63, 65

Kymes (Cime, Cymes, Keyme, Kime)
    Henry 72s, 74s-77s, 81s-82s, 86s
    John 82s

L

Lacey (Lacy, Layce)
    Abraham 86s
    Benjamin 74s
    David 79s
    Elias 85c
    Israel 79c-85c
    Joseph 75c, 79c-85c
    Lawrence 70, 71s
    Nathaniel 74s-77s, 85s
Ladey (Lady, Ladel)
    Jacob 68, 70, 71s-72s, 74s, 79s
    Peter 72s, 74s
Lafever see Lefever
Lafield, David 80c
Lafollet (Laffollett, Lefallet, Lephallet)
    Joseph 74s, 76s-77s, 82s, 83s-85s
Lago, Madron 76c-77c
Lake (Laker)
    Charles 75s-77s
    David 79c-84c
    Thomas 68, 70, 71c-74c, 76c-84c
    Timothy 70
Lalie, Patrick 78s
Lamb
    Joseph 65, 68
    Peter 71s
    Thomas 60-61, 63-65
    Thomas Jr 63-65
Lambach (Lambag, Lambaugh)
    Anthony 71s-73s, 79s, 82s, 84s
    Anthony Jr 79s, 84s
Lambard, John 63
Lambert, David 75s
Lamkin (Lamken, Lampkin, Lamskin)
    George 73s
    Going 73c
    James 69-70, 71s-77s
Lancaster, John 65
Lance, Peter 69, 71c
Land (Lann)
    Charles 74s-77s
Landagum, Michael 68
Lander
    Charles 72c-75c
    Henry 63, 65, 69-70, 71c-74c
    Jacob 80c
    Nathaniel 79c, 82c
    William 71s
Landis, John 68
Landly (Landley)
    James 74c-75c
Landom, John 74c
Landrum (Landrom, Lendrum)
    William 60-63, 65-66, 68, 70
Lane (Lain, Laine)
    Aaron 60-63, 65
    Catherine 72c
    George 79c-80c, 82c-85c

Hardage 73c, 76c-77c, 79c-85c
Henry 80c
James Sr 60-63, 65, 68, 70, 71c-73c,
  75c-83c, 85c, 86c
James Jr (Maj) 60-63, 65-66, 68, 70,
  71c-78c
James Jr (2) 70, 71c-72c, 74c-86c
James (Hardage) 63, 65, 68, 70,
  71c-72c, 74c-75c, 78c-86c
John 60-61, 63, 65-66, 70, 71c
John 83s-84s, 86s
Joseph 84c
Joseph 85s-86s
Michael 75s
Peter 68
Presley Carr 83c
Samuel 68
William Sr 59-63, 65-66, 68, 70,
  71c-85c
William 62-63, 65-66, 68,
  70c-77c dec'd
William Jr (Capt) 65-66, 68, 70,
  72c-75c, 78c-81c, 83c, 85c
William (4) 75s, 78s-79s
William Carr 63, 65-66, 68, 70,
  71c
Lang (Laing)
  Alexander 84s-85s
  Daniel 82s
  Jacob 73c
  John 68, 72s, 74s
Langfelt (Langfid, Langfill, Langfitt)
  William 60, 62-63, 65
Langhorn, Benjamin 63
Langle, Joseph 81c
Lanham, Jacob 81c
Lanigan (Lanergan, Lannergin)
  Michael 70, 71c-72c
Lanning (Laning, Lannon)
  Joseph 63-65
Lanpheir, Going 74c
Lansdown, William 65
Larey (Lairy, Lare, Lary, Lerry)
  John 70, 71s-72s, 74s-75s
Larue (Larew, Larrew, Larrewe,
  Larrow, Larrowe, Leerue, Lerew,
  Lerewe, Lerue, Lerveue, Lewrou)
  Abraham Sr 79c, 81c-84c, 86c
  Abraham Jr 79c, 83c, 85c
  Isaac 79c, 81c-82c
  Isaac 84s
  John 79c, 81c-84c, 86c
  Peter 79c, 81c-84c, 86c
  Peter 72c-75s
  Richard 84s
  William 79c
  William 72s
Lasley see Lesley
Laswell (Lacewell, Lacewill, Lassfield,
  Laswell)
  Andrew 71s, 75s-77s
  Elias 76s-77s
  Jacob 60-61
  Jacob Moses 60
  Moses 82c-84c
  Peter 83c-84c

Shadrick 72s
Latham (Lathrom)
  George 84c
  John 65
Lattimore (Latemore, Latermore,
  Latimore, Lattemore, Lattimore)
  Stephen 68, 70
  William 71c-74c, 76c-85c
  William Jr 85c
Lauder (Lawder)
  Anthony 73s
  William (Dr) 70, 72s
Lauy, John 70
Lawflin see Loflin
Lawrence (Laurence, Lawrance)
  Daniel 62-65
  Moses 72c
Lawson
  John 74c
  Thomas 71c-72c
Lay
  Abraham Sr 59-63, 65, 68-69, 71c-84c
  Abraham Jr 59, 61-62, 64, 68, 70,
    71c-85c
  Emanuel 65, 68-69, 71c-85c
  George 83c-85c
  Joseph 69, 71c-77c, 79c-82c
  Sarah 85c
  Stephen 76c-85c
  Sylvanus (Silvester) 60-62, 65, 68-69,
    71c
Laycock (Lacock, Leacock, Lecock)
  Elisha 71c-72c, 74c
  Isaac 71c-77c
  Joseph Sr 71c-77c, 79c
  Joseph Jr 71c-72c, 74c
  Nathan 61-63, 65, 69-70, 71s-79s, 81s,
    84s
  Nathan Jr 78s
  Samuel 78s-79s, 81s
  William 63-65, 69-70, 71s-74s
Layton (Laton)
  James 61-62
Leach (Leech, Leitch, Letch, Litch)
  Jesse 73s-75s
  John 78c-84c
  John 72s-73s
  Thomas 72s-74s
  William 79c
Leacock see Laycock
Leadham (Leedom)
  John 71s-72s, 74s
  Thomas 74s
Leake, Nicholas 64
Lear, Abraham 76s-77s, 79s
Lease (Leece, Lees, Leese)
  George 69, 71c-78c
  John 76c-78c
  Zepheniah 84s
Ledsinger (Leedsinger, Lettsinger,,
  Lidsinger, Lidsinner)
  Philip 70, 71s-77s
Lee
  Daniel 79s, 82s
  Edward 73c, 75c-77c
  Flora 82c-86c

Francis Lightfoot (Col) 59-63,
    65-66, 68-69, 71c-72c, 82c,
    84c
Henry Sr (Col) 60-63, 65-66, 68,
    70, 71c-85c
Henry Jr (Col) 82c-83c
James 71s-73s
Philip Ludwell (Col) 59-63, 65
Richard Henry (Col) 58, 60-61, 85
Richard Bland 82c-85c
Stephen 82s
Thomas Ludwell (Col) 59-63, 66
William 80c-85c
William 75s, 78s
Lefallet see Lafollet
Lefever (Lafeber, Lafever, Lefavour)
    Henry 74s-78s
    John 75s
    Nicholas 75c, 79c
    Nicholas 74s, 80s-81s
Leggitt, Thomas 60-61
Leith (Leeth)
    James Sr 61-63, 65, 69-70,
        71s-82s, 84s-85s
    James Jr 78s-79s, 81s-82s, 84s-85s
    Whitman 81s-82s, 84s-85s
Lemmert (Lemart, Lemert)
    Lewis 72s-77s, 83s
Lemmon (Lemmons, Liming, Limming,
    Limons)
    Daniel 68, 70, 73s
    John 60, 68, 70, 72s-74s, 76s-77s,
        81s-83s
    John Jr 76s-77s
    Simon 70
Lendrum see Landrum
Lentridge see Lintridge
Leonard
    Michael 74s
    Noble 71s, 79s
Lequint see Liquint
Lerry see Larey
Lerue see Larue
Lesley (Lashly, Lasley, Lastley,
    Lessley)
    Patrick 68, 70, 71s-77s, 82s
Less (Lesse)
    George 85c-86c
    John 79c, 82c-86c
Lester (Lister)
    Abner 63, 65-66
    John 63, 65-66, 68, 72s, 76s-77s
    Peter 61
    Samuel 63, 65-66
    Thomas 64-65
    William 63
Lett (Let)
    Erasmus 74s
    Roger 72c
Levering, Septimus 76s-77s, 79s
Lewellin (Fewalon, Foullan, Lewalen,
    Lewallen, Lewalon, Lewelin,
    Lewellen, Louellen, Luallen,
    Luellin)
    Doctor 76s-77s, 79s
    Francis 68, 70, 71s, 74s, 80s

Isaac 83s
John 73s-75s, 79s
Philip 62-63, 65
Samuel 59, 61
Shadrick 60, 62-63, 65, 70, 71s-77s,
    83s
Thomas Sr 61-63, 65, 67-68, 70,
    71s-77s, 79s, 81s, 83s, 85s
Thomas Jr 63, 65, 68, 70, 71s,
    74s-75s
Lewis (Lewes, Lewice)
    Abel 65
    Abraham Sr 70, 71s-72s, 75s-77s, 82s-8
    Abraham Jr 70, 71s
    Amos 78c-79c
    Azariah 72c
    Benjamin 71c-72c
    Charles 61, 63, 65, 69, 71c, 76c-84c
    Christopher 68, 70
    Daniel 68-69, 71c-83c, 85c
    David 85c
    David 68, 70, 71s-77s, 80s-84s
    Evan 84s
    Fabius 75s-80s
    Francis 74s-75s
    Frederick 78c
    Frederick 70, 71s
    George 61-63, 65, 68, 70, 71c-72c,
        74c-85c
    George 68, 71s-85s
    Hanson 82c-84c
    Henry 65
    Hezekiah 70, 71s-72s
    Isaac 83s-84s
    Jacob 83s-84s
    James 65, 68, 70, 71c-72c, 74c-85c
    James 71s-77s, 82s-86s
    Jehu 68, 70, 71s-75s
    Jesse 83s-84s
    Joel 72s-75s, 83s-84s
    John 59-63, 65, 68, 70, 71c-78c,
        80c-81c, 83c-85c
    John Jr 62-63, 65, 68, 70, 71c,
        80c-81c, 83c-84c
    John (Capt) 64-65, 68, 70, 71s-82s,
        84s
    John Penwick 75s, 79s
    Joseph (Capt) 61-63, 65, 68, 70,
        71c-85c
    Joseph 71s-75s
    Joshua 83s
    Lewis 75s-77s, 82s, 85s
    Mordecai 68, 70, 73s, 75s, 81s-82s,
        84s
    Nathan (Northern) 69-70, 72s
    Richard 75c
    Roland 73s-74s
    Samuel 72c-74c, 78c-79c
    Samuel 72s
    Seth 71s
    Solomon 81s, 84s
    Stephen 62-63, 65, 69-70, 72s-77s,
        81s, 84s
    Thomas (Capt) 59-65, 68-70, 71c-83c,
        85c

-46-

Thomas Jr 59-65, 68-70, 71c-78c,
   81c-83c
Thomas 71s-85s
Vincent 60-63, 65, 68, 70, 71c-85c
Vincent Jr 60-63
William 62-66, 68-70, 71c-82c
William Jr 68, 70, 71c-72c
William 71s-72s
William Jr 71s
Lewman, Calep 62
Lickey (Licker)
   Conrod 81c-85c
Lidi, Jacob 68
Lidsinger see Ledsinger
Lifler, David 84s
Lighter
   Jacob 85s
   Philips 85s
Lighttle, Benjamin 85c
Likin, Peter 68
Linch see Lynch
Lineweaver, Phillip 82s
Link (Ling, Links)
   Anthony 75s
   Jacob 69, 72c, 74c-84c
   John 79c-82c
   Nicholas 68, 70
   Philip 75c-77c, 82c-84c
   William 69
Linn see Lynn
Linsey (Lindsey)
   James 61, 65
   John 82c-84c
   William 82c-84c
Linton (Lintin)
   Hester 60, 62
   John (Capt) 70, 71c-84c, 86c
   Jonathan 82s
   Moses 68, 70, 71c
   William 59-61, 63, 75s-77s
Lintridge (Lentridge, Letridge,,
   Linteridge)
   Samuel 68-70, 71s-74s
Lips, John 66
Liquint (Lequint, Liquir)
   Conrod 79s
   Lewis 76s-77s, 80s
Lister see Lester
Litch see Leach
Little (Litel, Litterell)
   George 60, 62-63
   John 60, 62-63
   Joseph 60, 62-63
   Moses 76s-77s
   Thomas 76s-77s
Littleboy, John 75c-78c
Littlejohn
   Henry 62
   John 79s-80s, 82s
Littleton (Littelton)
   Charles 71c-83c, 85c
   John 65, 68-69, 71c-75c, 78c-85c
   Solomon 81c-85c
   Thomas 75c-85c
   William 59-61, 63-65, 68-69, 71c-85c
Lloyd see Loyd

Loan, William 74s
Locker (Lock)
   Alexander 80c-83c, 85c
   John 79c-83c, 85c
   Richard 78c-81c
   Thomas 78c-83c, 85c
   Walter 82c-83c, 85c
Lockett (Lockert)
   Charles 75c
   Thomas 76c-77c
Locklin
   Henry 68
   Joseph 68
Lodge (Loge)
   Jacob 78s
   Jonathan 78s, 84s
   Joseph (Josebed) 73s-78s, 84s
   William 73s-78s, 82s, 84s
Loflin (Lawflin, Loaflin, Lofflin,
   Loffling, Lofling)
   Daniel 73s-78s, 80s-83s, 85s
   George 78s, 80s-85s
Logan, Charles 78c
Loines see Lyons
London, Benjamin 70
Long
   Adam 79c-80c, 82c-84c
   Adam 72s, 74s-75s, 86s
   Conrod 79c-80c, 83c-84c
   Daniel 79s, 84s
   Edward 69-70, 71s-74s
   Jacob 71s, 82s, 84s-85s
   James 65
   John 73s-77s
   Philip 83c-84c
   Philip 72s, 74s-75s, 85s-86s
Longley (Longly)
   Joseph 79c-82c
   Joseph Jr 82c
   Joseph 72s, 74s, 76s-77s
   William 79c-82c
Loog (Looe, Loofe)
   James 71s
   Joseph 71s-72s
   William 72s, 75s
Loons, John 78c
Lootz see Lutz
Losh see Lush
Louellen see Lewellin
Love
   Charles 61
   James 72s-77s, 84s
   James Jr 84s
   Samuel 70, 71c-80c
   Samuel Jr 81c-85c
   Thomas 84s
Loveless
   Philip 79c-83c
   Thomas 74c-83c
Lovett (Lovet, Lovit)
   Daniel 67-68, 70, 71s-72s, 74s, 82s
   Jonathan 82s
   Joseph 72s, 83s-85s
   William 73c-75c

Lowe (Loe, Loes, Low)
    Benjamin 76c-77c, 78c
    Benjamin 73s
    Febres 83s
    Henry 78c, 79c-80c, 83c, 85c-86c
    William 72s-73s, 78s
Loyd (Lloyd, Loaid, Loid, Lowed, Loyed)
    Elisha 65-66, 69, 72s, 75s-77s, 80s
    Henry 61-65, 68, 70, 71s-75s, 78s, 80s-82s, 84s-85s
    Nicholas 70, 71s-75s
    Robert 75c, 79c-81c, 83c-85c
    Thomas 70, 71c-72c, 74c
    Thomas 76s-77s
Lucas (Luckeous, Lucus, Lukeous, Lukous)
    Alexander 71c-77c
    Anthony 80s, 84s
    Ann 80s
    Basel 81c
    Charles 78c
    Dorry 80c-82c, 85c-86c
    James 71c-73c
    James Farley 72c
    Lendozer 84c
    Philip 69
    Thomas 79c, 81c
Luckett (Luchett, Lucket, Luckets)
    John (Capt) 71s, 79s, 81s
    Samuel 63, 66
    Thomas Huzey 70, 82s
    William (Capt) 65, 68
Luellin see Lewellin
Luke
    John 69-70, 71s-73s, 76s-78s, 82s-83s
    John Jr 83s
Lumm (Lum, Lumb)
    Jesse 81s-82s, 84s
Lunster, Moses 83s
Lush (Losh)
    Boston 79s, 82s
    Daniel 72s, 74s, 79s-80s, 82s-83s
    Sebastian 80s
Lutrell (Lutral, Lutrel, Luttrell, Luttrill)
    Thomas 73s-74s, 79s-80s
Lutz (Loots, Lootz, Lutes, Luts, Luttz)
    John 71s
    Michael Sr 72s-75s, 78s, 81s-82s
Lyler, John 63
Lyles
    James 79c-85c
    Joseph 59-62, 64, 71c, 74c-85c
    Manasses (Magness) 59-63, 68-69, 71c-85c
    Thomas 74c
    Zachariah 73c-83c
Lynch (Linch)
    John 73s, 76s-77s, 86s
Lynham, Philip 62
Lynn (Linn)
    Francis 84s, 86s

    James 76s-77s, 79s
    Matthew 65
Lyons (Loines, Lyne, Lyon)
    Isaac 73c
    Thomas 72c-73c, 75c-85c
    Zachariah 81c-84c

M

Macabey see McCabe
Macalef, Timothy 72s
Macan see McCann
Macay see McCay
MacColister see McColister
Macemmey see McCamey
Macey see Massey
Machan see McCann
Mackintosh see McIntosh
Mackmullin see McMullin
Macles, Randel 85c
Macon, John 85c
Macristy see McCristey
Madden (Madin)
    Edward 85c
    John 75c
Maddox see Mattox
Maffet see Moffit
Magath see McGeach
Mage see Majors
Maginnis see McGinnis
Magraw see McGraw
Maguire see McGuire
Mahawney (Mahonan, Mahone, Mahorney, McHoney, Mohanah)
    Benjamin 80c
    James 78s, 80s-81s, 83s, 85s-86s
    William 82s
Mahlon see Malone
Mahon (Mahan, Mayon)
    John 68-69, 71c-77c
    Joseph 73s, 75s-77s
    Thomas 73c, 75c
Mahorney see Mahawney
Majors (Mage, Mager, Magers, Major)
    Elijah 68, 70, 71c-77c
    James 70, 71c-77c
    Jone 71c
    Richard (Rev.) 68, 70, 71c-78c, 80c-85c
    William 72c-75c
Mallady, John 65
Mallard, George 74s-75s
Malone (Mahlon, Mallon, Malon, Mellon, Melon, Melone, Meloney, Melony)
    See also: Millan
    Elisha 84s-85s
    George 84s
    John 62-63, 65, 67-68, 70, 71s-75s, 81s-82s, 84s
    Michael 73s
    Samuel 84s
    William 76s-77s
Mangold (Mangoold, Mongo, Mongole)
    Valentine 67, 70, 71s-72s, 75s

Manly, Phillis 65
Mann (Man)
   Barnett 72s-75s, 81s, 84s
   George 71s-77s, 79s, 81s-82s,
      84s-85s
   John 85s
   Nicholas 73c
Manning (Maning)
   Edmond 60, 65, 67-68
   John 58, 60
Manson, John 69
Mantz, Francis 68
Marbury (Marberry, Marbora, Marbrough)
   Francis 59-63, 65
   Mary 72s
   Thomas 62, 65, 69, 71s-73s
March
   John 72s, 78s
   Philip 80s-83s, 85s
Marchant (Merchant)
   John 74c-77c, 83c
   Philip 69, 71c-78c, 80c-83c
   Philip Jr 80c-83c
   William 80c
Mardris, William 79s
Mares see Morris
Marfit see Moffit
Margert see Morgrett
Marker, Adam 86s
Markey (Markley)
   John 62, 65
Marks (Markes)
   Abel 76s-78s, 81s-82s, 84s
   Elisha 61-63, 65, 69-70, 71s-77s,
      81s-82s, 84s-85s
   Isaiah 73s-74s
   John Sr 61-63, 65, 67-68, 70,
      71s-78s, 80s-82s, 84s
   John Jr 68, 70, 71s-75s, 82s,
      84s-85s
   Josiah 72s
   Thomas 73s-75s, 81s, 84s
Marlow, Edward 74c-77c
Marn, Michael 68
Marpole (Marpool)
   Enoch 69, 72s, 74s, 76s-77s
   Enoch Jr 76s-77s
Marrill see Merrill
Marrs, Jonathan 65
Marsh
   Edward 78c
   Edward 79s, 82s
Marshall (Marshal, Morshell)
   James 69, 71c-85c
   John 86c
   Joseph 64-65, 68, 84c-85c
   Samuel 72c-85c
   Thomas 82c-84c, 86c
   William 64, 70, 71s, 73s-75s,
      83s, 86s
Marshon see Mershon
Martin (Martain, Marten, Martian,
   Martine, Marton, Martrim, Martrum,
   Martton, Morten, Morton)
   Andrew 62-63, 65
   George 76s-78s, 84s

   Henry 74s-77s
   Israel (Ashael) 71s, 73s, 75s
   James 68, 70, 71s-75s, 79s, 83s-85s
   Jeremiah 83s
   John 60-63, 65, 67-70, 71s-77s, 79s,
      82s
   John Jr 69-70, 71s-73s, 75s, 79s
   Jonathan 71s, 81s-82s
   Joseph 59, 61-63, 65, 69-70, 71s-77s,
      81s, 84s
   Joseph Jr 81s, 84s
   Lewis 74s-75s
   Ralph 60, 62-63, 65
   Samuel 82s
   Thomas 60, 62-63, 65, 67, 71s-72s, 81s
   William 74c-79c, 85c
   William 59, 62-63, 65, 67-68, 70,
      71s-79s, 81s, 83s-85s
   William Jr 68, 70, 72s-74s, 84s
Martindale (Martindal)
   John 63
   William 61, 65
Marts (Martz)
   John 68, 70, 71s-72s, 74s, 79s-80s,
      82s-83s
Marvin (Mervin)
   Patrick 78c-79c, 81c, 84c-85c
Mason (Masson, Mayson, Meason)
   Benjamin Sr 60-63, 65, 68, 70, 71c-80c,
      82c-84c
   Benjamin Jr 62-63
   Burgess 73c-85c
   Elijah 60, 62
   Gabriel 74c
   George 68, 70, 71c-75c, 78c-85c
   John 74c, 82c-84c
   John 60-61, 68, 70, 71s-75s
   Peter 71s, 73s-74s, 76s-77s, 82s, 84s-85s
   Samuel 71c-72c, 74c
   Stephen Thomson 79s-81s, 83s
   Thomson 60-65, 68, 70, 71s-77s, 79s-82s
   William 60-63, 65, 84c-85c
   William Thomson 80s-82s
Massey (Macey, Mascey, Masey, Massy)
   Abraham 64-65
   Alexander 84c-85c
   Lee 60-63, 65
   Lewis 64-65, 84s
   Samuel 83s
   William 59, 61-63, 65, 68
Masterton, Edward 60
Maston (Mastan)
   William 69-70, 71c
Matauney, Isaac 84s
Matheney (Betheney, Mathany, Matheny,
   Methaney, Metheney, Metheny)
   Daniel 60-61, 63, 65, 67-68, 70,
      71s
   James 68, 71s-72s, 76s-77s
   John 59, 61
   Joseph 73s-75s, 77s
   Moses 67-69
   Nathan 63, 65
   William 60, 65, 68
   William Jr 59, 61
Mathias see Matthews

Mathis see Matthews
Matterson, George 71s
Matthews (Marthis, Mathes, Mathess,
    Mathew, Mathews, Mathias, Mathis,
    Matthes, Mattheus, Matthias,
    Matthis, Methias)
    Daniel 68, 70, 71s, 74s
    Griffith 60-61, 65, 69-70, 71s-72s
    Jacob 74s
    Jesse 71s-77s, 81s-82s, 84s
    John 71s-74s, 76s-77s, 81s-82s,
        84s-85s
    Jonathan 71s-77s, 81s-82s, 84s
    Levi 72s-75s
    Peter 82s, 85s
    Robert 65-66, 83s
    Simon 70, 71s, 73s, 76s-77s,
        81s-82s, 84s
    Thomas 74c
    Thomas 68, 70, 71s-74s, 79s, 81s,
        83s
    William 68, 71c, 73c-75c
Mattony, McCark 68
Mattox (Maddox, Mattix)
    George 65, 71c-72c
    James 85s
    John 63, 65
Maubley see Mobley
Maund, Nicholas 75c-77c
Maury (Moriee)
    _____ (Rev.) 76s-77s
May
    Daniel 71s, 75s-77s, 81s-82s,
        86s
    Francis 68, 70, 71s-72s, 75s-77s,
        81s-82s, 86s
    George 79c
    George 74s
    Jacob 62
    John 72s, 74s-77s, 81s-82s,
        85s-86s
    Leonard 68, 70, 71s-72s, 74s-77s,
        81s
Mayhue (Mahew, Mahu, Mahue, Mayhugh)
    Aaron 83c, 85c
    Francis 84c
    James 82c, 84c-85c
    John 78c-85c
    John Jr 84c-85c
    Lucas 84c-85c
    Moses 84c-85c
Mayley
    Jacob 82s
    Jacob (son) 82s
Mead (Meade, Meed)
    Benjamin 62-63, 65, 69-70,
        71s-78s, 83s, 85s
    Robert 68
    Samuel 60-63, 65
    Samuel Jr 60-63
    William Sr 60-65, 68, 70, 71s-82s
    William Jr 60-65, 72s
Meason see Mason
Mecaffrey see McCaffrey
Mecarty see McCarty
Megeach see McGeach

Meginnis see McGinnis
Megrew see McGrew
Meguire see McGuire
Meins see Menes
Mellon see Malone and Millan
Melone see Mellon MALONE
Melson see Nelson
Melton (Milton)
    Charles 75s
    Moses 73s-74s
    Sibyl 75s
Melvin (Milvin)
    John 76s-77s
Mender (Minder)
    Stophel 72s-73s
Menear (Minure)
    William 74c-75c
Menegor see Minnegar
Menes (Meins, Mine, Minse, Mints)
    John 75c-77c, 79c-81c
    John 73s
Mercer (Merceir, Mercey)
    Edward 82s
    George 72s
    James 60-65, 69-70, 71s, 78s-86s
    John 58
    Joshua 85c
    Richard 61, 65, 68, 70, 71s, 73s-74s,
        76s-77s, 79s, 81s-82s
    William 65
Merchant see Marchant
Merrick (Mereck, Merick, Merriks, Morick)
    Griffith 60-66, 68, 70
    Hannah 71s, 74s, 79s, 82s
    James 79s, 82s
Merrill (Marrill, Merril)
    Mathias 83s, 85s
    Nicholas 81s, 83s-86s
    Philip 83s-86s
    Stephen 84s
    William 85s
Mershett see Mushett
Mershon (Marshon)
    Joseph 78c-84c
Mervin see Marvin
Metcalfe (Metcalf)
    Christopher 61-62, 65, 69-70, 71s,
        74s
    James 61-63, 65
    John 58, 62, 64, 73s
    William 79s
Metheney see Matheney
Metober, Michael 74s
Mettinger see Mittinger
Metts, John 84s
Michael (Mical, Michal, Michel, Michol,
    Mickeal, Mikeal, Mikeall, Mikell)
    Conrod 68, 70, 71s-75s
    Daniel 70, 71s-73s
    Henry 68, 70, 71s-73s, 81s-82s, 84s
    Henry Jr 73s
    John 67, 82c-84c
    Philip Sr 69, 71c-74c, 76c-77c,
        79c-80c, 82c-84c
    Philip Jr 71c-77c, 79c, 81c-82c
Mickins, John 76s-77s

-50-

Middleton (Midleton)
　　Hatton 58
　　Holland 58-59, 61, 63, 65
　　Holland Jr 63
　　Jane 65
　　John 63, 79s, 82s
　　Robert 65
　　Samuel 74s
　　Thomas 58, 61-62, 65
　　Thomas Jr 58, 60, 62-63, 65
　　Walter (Walton) 61-63, 65, 70, 71s
　　William 74s-75s, 78s, 80s, 83s,
　　　　85s-86s
Miers see Myers
Mike, Henry 78s
Milburn (Milborn, Milborne, Milbourn,
　　Nelburn)
　　Andrew 82s-84s
　　Christopher 72s, 74s-75s
　　Jonathan 68, 70, 71s-75s, 78s,
　　　　82s-84s
Miles (Miley, Myles, Myley)
　　Jacob 73s-74s, 79s
　　Jacob Jr 79s
　　Joseph (Josias) 62, 65, 76s-78s
　　Samuel 70, 71s-74s
　　Thomas 70, 74s
Milholland (Miloland, Molholand,
　　Molholland, Mulholland)
　　Patrick 60-62, 70, 71s-72s,
　　　　74s-75s, 79s
Millan (Mellin, Mellon, Millen, Millin,
　　Millon)
　　See also: Malone and McMillan
　　Abraham 76c-77c, 79c
　　Thomas 72c-85c
　　William 68, 73c-74c, 76c-78c,
　　　　80c, 83c-85c
Miller (Millar, Milliner, Milner)
　　Adam 79c-80c, 83c-86c
　　Archibald 75c-77c, 79c, 85c
　　Benjamin Ross 73c
　　Christian (Christopher) 72s-78s,
　　　　81s-82s, 84s
　　Daniel 61, 76s-77s, 84s-85s
　　David 71c-75c, 79c-85c
　　Edward 71s-77s, 79s, 83s-85s
　　Elijah (Elisha) 78c, 81c-82c
　　Felty 70, 76s-77s
　　Frederick 60-61
　　George 63, 69, 71s-75s
　　Gregory 65
　　Henry 83c
　　Isaac 65, 69-70, 71s-73s, 82s, 84s
　　Isaac Jr 72s
　　Jacob Sr 79c-80c, 82c-86c
　　Jacob Jr 80c, 82c-86c
　　Jacob 60-61, 74s-77s, 81s-82s, 84s
　　James 65, 78c
　　John 80c-82c
　　John 60, 62-63, 65-66, 68, 70,
　　　　71s-77s, 83s-86s
　　John Jr 65, 70, 71s-74s, 76s-78s,
　　　　85s
　　John Daniel 83c-84c
　　John Daniel 72s-75s, 79s-80s

　　Joseph 69-70, 71s-73s, 75s-77s, 83s
　　Ludwick 81s-82s, 84s
　　Peter 65, 67-68, 70, 71s-77s, 81s-82s,
　　　　84s
　　Valentine 69, 71s-75s, 84s
　　William 68, 70, 71s-75s
Mills
　　George 73c-75c
　　Henry 83c-84c
　　James 72c-73c, 75c-79c
　　James 68-69, 71s
　　Robert 69, 71c-80c, 83c
　　William 61
Milly, Chloe 82s
Milton see Melton
Milvin see Melvin
Minder see Mender
Minix, Charles 81s-82s
Minnegar (Menegoe, Menegor, Minagar,
　　Minegar, Miniger)
　　Abraham 80c-82c
　　Christian (Christopher) 80c-85c
　　John 80c-82c
　　Michael 69, 71c-83c
　　William 76c-78c
Minor
　　Frances (Mrs) 83c-85c
　　John (Capt) 60-65, 68-69, 71c-74c,
　　　　76c-78c, 80c-82c
　　Nicholas (Col) 65, 68-69, 71c-77c,
　　　　79c, 81c-82c
　　Nicholas Jr 60-63, 65, 69, 78c-86c
　　Spence 68, 71c-79c, 81c-86c
　　Stewart 62-63, 68-69, 71c-74c,
　　　　76c-77c, 79c, 81c-82c
　　Thomas 72c-74c, 78c-84c, 86c
Minse see Menes
Minton (Minten)
　　Meredy 61, 63
　　Richard 70, 71s-74s, 76s-78s, 80s,
　　　　82s-85s
　　Thomas 82s-84s
Minure see Menear
Mires see Myers
Mitchell (Mitchal, Mitchel)
　　Adam 60-63, 65-68, 70, 71c-85c
　　Benjamin 74c-85c
　　John 68, 70, 71c-73c, 75c-79c,
　　　　81c-86c
　　John 71s, 78s-79s, 81s
　　Nathaniel 71s-74s
　　Robert 65, 68-69, 71c-72c
　　William 65-68, 70, 71c-78c
　　William 78s-79s, 83s
Mittinger (Mettinger, Mitener,
　　Mitinger, Mitlinger, Mitner)
　　Daniel 68-69, 72c-74c, 77c, 81c,
　　　　84c-85c
　　Daniel Jr 84c
　　Daniel 71s
　　Jacob 84c
　　Reynard (Rinehart) 68, 72c-74c,
　　　　76c-77c, 81c, 84c
　　Richard 69, 71s
Mobley (Maubley, Mobly, Morbley)
　　Charles 65

-51-

Mary 70, 71s
Samuel 60-63, 65-68
Mock, Moses 80c
Moffit (Maffet, Maffett, Maffit,
    Marfit, Marfitt, Moffet, Moffett,
    Morfett, Morfit, Muffitt)
    Henry 73c-80c, 82c-84c
    John 73c-74c
    John 79s-80s, 82s
    Josiah (Josias) 68, 70, 72s-77s,
        79s-80s, 82s
    Thomas 76c-77c
Molholland see Milholland
Molinsay, James 68
Mollkmous see Monkhouse
Molohon, Charles 73s
Molton (Molten)
    William 60-65, 68, 70, 71s-74s,
        79s (estate)
    William (Mrs) 76s-77s
Money (Monney)
    James 71c-73c, 78c-80c
    John 75s
    Nicholas 68-69, 71c-74c, 76c-79c,
        82c, 84c-85c
    Nicholas Jr 82c, 84c
    Perizun (Perry) 82c, 84c-85c
    William 68-69, 73c-79c
Mongole see Mangold
Monkefere, Philip 81s
Monkhouse (Mollkmous, Munkhouse)
    Jonathan 61, 63-65, 68, 70,
        71s-77s
Monroe (Monrow, Munro, Munrow)
    George 58, 60-63, 65
    James 79c
Montanye, Isaac 81s-83s
Monteith, James 82s-85s
Montgomery (Montgomerie, Montgumary)
    Alexander 74c-79c
    William 60-62, 74c-77c
    William 74s-75s
Mood, John 78s
Moody, William 69, 71s
Mool see Mull
Moon
    Joseph 78c-79c
    Warner (Varner) 72s-74s, 82s,
        86s
Mooney
    Alexander 68
    James 74s
Moore (Moores, Moors, More)
    Ann 74c-82c
    Benjamin 64-65, 68
    Buriss 68, 70
    Daniel 74c-77c, 79c, 83c-84c
    Daniel 72s
    Elathem 63, 65, 68, 70
    Harbin 78s-85s
    Henry 73c (estate)
    Henry 61-63, 65-68, 70, 71s
    Hugh 68
    Jacob 75c-77c
    Jacob 78s, 81s, 83s
    Jesse 74s-75s, 82s

John 80c-83c, 85c
John 83s-85s
Joseph 80c-83c, 85c
Nace 82s-83s
Nathan 86s
Peter 78c
Ralph 70s, 73s, 75s
Robert 60-63
Ruth 70
Samuel 60-64, 68, 70, 71c, 83c
Samuel 86s
Thomas 75c-82c
Thomas 61-64, 68, 70, 71s-72s, 75s,
    85s
Thomas Jr 62, 64-65
William 80c-81c, 83c, 85c
William 73s-75s, 78s, 82s-85s
William Jr 84s-85s
Morbley see Mobley
Moreham (Morehane)
    Joseph 72s, 76s-77s, 79s
Morehead (Moorehead)
    Andrew 72c, 74c
    Charles 64-65, 72c
    Daniel 82s
    Enoch 72c, 74c, 82c
    Enoch 82s
    Isaac 69-70, 72c, 74c
    John 64, 74c
    John 81s-84s
    William 65, 72c-73c
Moreland (Morelan, Morlan, Morland,
    Morlen, Morlin)
    James 63, 74c
    Jason 60-62, 65, 68, 70, 71s-77s
    John (James) 70, 71c-73c, 75c
    John 81s
    Richard 71s-75s
    Stephen 68, 70, 71s-77s
    William Sr 60-63, 65, 68, 70, 71s-75s
    William Jr 65, 68, 70, 71s-73s, 75s
Morgan (Morgain, Morgin)
    Abel 72s-75s, 79s
    Abraham 71s-74s
    Charles 75c
    Enoch 71s-73s
    James 73s, 75s
    Jesse 76c-79c
    John 78c
    Joshua 60
    Nathan 72s-74s
    Peter 78c, 80c, 83c
    Philip 71c-74c, 76c
    Randolph 75s
    Reuben 82s-83s
    Samuel 75c
    Samuel 72s
Morgrett (Margert, Morgert, Morgre,
    Morgret)
    Bettis 76c-77c
    John 70
    Philip 68, 70, 75c, 77c
    NOTE: Philip's years interlock with
        those of Philip Morgan above.
Morick see Merrick

-52-

Morin (Mooren, Moran, Moren, Morhain,
    Moring)
  Daniel 75s-77s
  James 72s-82s
  John 76s-82s, 85s
  Joseph 58, 60-63, 65, 69, 71s
  Mary 70, 71s-82s
  Peter 76c-77c
Morphey see Murphy
Morris (Mares, McMorris, Mores, Moris,
    Moriss, Morres, Morriss)
  Abner 85s
  Benjamin 81c, 83c-85c
  Benjamin 79s
  Charles 58, 63, 80c-82c
  David 67-68, 70, 72s, 74s, 76s-77s,
    79s, 82s, 84s
  George 70, 72s
  Israel 60-61, 84c
  Jacob 60-61, 63, 68, 70, 71c-74c,
    80c, 83c
  Jacob 79s
  James 65
  Jenkin 65, 67-68, 70, 71s-72s
  Joel 66
  John 58, 60-63, 65-68, 70,
    71c-77c, 79c-81c, 83c-84c
  John 68, 71s-77s, 79s, 81s-82s,
    84s
  Joseph 65, 76s-77s
  Neale 85s
  Nimrod 58, 60-63, 65, 68, 70,
    71c-82c
  Obediah 79c-81c
  Obediah 82s-85s
  Samuel 85s
  William 70, 71s
  Willoughby 70
Morrison (Morison, Morson, Murrison)
  Archibald 73s-74s, 76s-77s, 82s,
    84s
  John 70, 71c-73c
  John 72s, 74s, 76s-77s
  Samuel 72s-73s
  William 67, 69-70, 71s-73s, 79s
Morrow (Mower, Mowerer, Mowrah)
  John 76s-77s
  Peter 70, 75s, 81s
Morshell see Marshall
Mortimer (Mortemore, Mortimore)
  Arthur 59-61, 63-64
  William 69, 71c-73c
Morton see Martin
Moses, Solomon 74c-75c
Moss
  Frances (Mrs) 72s-73s
  Gideon 82c-85c
  John (Capt) 59-63, 65, 68-69,
    71c-80c, 82c-85c
  John Jr 60-65, 69
  John 83s-84s
  Moses 80c
  Moses 83s-85s
  Nathaniel 79s, 83s-85s
  Peter 63-65

Robert 65, 74c, 76c-77c
Thomas 74c, 85c-86c
Thomas 70, 71s-73s, 78s-82s, 85s
William 72c-73c
William 59-63, 65, 68, 70, 71s,
    74s-75s, 85s
Zeala 83s-85s
Mount (Mounts)
  Amos 86s
  Elijah (Elisha) 81s-85s
  Ezekiel 82s-85s
  Frederick 81s
  John 83s-86s
  Mathias (Mathew) 84s-86s
  Thomas 81s-86s
Moxley (Moxey, Moxly)
  _____ (Wid) 79s
  Daniel 79s-80s, 82s
  Jobe 80c
  John 63, 68, 70
  Joseph Sr 76s-82s, 84s-85s
  Joseph Jr 79c, 81c
  Joseph Jr 76s-78s, 82s, 84s-85s
  Rodham 70, 71c
  Rodham 70, 71c
  Samuel 80s-82s, 84s-85s
  William 70, 71c
  William 80s, 82s
Moyers (Mois, Moyer)
  See also: Myers
  Andrew 67
  Elijah 84s
  John 84s
  Jonathan 84s
Mozley
  Abram 82s
  John 82s
  Peter 82s
Mud, Walter 84s-85s
Muffitt see Moffit
Muir (Muier, Mure)
  George 81c-84c
  John 79c-84c
  Michael 79c
  Pheby 79c-84c
  Robert 68-69, 71c-77c
Muirhead (Muirehead, Murehead, Murhead)
  Andrew 71c-74c, 76c-85c
  Charles 63, 69, 71c, 73c-77c
  Daniel 76c-81c
  Enoch 73c, 75c, 78c-80c, 85c-86c
  George 71c, 72c
  George 74s-78s
  Henry 82c-86c
  Isaac 71c
  John 73c, 75c-81c
  John 63, 68, 72s-75s, 78s
  William 69, 71c, 74c-86c
Mulholland see Milholland
Mull (Mool (Moole)
  Daniel 65
  David 63, 65, 67, 69-70, 71s-77s,
    82s
  David Jr 72s-77s
Mulligan (Mullican)
  John 71s-72s

Mullins (Mulin, Mullen, Mullin,
    Mulling, Mullings)
    See also: McMullin
    John 60-65, 71s
    Peter 62, 65-66
    Thomas 68, 70, 71s
Munkhouse see Monkhouse
Munn, Joshua 68, 70, 71s-72s
Munro see Monroe
Murphy (Morphey, Murfee, Murfey,
    Murphey)
    Charles 75c, 78c
    Charles 65, 69-70, 71s, 73s-74s
    Gabriel 63, 65
    James 78c-79c
    Jeremiah 85c
    John 68, 72c-75c
    John 72s, 76s-82s, 84s
    Martin 72c-73c
    Martin 74s-75s
    Michael 65
    Thomas 69, 71c-77c, 79c-80c, 83c
Murray (Murrey, Murry)
    James Sr 58, 60-63, 65, 72c-84c
    James Jr 60-62, 74c-75c, 80c-84c
    John 72s-80s
    Ralph 71s-75s
    Samuel 79s-82s
    Thomas 58, 60-63
    William 76c-84c
Murrison see Morrison
Muse
    Battaile 78s-80s
    Edward (Edwin) Sr 83c, 85c-86c
    Edward (Edwin) Jr 83c-86c
    Elisha 68-69
    John 83c-84c, 86c
Musgrove (Murgrove, Musgrave,
    Mustgrove)
    Benjamin 59, 61, 65, 70, 71s
    Benjamin Jr 70, 71s
    John 78c
    Samuel 71s-72s
    William 62-63, 65, 68, 70, 71c-77c
    William 83s
Mushett (Merskett, Mushchett, Muskett,
    Musshett)
    James 78c-79c
    William 73c, 75c-82c, 85c
    William 69-70, 71s
Myers (Mers, Meyers, Miers, Mirer,
    Mires, Myre, Myres)
    See also: Moyers
    Adam 73s-74s, 79s
    Andrew 74s-77s, 81s-82s
    Elijah 70, 71s-74s
    George 81s-82s
    Isaiah 69, 71s-74s
    James Jr 74s
    Jesse 79s
    John 74s-77s, 82s
    Jonathan 61-63, 65, 69-70, 71s-75s,
        79s
    Joseph 61-63, 69-70, 71s-77s, 79s
    Joseph Jr 69-70, 71s-73s
    Michael 78c

Peter 74s-75s
William 70, 71s-72s, 74s-75s, 79s
William Jr 74s-75s
Zachariah 75s
Myles see Miles

Mc

McAldimer, Patrick 65
McBride (McBrid)
    Charles 82c-85c
    Charles 68, 72s-77s
    Daniel 81c
    Hugh 81c
    Isaac 68, 70, 71s-73s, 76s-77s
    James 70, 71c
    James 72s, 74s, 76s-78s, 81s-82s, 84s
    John 73c-74c
    John 68, 70, 71s-74s
    Thomas 70, 71s-73s
    William 73s-74s
McCabe (McCabb, Mcabe, Macabey)
    Henry (Capt) 75s-77s, 79s, 82s, 84s
    Hinnus 70
    Thomas 84s
McCaffrey (McCaffary, McCaffery,
    McCaffry, Mecaffrey)
    James 69-70, 71s-80s, 82s-85s
    William 71c-74c, 79c-80c, 83c-85c
McCalaster see McColister
McCamey (Macemey, McCammie, McCamy,
    McKemey, McKemie)
    James 59-63, 65-68, 71s, 73s, 76s-77s
        82s
McCamites, Timothy 68
McCann (Macan, Machan, Macken, McCain,
    McCan)
    Arthur 63, 65, 70
    Benjamin 81c
    John 60-62, 65, 70, 71s-73s
    Thomas 78c, 80c-81c
McCarty (Cartey, Carty, McCart, M'Carty,
    McCartin, Mecarty)
    Andrew 82s
    Bryan(t) 71s-73s
    Charles 58
    Conn 73c
    Daniel (Col) 60-65, 69, 71c-75c,
        79c-85c
    David 80s
    James 60-63, 65, 71s, 79s-80s
    Jeremiah 61-63, 65, 69, 71c-77c, 81c
        83c
    John 81c
    John 61, 68, 71s-72s, 74s-77s
    Patrick 65, 70, 72s-73s, 75s, 79s
    Thaddeus 68, 70, 71s-79s, 81s, 86s
    William 79c
McCashlin, Oliver 82s, 84s
McCauley (McCalley, McCawley)
    Thomas 62, 64-65
McCave, Ross 75c
McCay (Macay)
    Alexander 60-61

-54-

William 59, 61-62, 65
McCenney see McKenney
McCinzey see McKenzie
McClain (McClaine, McClane, McClean,
    McCleane, McLain, McLane)
  Francis 59-60, 62, 68, 71c, 73c,
      75c-81c, 83c
  James 81s-83s
  John 71s-81s, 83s-84s, 86s
  Robert 73c-79c
  Thomas 78s
McClannahan (Clannahan, McClanahan,
    McClannaham, McClannachan)
  Dennis 73c-74c
  James 75s-78s, 82s, 84s-85s
  John 74s
McClellan (McClelen, McClelland,
    McClellen, McClelon, McLellin)
  William Sr 71s-74s, 76s-79s, 81s
  William Jr 71s-73s
McClennin, William 74c
McClohan, John 85s
McCloud (McLeod)
  John 76c-85c
McCloughlin see McLoughlin
McColister (MacColister, McCalaster,
    McCollister)
  Randolph (Randal) 61, 63, 65, 69
McCollem, John 61
McColley see Colley
McComb, Alexander 73s-75s
McConchey (McConchie, McConchy,
    McCosney) See also: McConnehey
  James 72s-74s
  John 80s
McConnehey (McConahue, McConehey,
    McConhay, Mcconnahue, McConnehigh)
    See also: McConchey
  James 71s, 75s, 77s-78s
  John 78s-79s, 84s
  Samuel 69
McCosney see McConchey
McCounen, Timothy 67
McCout (McCouat, McCowett)
  Thomas 76s-77s, 79s
McCown
  James 70, 71c-72c
  John 70, 71c-72c
McCoy, Archibald 72c-73c
McCrackin, Thomas 71s-79s
McCray (McCra)
  Daniel 68, 71c-79c
McCristey (Macristy, McChristie,
    McChristy, McCrestey, McCrestie,
    McCresty, McCristy)
  Arthur 62-63, 65, 67-68, 70,
      71s-74s
McCullah (McCulley, McCully)
  Robert 74s, 76s-77s, 81s, 83s
McDaniel (McDanil)
  See also: McDonald
  Agnis 68
  Archibald 68-69
  Arthur 69-70
  Daniel 78c-79c
  Duncan 69

George 59-62, 65, 72c-73c, 78c-79c
James 78c, 81c
John 61, 63, 86c
Stacey 74s
McDanoloe, Christian 75s
McDavid, John 72s-73s
McDerment (McDearmon)
  Joseph 79c-80c, 82c-85c
McDogle, Alexander 68
McDonald (MacDonald, McDanald, McDanall,
    McDanold, McDonagh, McDonal, McDonel,
    McDonnal) See also: McDaniel
  Abraham 72c
  Angus 72c
  Arthur 71s-73s, 78s-79s, 82s
  Daniel 80c
  Duncan 64-65
  George 75c, 80c,
  Hugh 65
  James 62, 75c, 79c-80c
  John Gray 62, 63, 65
  Patrick 76s-78s
  Phillips 74s-75s
  Ralph 62
McDonohoe see Donohue
McDowell, William 81c-82c, 84c
McEldermare see McKeldemare
McFall, Dennis 59
McFarling (McFarlan, McFarland,
    McFarlane, McFarlin, McPharlin)
  Elisha 84s
  Jesse 73s
  James 70, 73s, 78s-79s, 83s-84s, 86s
  James Jr 79s
  John 70, 72s-79s, 81s-82s, 84s
  Joseph 72s-74s
  William 61-63, 65, 68, 70, 71c-72c,
      74c
  William 73s, 78s-79s, 84s
McFerson see McPherson
McGachie (McGachee, McGachies, McGahey,
    McGaughy)
  Daniel 79s
  Jeremiah 76s-77s, 79s
  John 72s-73s, 75s, 79s
  Manasses 74s-77s, 79s, 82s
  Patrick 79s
McGahey see McGachie
McGeach (Magath, McGath, McGeath,
    McGeich, Megeach)
  James 69-70, 71s-72s, 76s-77s, 80s-82s,
      84s-86s
  John 71s-74s, 76s-82s, 84s
  Joseph 60 (dec'd)
  Joseph 69-70, 71s-72s, 74s-75s,
      78s-79s, 81s, 84s
  Mary 61-63
  Thomas 61-63
  William 79s
McGee, Joseph 84s
McGinnis (Magines, Maginness, Maginnis,
    McGinis, Megineiss, Meginnis)
  Daniel 59, 61, 64
  Edward 67-68, 70
  John 64-65, 68, 75s-77s
  Neal 71s-72s

McGomery (McGumery)
    William 63, 73s
McGough see Goff
McGrady see Grady
McGraw (Magraw)
    Morris 70, 71c-75c, 78c-80c
McGregger (McGriggor)
    Charles 71s-72s
McGrew (Megrew, Megrews)
    Charles 65
    James 65-66
    John 65
    Robert 71s-72s, 74s
McGuire (Maguire, Meguire, Guyer)
    Dennis 74s
    James 73s-75s
McGumery see McGomery
McHolland see Holland
McHoney see Mahawney
McIlhaney (McIlhany, McIlheney, McLehany)
    James 67, 69, 71s-75s, 81s-82s, 84s
    John 59, 61-63, 65, 67, 69-70, 71s-72s, 76s-77s, 81s-82s
    Rosanah 73s-74s, 81s, 84s
    Thomas 62-63, 65, 75s
McIntosh (Mackentosh, Mackintosh, McIltush, McIntush, McIttush)
    Alexander 73s-75s
    Daniel 73s-75s
    James 69-70, 71s-82s, 86s
    Lachalan 86c
    Peter 65-66
    Thomas 81c-83c, 86c
McIntyre (McIntire)
    Alexander 65, 68, 70, 71s-77s, 79s-80s, 83s
    William 80c
McKatee, Thomas R. 63
McKean (McKeen)
    Arthur 62, 68
    Betha 82s
McKeldemare (McEldermare)
    John 83s
    Patrick 60
McKelly, Robert 73s
McKemey see McCamey
McKenley see McKinley
McKenney (McCenney, McKenny, McKinney, McKinny)
    George 68, 70, 73s-77s
    James 62-63, 71s, 73s-74s, 80s-85s
    Samuel 74s, 82s
    Stephen 84s
McKenzie (McCinzey, McKensey, McKensie, McKenzey, McKenzy, McKinsey)
    Charles 74s
    James 70, 71s-73s, 75s, 82s-84s
    Kenny 61
    Patrick 61, 63, 65
    William 74c
McKey (McKee, McKey, McKye)
    George 70, 71s-73s
    Joseph 69-70, 72s-73s, 75s, 78s-79s, 81s, 83s, 85s

McKim
    Alexander 78c-79c, 81c-85c
    James 83c-84c
    Robert 83c-85c
    Thomas 79c
    William 81c-82c
McKinley (McKendly, McKenley, McKindley, McKindly, McKinly)
    Alexander 70, 72s, 75s
    Charles 69-70, 71s-72s
    John 70, 71s-72s, 85s
    Ralph 72s-73s, 85s
    William 69-70, 71s-72s, 75s
McKinney see McKenney
McKnab (McKnabb, McNab, McNabb)
    James 82s, 84s-86s
    William 69-70, 71s-75s, 79s-80s, 83s-84s, 85s-86s
McKnight (McNight) See also: Knight
    Benjamin 74s-75s, 82s, 84s
    Elis (Eli) 78s-79s, 81s-82s
    James 78s-79s
    William 63, 65, 69-70, 72s-79s, 82s, 85s
McLain see McClain
McLane see McClain
McLellin see McClellan
McLeod see McCloud
McLinnan 65
McLoughlin (McCloughlin)
    Amos 79s
    Felix 73s
McMane, Peter 82s
McManemy (McMamaman, McMamnam, McNanamy, McManany, McManimy, McMamny)
    Charles 59, 61-63, 65, 67, 69-70, 71s-78s, 81s-82s
    John 62-63, 65, 67
    William 61, 63
McManess, David 81s
McMasters (McMaster)
    Thomas 78s-79s, 82s
McMekin (McMakin, McMekins, McMickan, McMickin, McMiken, McMikin)
    Alexander (Capt) 70, 71s-7s, 79s-84s
    Benjamin 80s-82s
McMillan (McMillian, McMillion)
    John 63, 65, 69-70, 71s-74s
    Joseph 69-70, 71s-74s
McMorris see Morris
McMullin (Mackmullin, McMollion, McMollon, McMollen, McMullen) See also: Mullin
    Alexander 71s-73s, 75s, 77s-78s, 81s-86s
McNabb see McKnab
McNeale (McNeail, McNeal, McNiel)
    Archibald 60-61, 71s
    Dominic 86s
    Hugh 84s
    Jesse 70
    John 78s-79s
McNear, Malcolm 76s-77s
    See also: Near
McNemaro, Patrick 61
McNight see McKnight

McPharlin see McFarling
McPherson (McFerson, McPhearson,
    McPhierson)
  Alexander 73s
  Daniel 79s, 83s-84s
  John 85c
  John 72s
  Joseph 74s-75s, 79s
  Mordock (Mordecai) 65, 74c-75c,
    82c, 85c
  Nathaniel 68, 70, 71s-73s
  Richard 63, 65
  Stephen 74s-75s, 79s, 83s, 85s
  Stephen Jr 74s-75s, 83s
  William 83s
McPowl, Francis 65
McQueen
  John 81c
  John 78s
McQuitty, Samuel 82s
McRae, Daniel 69
McReamy, James 75s
McVay (McVeay)
  James 71s-73s, 78s, 84s
  Patrick 71s, 78s-79s
McVicker (McVickar, McVickerry,
    McVickers, McWicker)
  Alexander 76s-77s
  Archibald 85s-86s
  Daniel 69, 71s-72s
  John 69-70, 71s-72s, 74s-78s,
    80s-81s, 83s, 85s-86s
  Thomas 70, 71s
  William 70, 71s-72s, 74s-78s, 83s
McWharter (McWherter, McWorther)
  Robert 73s-74s, 78s
McWicker see McVicker
McWier see Wier

N

Nabors (Nabours, Neighbours, Neighburs)
  Nathan 59, 61-63, 65
Nace 75s
Nafis see Neafis
Nagle (Naglay, Nieglee)
  Ignatius 82c
  Jacob 82s-83s
Nail (Naile, Nale, Nalls)
  George 85s
  John 71s
  William 70, 73s-74s, 83s, 85s
Nash
  Solomon 65
  William 68
Nathan, William 62
Naylor, Joshua 75s
Neafis (Naffes, Nafies, Nafis,
    Neaffus, Neafies, Neafus)
  Cornelius 68
  George 68, 70, 71s-72s, 74s, 78s,
    84s
  John 70, 71s, 73s

Neale (Neail, Neal, Neil, Niel)
  Ann 60
  Charles 75c, 85c
  Christopher 68, 73c (estate)
  Christopher Jr 75c-77c, 80c-85c
  Daniel 60-62, 79c, 83c-895c
  Daniel 79s
  John 73s, 77s
  Rhodam 82c-85c
  Richard 79c
  Robert 69-70, 71s, 74s-77s
  Thomas 71c-72c, 74c-81c, 83c-85c
  William 72s, 76s-78s, 82s, 84s
Near (Neare, Neer, Neere, Nere)
  Cunnard 81s
  Henry 71s-77s, 81s, 84s
  Philip 74s-78s, 82s
Nease (Neass, Nees, Neess, Neiss, Niess)
  Donald (Devald) 67-68, 70, 71s,
    78s, 81s-82s, 86s
Neckham see Nickham
Needham
  John 73s, 75s
  Thomas 73s, 75s
Neighbours see Nabors
Neilson (Nielson, Nillson, Nilson)
  Ambrose 60-63, 65
  George 74s
  Hugh 71s-72s
  John 70, 71s
  Richard 65
  William 68, 71s-74s, 76s-77s, 78s,
    79s, 82s
Nelburn see Milburn
Nelson (Melson, Nellson)
  Ezekiel 75s
  James 82s, 84s
  John 68-69, 72s-73s, 78s
  Thomas 69-70, 73c
  William 78s
Nepton (Knepton, Nepken, Neptune)
  John 71s-77s
Nettle, William 75s-77s
Newall, Richard 80c
Newbanks, John 71s-72s
Newcome (Neucom, Nucom)
  James 73c-74c
  John 71s, 73s
Newhouse (Newhous, Newhows)
  David 70, 71s-72s, 74s-75s
Newland (Newlan, Nuland)
  George 61
  Henry 75c-77c
  John 59, 61-62
  John Jr 61-62
  Philip 62
Newman
  David 69
  David Jr 69
  Edmond 82s-83s, 85s
  George 84c-85c
  Nash 74c, 76c-77c, 79c, 82c-84c
  Solomon 68, 71c
Newmarch, Jonathan 74s-75s
Newton
  John 65

-57-

William 75c-80c
Willoughby (Capt) 60-62, 65-66
Nichols (Nicholas, Nicholass, Nicholds, Nicholes, Nicholls, Nickles, Nickoles, Nickols, Nicolds, Nicols)
   Christopher 65
   Coleman 82s
   David 65
   Edward 75c
   Frederick 65, 68, 70, 71c-79c, 82c-84c
   George 74s-75s, 78s, 82s, 84s-85s
   Isaac Sr 60-63, 65, 68, 70, 71s-77s, 82s-85s
   Isaac Jr 71s, 74s-77s, 82s-83s, 85s
   Isaiah 78s, 82s, 84s
   Jacob 65, 68, 70, 71s-72s, 74s, 76s-77s
   James 63, 65, 67-68, 70, 71s-75s, 78s, 82s, 84s-85s
   John 69-70, 72s-75s, 78s
   Joseph 65
   Josiah 85s
   Samuel 76s-77s, 82s-83s, 85s
   Solomon 84s
   Thomas 65, 69-70, 71s-77s
   Valentine 79c
   Valentine 82s
   William 60-63, 65, 69-70, 71s-77s, 83s, 85s
Nicholson (Nicoldson, Nicolson)
   Ben 63
   George 73s-75s, 79s-81s, 84s
   Jeremiah 60-63, 65
   John 63
   Richard 65
Nickham (Neckham, Nickam, Nickom, Nikom)
   John 63, 66-68, 72s, 75s, 78s-79s, 81s
Niderman (Nideman)
   John 61-63
Nieglee see Nagle
Niel see Neale
Nielson see Neilson
Nighheart (Niheart)
   Jacob 84s
   John 82s
Nighhoof, Fredrick 68
Night see Knight
Nimby, William 75s
Nimens, William 72s
Nisbet, James 66
Nixon (Nickson, Nixom, Nixson, Nixton)
   George Sr 62-63, 65, 67-68, 70, 71s-78s, 80s, 82s
   George Jr 80s, 82s
   James 61-63, 65, 70, 71s-74s, 76s-77s, 81s-82s, 84s
   John 70, 73s-74s, 76s-77s, 82s
   Jonathan 67-68, 71s-74s, 76s-77s, 84s
   William 74s-78s
Nodding (Noding, Noddy)
   John 68, 71c-81c
   Linn 61
   William 59-63, 68, 72c, 74c-79c

William Jr 71c, 73c-79c
Noe (Knoe, No)
   Randolph (Randall) 68, 70, 71c-80c, 83c-85c
Noland
   Griffith 69, 73s, 75s
   James 74s-75s
   Matthew 73c
   Paul 60, 61s, 74s
   Peter 60-61, 65
   Philip Sr (Capt) 60-63, 65-69, 71s-72s, 74s-75s, 79s, 82s
   Philip Jr 68, 70, 71s-73s, 75s-77s, 79s, 82s
   Samuel 79s, 82s
   Thomas 74s-75s, 79s
Noles see Knowles
Norman (Normand)
   George 60-62, 65
Norris
   Francis 76s-78s
   William 58-59
North, James 75s
Norton
   Edward 60-61
   John 65, 69-70, 71s-79s, 81s, 84s-85s
   John Jr 79s, 81s, 84s-85s
   Nathaniel 85s
   Thomas 76c-77c
   William 60-61
Nott see Knott
Novin
   John 69
   William 65, 69
Nowls see Knowles
Nuce (Nus, Nuse)
   David 72s, 76s-77s
   Dewitt 74s
Nucom see Newcome
Nuland see Newland
Nutt (Nut)
   Jonathan 67-68, 70, 71s-75s, 79s, 82s, 84s

O

O'Bannon, John 60
O'Brian see Bryant
O'Bryant see Bryant
O'Cain see Cain
O'Daniel see Daniel
O'Donald, Dudley 70, 72s-73s
O'Neale (O'Neal, O'Neil, O'Neill)
   See also: Neale
   Constant 75s-77s, 82s, 85s-86s
   Cornelius 80s-81s, 83s
   Edward 68, 70, 71s-77s, 80s-81s, 83s, 85s-86s
   Farell 74c-77c
   Ferdinando 60-63, 65-68, 70, 71s-77s
   Ferdinando Jr 74s-75s
   George 63, 65
   Hugh 78c, 80c
   Jane 85s-86s

John 63, 71s-78s, 80s-86s
O'Rear see Rear
Oaker, Peter 83
Oakley (Okeley)
  George 71s-75s, 81s, 83s
Oakman (Oakmen)
  William 73c-75c
Oats (Oat, Oate, Oates, Oatt)
  Jacob 84s
  Nicholas 70, 72s-75s, 81s-82s, 84s
  Philip 74s, 81s, 84s
Oatyer (Oacher, Oaker, Oatyar)
  Peter 75c, 78c, 80c-81c, 84c
Obbany, Thomas 73c
Oden (Odon)
  Thomas 78c-84c
Off, Bartley 67
Officer, James 80s, 83s
Offutt, William Mocbe 82c
Ogden (Ogdon, Ogen)
  Carlton (Colton) 72s, 75s, 79s
  Cornelius 72s, 79s, 82s
  Cotton 72s, 74s
  David 79s
  Josiah 72s
  Moses 73s
  Robert 84s
  William 65
Ogilvie, George 76s-77s
Ogle, Charles 74c-77c
Okeley see Oakley
Oldacre (Oldacres, Oldaker, Oldakers)
  Abraham 69-70, 72s-77s, 81s-85s
  Henry 69-70, 71s-78s, 82s-84s
  Henry (Jr?) 71s-72s
  Isaac 69, 71s-74s, 76s-77s, 85s
  Jacob 71s-72s, 74s-79s
  John 69-70, 71s-73s, 78s, 82s-85s
  William 69-70, 71s-77s
Oldham (Olem, Ollum)
  George 65, 68, 70, 71c-83c
  James 68, 70, 73s-75s
  Martin 76s-77s, 82s
  Samuel (Capt) 59-63
  Thomas 71s
Oldridge see Aldridge
Oliphant (Olaphant, Olliphant, Olphant)
  Ephraim 68, 70, 71s-75s, 81s-83s, 85s
  John 80c
  John 68, 71s-75s
  Obadiah 72s
  Samuel 81s-84s
Oliver (Olliver)
  Daniel 76c-77c
  John 63, 65
Oram (Orem, Orum)
  Henry 85s
  James 78c-82c, 84c-85c
  Thomas 83s
Orger see Auger
Orr
  Alexander D. 81c-83c
  John 72c-85c

Orrison (Orison, Orson)
  Andrew 83c
  Andrew 69-70, 71s-75s, 84s
  Andrew Jr 75s
  Arthur 72s-74s, 76s-78s, 84s
  John 70, 71s-72s, 74s, 76s-78s
  Henry 75s
Osburn (Asburn, Orsborn, Orsborne, Orsburn, Osborn, Ozbourn, Ozburn)
  Abel 78s, 84s
  Abner 74s-75s, 82s, 84s
  Benjamin 62, 73s-75s
  Elisha 69, 71c
  John Sr 59, 61-63, 65, 67, 69-70, 71s-77s, 81s-82s, 84s
  John Jr 61-63, 69-70, 71s-77s, 82s
  Jonathan 72s-74s
  Nicholas Sr 59, 61-65, 67-68, 70, 71s-75s, 78s, 81s-82s, 84s
  Nicholas Jr 71s-75s, 81s-82s
  Richard 59, 61-63, 65, 67, 69-70, 71s-72s, 74s, 76s-77s, 79s, 84s
  Richard Jr 84s
  Samuel 65, 67, 69-70
  William 67, 69-70, 71s-77s, 81s-82s, 84s
Othen, Samuel 76c-77c
Ott (Utt)
  Nicholas 68, 71s
Ousley see Owsley
Outon, William 70
Overfelt (Overfeld, Overfeldt, Overfield)
  Benjamin 69-70, 71s-78s, 82s-83s, 85s
  Peter 70, 71c-85c
Owens (Owen, Owenes)
  Hugh 69-70, 71s
  John 80c
  Rawleigh (Ranleigh) 73c-74c
  Spicer 65
  William 69-70, 71s
Owsley (Ousley, Owzley)
  Anthony 74s-75s, 81s
  Henry 73s-75s, 78s-83s
  John 58, 60-61, 63, 65
  John 74s
  Jonathan 78s-79s, 81s
  Newdigate 59, 61-63, 65
  Pines (Poins) 58, 61, 65, 70, 79s, 86s
  Thomas (Capt) 58, 60-63, 65, 69-70, 71s-75s, 78s-81s
  Thomas Jr 69-70, 71s-74s, 76s-77s
  William (Capt) 58, 60-62, 69-70, 71s-81s
Oxley
  Averest 65
  Brittain 71s-72s, 74s-77s, 79s
  Clair (John Clair) 62-63, 65, 68, 70, 71s-72s, 74s-75s, 78s-80s
  Everett 61-63, 65, 68, 70, 71s-72s
  Henry 61-63, 65, 68, 70, 71s-72s, 79s-80s, 82s-83s
  Henry Jr 62-63, 65, 68, 70, 71s-74s
  Jesse 68, 70, 71s-72s, 74s-77s
  John 61, 65, 68, 70, 71s-75s, 78s-80s, 83s

Ozburn see Osburn
Ozgriffen, William 84s

P

Packler see Pickler
Padgett (Padget, Padgit, Paget, Pagett,
    Pagget, Paggett, Paggit, Pagitt)
    Francis 60-63, 65, 68, 70, 71c-85c
    James 65, 70
    John 60, 62, 71c-75c
    Moses 78c-81c
    Reuben 78c-83c
    Timothy 81c-85c
    William 63
Page
    John (Hon) 73c-74c, 76c-85c
    John (Hon) 75s
    Mann 65, 71s-80s, 83s
    Mary Mason 81s
Paine see Payne
Painter (Panter)
    Benjamin 73s-74s
    Ezekiel 69, 72s-75s
    Jacob 68, 70, 71s
    John 69, 72s
Palmer (Palmor, Palmore, Parmer)
    Cornelius 72s
    Daniel 60-63
    Edment 65
    James 79c
    James 65, 71s
    John 63, 76c-77c
    John 60-63, 65, 68, 70, 71s-73s,
        78s-79s, 82s-84s
    John Jr 60-62, 65, 73s-74s, 78s,
        82s-83s
    Jonathan 60-63, 65, 74s, 78s-79s,
        83s
    Samuel 68, 70, 72s-75s, 80s, 83s-84s
    Thomas 60-61, 65, 78s, 80s
    William 76s-78s, 83s-84s
Pamjoy see Fanjoy
Pancost (Pachost, Pancoast, Pankes,
    Pankest)
    Israel 69-70, 71s-77s, 84s
    John 73s, 84s
    Stacy 84s
Pannell (Penal, Pennel, Penwell)
    Thomas 74c
    Thomas 70, 71s-72s
    William 68, 70, 71c-72c
    William 75s
Parfect see Perfect
Parker
    Aron 68
    Daniel 68
    Edward 74c-77c
    Henry 58-60, 62-63
    John 59, 70, 75s-77s, 82s
    Joseph 59, 61, 63, 65, 69-70,
        71s-77s, 82s, 84s-85s
    Moses 67-68

Robert 67, 70
Thomas 79c
Parkins see Perkins
Parks (Park, Parke)
    Andrew 74s
    Daniel 80c
    John 72s
    Joseph 74s-77s
    Robert 76s-77s, 80s
    Roger 74c-77c, 79c-81c, 83c
    Roger 78s
    William 74c
Parrott, John 85c-86c
Parry see Perry
Parsley see Pursley
Parsons (Parson, Pasons)
    George 61, 63
    James 71c
    John 68, 70, 72s-75s
    Thomas 65, 72s, 74s
    William 60-61, 63, 65-66
Partrick, John Boyd 79c
Pasco, John 75s
Pash (Patch)
    John 74c-75c, 82c, 84c-85c
Patterson (Paterson)
    Fleming 60-63, 65, 68, 70, 71s-72s
    Hugh Primrose 68, 70, 71s-73s
    John 62-63, 65, 74s, 76s-77s, 80s-81s
        84s
    Nathaniel 68
    Robert 68, 84s, 86s
    Samuel 61-62
    William 65, 80s
Patton (Patten)
    Henry 61-62
    William 74s
Paul (Paull, Pawl)
    Edward 83c-85c
    James 62-63, 65, 68, 70, 71c-73c,
        75c-77c, 79c-80c, 83c-85c
    Phillip 81s
Pavel, Richard 65
Paxton (Paxon, Paxson)
    James 71s-74s, 78s-79s, 82s, 84s
    William 84s
Payer, Frederick 63
Payne (Pain, Paine, Payn)
    Benjamin Clark 82c, 85c
    Benjamin Clark 69-70, 74s
    Burrell 71c-73c, 75c
    Edward 73c
    Henry 73c-84c
    Robert 68
    William 65, 82c-84c
    William Jr 66-67
Peake (Peak)
    John 59-63, 65, 67-68, 70, 72s
    John Jr 70
    Joseph 63, 65
    William 68, 70
Pearce (Pearse, Peirce, Pierce)
    David 68, 73s-75s
    Garroon 86s
    Griffith 62-65, 68, 70, 71s-72s,
        75s-77s, 84s

-60-

Jacob 86s
John Sr 62-63, 65, 68, 70,
   73s-77s, 83s, 85s
John Jr 62-63, 65, 68, 70
Lewis 81c
Lewis 65, 69, 71s-80s, 84s-85s
Peter 86s
Pearceall (Pearshall)
   Isaac 70
   John 85s
   Samuel 83s, 85s
Pearl (Pearle, Perl)
   Richard 63, 65, 69
   Samuel 58, 60-61, 63, 65
   William 58, 60-63, 65, 69
   William Jr 60-62, 65
Pearson (Peerson, Persons)
   Edward 63
   George 62
   John 71s
   Samuel 65
   Thomas 68, 70, 71s, 78s
Peck, Peter 74s-82s
Pegg (Peg)
   Nathaniel 68, 70, 71c-77c, 79c-84c
Pelter, James 69, 71c-75c, 78c-83c
Pelts, John 65
Pemberton (Pembleton)
   Richard 68-69, 71c-72c, 74c-75c
Pencock (Pincock)
   John 74s-77s
Pendergrass, Robert 70, 71s-73s
Pendleton (Pendolton)
   Nathaniel 74s
   Richard 72s
Penkard see Pinkard
Pennel see Pannell
Pennington, Ephraim 71c
Pennybaker, Jacob 68, 70, 71s-72s
Penquite, William 85s
Perdam see Purdom
Perfect (Parfect, Parfet)
   Christopher 60-61, 63-65, 68, 70,
      71s-72s, 74s-82s
   Robert 71s-72s, 74s-75s, 79s-82s
Perkins (Parkins, Pearking, Perkin)
   Henry 70, 71s
   Joseph 68
   Phillip 75s
   Richard 74s-77s
Perry (Parry, Perrey, Pery)
   Franklin 73c-74c, 82c-85c
   James 76c-78c, 80c-81c
   John 68, 70, 72c, 75c-78c
   John 74s, 80s-81s, 83s-84s, 86s
   Nathan 84s-85s
   Robert 79c, 82c, 84c-85c
   Thomas 70, 71s-73s
   Walter 82s-83s, 85s
   William 59-65, 68-69, 71c-74c,
      76c-77c
Persley see Pursley
Petercoe (Petrecoe, Petricoe)
   Francis 76c-79c, 81c-84c
Peters (Peeters, Peterson)
   Abraham 71s-75s

Christian 82c
Godfrey 73s-77s
John 60-61, 65, 78s, 81s-82s
Philip 82s
Tunis 72s, 75s, 78s, 81s-82s
Pettis, James 76c-77c
Pettit (Petret, Pettet, Petty)
   Amos 83s
   Andrew 70, 71s-75s, 78s, 82s, 84s
   George 70, 71s-75s
   Isaac 71s-72s, 74s
   Jeremiah 68
   Lawrence 73s
   Rodham 79c-80c, 82c
Pew see Pugh
Peyton
   Ann 82s, 84s
   Craven 60-63, 65, 68, 70, 71s-77s, 79s
   Dade 76s-77s
   Francis (Col) 58-63, 65, 68, 70, 71s-86s
   Henry (Col) 58-61
   Henry 73s, 75s
   Robert 63, 65, 75s
   William 79s, 82s
Pfaw see Ephaugh
Pheaney, Locklen 74c
Pheasel see Fuzell
Phelps, Edmond 68, 75s
Phierce see Fierst
Phillips (Fileps, Filips, Filleps,
   Phileps, Philip, Philips)
   Benjamin 60-63, 65, 69-70, 71s-73s,
      75s-77s
   Charles 72c
   Christian 71s-72s, 74s, 79s, 82s
   Daniel 82s, 84s
   David 70, 71s, 73s-77s, 82s
   David Jr 74s-77s, 82s
   Edmond (Edward) 59, 61, 63, 65, 70,
      71s-74s, 80s-85s
   Elijah 76s-77s
   Evan 70, 71s, 73s-77s
   Ezekiel 63, 65, 67-68, 70, 71s-74s
   Ezra 82s-83s
   Gabriel 75s, 79s-85s
   Henry 65, 70, 71s-74s
   Isaac 74s-77s, 82s
   Jacob 85s
   James 65, 82s
   Jenkin Sr 60-63, 65, 69-70, 71s-78s,
      80s-83s
   Jenkin Jr 70, 72s-74s, 76s-77s
   John 69, 71c-72c, 74c, 76c-77c, 79c
   John 59, 61-63, 67-70, 71s-78s,
      81s-85s
   John Jr 71s-78s, 82s
   Jonathan 68, 84s
   Levi 73c-74c, 76c-77c
   Nicholas 68, 70, 71s-72s, 74s
   Peter 75s, 82s-84s
   Ruth 83s
   Samuel 60-62, 65, 69-70, 71s-72s,
      76s-77s
   Thomas 59, 61-63, 65-70, 71s, 73s-78s,
      81s, 83s-84s
   Thomas Jr 61-63, 65, 68-69, 71s-73s

Thomas (2) 62-63, 65, 68
  William 68, 70, 71s, 74s, 76s-77s,
    83s, 85s
Phillis (Fillis)
  Joseph 60-62, 69-70, 71s
  Joseph Jr 70, 71s
Philpot, John 83c
Phinnekon see Finegan
Phitzsimon see Fitzsimmons
Phuyer, John 63
Piborn see Pyburn
Pickett (Pickit, Pikett)
  John 69-70, 74s, 83s
Pickler (Packler, Picklar)
  Peter 65, 69, 72s, 75s, 81s-82s,
    84s
Pickpocket, William 72c
Pickrell (Pickrel)
  Henry 60, 63
Pidgeon, William 84s
Pierce see Pearce
Piggott (Piggit)
  John 70, 71s-72s, 76s-77s
Pike (Pyke)
  Jonathan 60-63, 65-68, 70, 71c-79c
    82c-84c
Pilcock, Thomas 68
Piles (Pyles)
  Bazel 63
  David 79c, 81c-82c
  Elijah 69, 71c-75c
  Henry 75c
  Hunter 81c-82c, 85c
  John 60-63, 65, 69, 71c-85c
  Josias 63
  Richard 60-61, 63, 65, 68
Pinchess (Pincher, Pinchers, Pinches)
  John 68, 70, 71c-75c
Pincock see Pencock
Pincost
  Asa 63
  John 63
  William 63
Piney, James 82c
Pink, James 72c
Pinkard (Penkard)
  Aaron 79s
  Isaac 75s
Pinkin, John 65
Pinkstone
  Henry 74c, 76c-77c
  Shadrich 74c
Pinstock, Cutlip 86s
Piper, John 63-65
Pippinger, Henry 79c-80c
Pitcock
  Aaron 74s
  Thomas 71s-74s
Pitser (Pitcher, Pitster, Pitsor,
  Pittster, Pitzer, Spier, Spiter,
  Spitr)
  Conrod 76c-77c, 79c-86c
  Harmon 79c-86c
  Harmon Jr 80c
  John 74c-75c
  Peter 75c-77c

Pixley, Thomas 79s
Place (Plase)
  George 79c
  Lewis 69, 71c-75c, 78c-79c
  Ludwick 76c-77c
Plaster (Plaister)
  Henry 82s-85s
  John 82s-83s
  Michael 70, 74s, 78s
Plau, Lewis 68
Plummer, Aron 83s
Plunkett (Pluncket, Plunket, Plunkit)
  Patrick 72s-75s
Plymeal (Plinnel)
  Peter 71s-74s
Poak (Poake, Poke)
  Adam 69, 71c-74c, 76c-77c, 79c-80c
  Adam Jr 79c-80c
  Moses 69-70, 71s-74s, 76s-77s
Poakman, William 76c-77c
Pofee, John 69
Poling (Polan, Poland, Polin, Poling)
  Barnet 68, 70
  John 70
  Martin 73c, 78c-83c
  Martin Jr 74c, 79c-83c
  Martin 72s-74s, 76s-77s
  Nicholas 71c
  Peter 78c
  Peter 70, 72s-74s, 76s-77s, 79s-80s
  Philip Jr 73s
  Richard 78c
  Richard 72s-74s, 76s-77s, 79s-81s
  Roger 82c
  Samuel 70, 71s-74s, 76s-77s, 79s-81s
  Samuel Jr 70
Pollard
  Braxton 84s-85s
  William 74s-75s
Polston see Poston
Polton (Polten)
  John 73s-74s, 81s, 84s
Pook, Patrick 69
Poole (Pool)
  Benjamin 60-65, 69-70, 71s-72s
  Daniel 81c-82c
  Daniel 79s-80s, 83s
  Elizabeth 83c
  Joseph 74s-75s, 83s-84s
  Rebecca 74s, 76s-77s
  Thomas 81c-82c
  Thomas 78s-80s, 83s
Pope, Adam 75c
Popejoy
  Terrence 76s-77s
  William 73s
Popkins (Popkin)
  John 60-63, 72s, 75s, 78s, 81s-83s,
    85s
  Richard 75s
  Robert 60-61, 63-65, 68, 70, 71c-75c
Pordom see Purdom
Pore (Poor)
  Joseph Sr 66, 82s
  Joseph Jr 82s

-62-

Porter (Portor, Poter)
   Daniel 81c-82c
   Daniel 84s-85s
   Edward 60-63, 65-68, 70, 78c-79c,
      81c-82c
   Edward 84s-85s
   Elias 82c
   Elias 83s-85s
   John 81s, 85s
   Joseph 79c, 81c
   Mary 71c, 74c, 76c-79c, 81c-82c
   Mary 84s-85s
   Philip 76c-77c, 79c-80c, 82c-85c
Poston (Polston, Posten, Postoan,
   Postown)
   Charles Martin 72s
   Elijah 79c
   Francis Sr 72c-77c
   Jacob 70
   Leonard 64-65, 68, 70, 71s-72s,
      74s, 79s, 82s
Pottefar, Adam 72s
Potten (Pottan, Potton)
   Henry 72c, 75c, 78c-80c, 82c
   Henry 63, 65, 70, 71s, 73s
   John 82s
Potterfield
   Adam 72s, 74s-75s, 82s
   John 74s-75s, 84s
Potts (Poots, Pots, Pottes)
   David Sr 59, 61-63, 65, 69-70,
      71s-77s, 81s-82s, 84s
   David Jr 62-63, 65, 82s
   Ezekiel (Ezekiah) 59, 61-62, 65,
      67, 69-70, 71s-72s, 74s-75s,
      81s-82s, 84s
   Henry 80s
   John 61, 65, 68, 70, 71s
   Jonas 59, 61-63, 65, 67-68, 72s,
      76s-77s, 84s
   Jonathan 59, 62-63, 65, 69, 84s
   Nathan 61-63, 65, 67, 69-70, 71s,
      73s-77s, 81s-82s, 84s
   Samuel 59, 62-63, 65, 67-68, 70,
      71s-77s, 80s, 82s, 84s
   Stephen 82s, 84s
Pound (Pounds)
   John 71c-77c
Powell (Bowel, Powel)
   Elisha 84s-85s
   Leven 79c-80c, 84c
   Leven (Col) 58-60, 63, 65, 69-70,
      71s-82s, 84s-85s
   Micajah 62-63
   Nathan 71s-74s
   Richard 62-63, 85c
   Robert 83s-85s
   Samuel 80c-81c, 83c-85c
   William 73c, 76c-77c, 82c-85c
   William Jr 82s-85s
   William Harrison 80s, 85s
Power
   John 69-70, 71s-77s
   Joseph Sr 60-61, 63, 65, 69-70,
      71s-75s, 78s, 80s, 83s-85s
   Joseph Jr 80s, 83s-85s

   Richard 69-70, 71s-73s
   Robert 72s, 74s-75s, 85s
Prather, Samuel 72s
Pratt
   Abraham 63
   James 62-63
   Jeremiah 63, 65
   John 63
   John Jr 63
Prell (Prill)
   John 78s, 82s
Presland (Prestland)
   George 75c, 76c-77c
Presley (Presly, Pressley, Prestley,
   Prestly)
   Charles Sr 62, 65, 68, 70, 71c-73c,
      75c-77c, 82c-86c
   Charles Steward 80c, 84c
Preston (Priston)
   Daniel 73c-75c
   Isaac 60, 62-63, 65
   John 73c, 83c
   John 58, 61-63, 69-70, 71s-78s,
      84s-85s
   Leonard 63
   Moses 61-62, 65, 69
Pribel, John 61
Price
   Evan 61-63, 65, 68, 80s, 83s
   John 61-63, 68-69, 71c-74c, 79c-80c,
      83c
   Jonathan 60-63, 66-68, 70, 71s-80s,
      82s-83s
   Lewis 70
   Oliver 74c-75c
   Oliver 66-68, 70, 71s-73s
   Richard 74c, 78c, 81c-84c
   Richard 79s, 85s
   Samuel 71s-75s
   Thomas 61-62, 65, 71s, 79s-80s
Priest
   George 73s
   William 70, 71s
Primm, Kitchen 63-65
Prince, Levi 82s, 84s, 86s
Pringle (Prindle)
   Thomas 84c
   Thomas 85s
Pritchard (Prichard)
   John 84c
   Thomas 60-65, 68, 70, 71c-73c,
      75c-77c, 79c-80c, 84c
Prite, Thomas 75c
Proctor (Prockter, Procter)
   Joseph 64-65, 68-69, 71c-74c,
      79c-81c, 85c
   Joseph 76s-77s
Prohon, George 85s
Proscot, Nathaniel 68
Prougher see Brougher
Pryer (Prier, Pryor)
   Silas 73s-75s, 82s
Pugh (Pew)
   David 80s
   Samuel 72s-74s, 85s
   Spencer 72s-75s, 80s, 83s-85s

Thomas 72s, 82s-83s
Puklue see Bucklew
Pullen (Pullin, Pulling)
   Asher 83c-84c
   Charles 72c-85c
   Charles Jr 73c-77c, 82c
   Charles 68, 70, 71s
   John 72c-75c
   John 70, 71s
   Robert 76c-85c
   Usher 85c
   William 72c-74c
   William 70, 71s, 75s, 78s-85s
Puller
   Joseph 60, 62-63, 68, 70, 71c, 76c-77c, 81c
   Joseph 82s-83s, 85s
   Joseph Jr 84s
Purdom (Perdam, Poordon, Pordom, Poredom, Purdoun, Purdum)
   Benjamin 62-63, 65, 68, 70, 71s-74s, 82s
   Jeremiah 68, 70, 71s-74s, 79s, 82s
Purgey, Benjamin 74s
Puribares, James 71s
Purr, Philip 69
Pursell (Purcell, Pursel)
   Daniel 74s-78s
   Henry 81s
   John 72s
   Samuel 81s-82s
   Thomas 81s-82s, 84s
   Thomas Jr 72s
Pursley (Parsley, Persley, Purseley, Pursly, Pusley)
   Benjamin 71s-73s
   Henry 67, 69-70, 71s
   James 72c
   John 63, 65, 68-69, 71s, 73s-74s
   Lawrence 76s-77s
   Thomas 59, 61-63, 67, 69-70, 71s-77s
   Thomas Jr 67, 69-70, 73s-74s
Purvis (Purvass, Purviss)
   James 76s-81s, 83s
Pyburn (Piborn, Pibourn)
   Thomas 61, 65-66
Pyke see Pike
Pyles see Piles
Pyott (Pyat, Pyett, Pyot)
   Ebenezer 72s, 74s-75s
   John Sr 65, 69-70, 71s-72s, 74s-77s
   John Jr 65, 69-70, 71s-77s, 79s

Q

Quaintance see Acquaintance
Queen (Quean)
   John Sr 63, 69-70, 71s-75s, 78s, 81s-83s
   John Jr 78s, 82s-83s
   Jonah 78s, 80s, 85s

Quick
   Casper 59, 61-63, 65, 69-70, 71s-78s, 81s-82s, 84s
   Casper Jr 78s
   Jacob 82s
   John 82s, 84s
Quinn (Quin, Quine)
   John 59, 61, 65, 83c
   Robert 84c
   William 84c-85c
Quisonberry, Aaron 61

R

Rabbett (Rabbitt)
   Bryan 70, 71s-72s, 74s
Race see Reese
Radman see Redmond
Ragin (Rogan)
   Andrew 72c-73c
Railey (Raley, Ralley, Rally, Raylie)
   See also: Riley
   Benjamin 70
   George 84c
   James 72s, 77s, 79s
   John 60
   Mathias 78c
   Nathan(iel) 70, 72c, 74c
   Richard 70
Raines (Rains, Ranes, Raynes, Reins)
   Anthony 85c
   Bayley 71c-73c
   John 72c-73c, 75c-80c, 82c-84c
   John 69-70, 71s, 74s
   Newman 68
   Reuben 71c-75c
Raitloff
   Susanah 60
   William 60
Raizor (Razor)
   George 72s-74s, 79s, 82s
Rakestraw, John 74c
Ralls, George 85c
Ralph, Frederick 70
Ramey (Rame, Rayme, Ramy, Reamey, Reimey, Remey, Remy, Reymey, Riemey)
   Absalom 70, 71s-77s
   Absalom Jr 74s-75s
   Benjamin 71c-78c
   Jacob Sr 60-63, 65-68, 70, 71c-83c, 85c
   Jacob Jr 61-63, 65-66, 68, 70, 71c-78c, 80c-83c, 85c
   James 79c-80c
   Jilson 76c-77c
   John 78c-83c
   John 64-65, 70, 71s-75s
   Joseph 62-63, 68-69, 76c-78c
   Sanford Sr 68, 72c-84c, 86c
   Sanford Jr 81c, 84c-85c
   William 60-63, 72s-77s
Ramsey (Rumsay, Rumsey)
   Daniel 70

Edward 73c
James 69, 71c-74c
Randall (Randal, Randale, Randel,
  Randels, Randle)
  James 74s
  John 75s
  Jonas 68, 70, 871s-77s, 84s
  Jonathan 81s, 83s
Randolph
  Samuel 75c-77c
  Thomas 68, 70, 79c-84c
Raney (Rainey, Rainie, Ranny, Rany,
  Reney)
  David 70, 71c-75c
  John 81s-82s, 84s
  Robert 70, 71s, 81s-82s, 84s
  William 84s
Rankin, Benjamin 83s
Raper see Roper
Raswaner, William 74s
Ratcliff (Ratclif)
  Edward 82s
  Patrick 71s
Ratekin (Raddikin, Radican, Ratakin,
  Ratecan, Ratikan, Ratikin, Ratscan,
  Rattekin, Rattican, Rattikin,
  Redekin, Redikin)
  James (Capt) 68, 70, 71s-74s,
    76s-79s, 81s-82s, 84s
  John 70, 71c-78c
  Patrick 65, 68-69, 71c-77c, 79c-80c
Ratiford, William 84s
Rattery, Alexander 73s
Rawlings (Rallings, Rawlins, Roling,
  Rollings, Rowlens)
  Gordon 79c
  William 63, 65, 68, 70, 71s-72s,
    74s, 78s-79s, 81s-82s
Ray (Rey)
  David 74s-75s
  Ezekiel 78s
  Joseph 73s-74s
  Thomas 59, 61-63, 65, 68, 70,
    72s-75s, 78s
Raymond (Ramon, Rayman)
  Samuel 60, 65
  William 74s, 79s, 82s
Raynolds see Reynolds
Razler (Rasler)
  William 76s-77s, 86s
Ready (Reddy)
  Adam 71c
  Lawrence 74s, 84s
  Simon 85c
Rear (O'Rear)
  Benjamian 72s-74s
  Jeremiah 72s
Reat, William 75s
Redekin see Ratekin
Redfern, Richard 70
Redford
  John 71s
  Richard 61-63, 65-66
Redmond (Radman, Redman, Redmand,
  Redmon)
  Andrew 59, 61-63, 72s, 74s-75s

Francis 68
Ignatius 65
James 63, 65
Jeremiah 63
John 78c-79c
John 67-68, 70, 71s-74s, 80s-84s
Rhodam 63, 65
Barbary 62
Thomas 79c
William 59, 62-63
Redwood, William 74c-77c, 79c-80c, 82c-86c
Reed (Read, Reaid, Ree, Reead, Red, Reid)
  Aaron 72c
  Adam 79s
  Andrew 69-70, 74s, 76s-77s, 84s
  Barbary 62
  Benjamin 79c-80c
  Cornelius 69-70, 71s-73s, 84s
  Daniel 72s, 74s, 78s, 85s
  Elisha 69
  Hugh 75c-77c
  Hugh 79s
  Isaac 75c
  Jacob (Maj) 60-61, 63, 65, 69-70,
    71s-81s, 83s-85s
  Jacob Jr 75s-77s
  James 76s-85s
  John 76c-78c, 81c, 83c-85c
  John 59, 67, 73s-74s, 76s-79s, 84s
  Jonathan 69-70, 71s-74s, 76s-77s,
    84s
  Joseph 60-61, 65, 68, 70, 72c,
    74c-78c
  Joseph 74s-75s, 79s-81s, 83s-86s
  Reuben 78c, 81c, 84c
  Richard 72c
  Robert 74c-75c
  Stephen 71s-74s, 76s-77s, 84s
  Thaddeus 60
  Thomas 71s, 73s-74s
  William 66, 68, 71c-78c, 80c-81c,
    83c-85c
  William 83s, 85s
Reeder (Reader, Ready, Reder, Reedy)
  Adam 65, 68, 72c, 74c
  Daniel 65, 68, 71c-77c
  David 60, 68, 70, 71c-72c, 74c-77c
  Elijah 73c-75c, 83c
  Isaac 75s-77s
  Jacob 80c-81c
  John 83c
  John 75s-79s, 83s-85s
  John Jr 76s-77s
  Joseph Sr 63, 65, 68, 70, 71c, 73c-77c
  Joseph Jr 70
  Joseph 81s, 83s
  Joshua 63-65
  Peter 65, 68
  Samuel 75c
  Shadrick 79s
  Simon 60-61, 63-65
  Stephen 81c, 83c
  Thomas 71s, 74s, 78s-79s, 82s-83s,
    85s
  William 85c
  William 71s, 73s-79s, 82s-85s
  William Jr 71s, 80s, 84s

-65-

Reem (Ream, Reim, Rem, Reme)
   Alexander 65, 70, 71s, 74s-75s, 78s
Reese (Race, Reace, Rease, Reece, Rees)
   Andrew 71c-72c, 74c
   Christian 73s
   David 70, 71s, 74s-75s, 78s-79s, 81s, 84s, 86s
   Edward 76s-77s
   Elijah 79s
   Isaac 72c, 74c, 78c-80c
   Jacob 75s
   John 69, 71c, 73c, 83c, 85c
   John 73s-78s, 83s
   Job 80c-81c, 85c
   Lewis 65, 70, 71s-74s, 76s-77s, 79s
   Mary 83c
   Michael 70, 73s-75s
   Michael Jr 73s
   Silas 85c
   William 70, 71s-72s, 79s
Reesler, William 82s
Reeves (Reave, Reaves)
   James 73c, 75c-86c
   John 65
   Judy 68, 70, 71c-72c
Reger (Regor, Regure, Reiger, Riger, Rigger, Rigor, Rigure)
   John 62, 64, 65, 68-70, 71s-77s, 79s, 84s
   Philip 62
Reid see Reed
Reins see Raines
Remey see Ramey
Reney see Raney
Renn see Wrenn
Rennick (Renox, Rinnock, Rinuk)
   James 76s-79s, 84s
Rennor (Reno)
   Zeala 80s-82s
Renord, Philip 72s
Respess (Respass)
   Thomas 75s-80s, 83s, 85s
Reticor see Ritticor
Reveley (Reaveley, Revly)
   John 74c-77c, 80c-81c
Rey see Ray
Reynolds (Raynolds, Renolds, Reonard, Reynalds)
   Cornelius 73s-75s, 79s, 81s, 83s, 86s
   John 75s, 83s
   Richard 61
Rhodam (Rhoden, Rhodium)
   Thomas 60, 65-66
Rhodes (Rhoades, Rhode, Road, Roads, Roahdes, Rode, Rodes, Rods, Rody)
   Bazil 70, 71c-73c, 80c
   Bazil 76s-77s, 81s-83s
   Christian 81c, 85c-86c
   Christian 68, 70, 72s-73s, 76s-77s, 79s
   John 79c, 86c
   John 85s
   Joseph 74s, 76s-78s

Moses 60, 62-65
Tholemiah 74c, 76c-80c
Tholemiah Jr 79c
Tholemiah 75s
Thomas 61-62, 74s
William 60, 70, 72s-74s, 76s-78s, 80s-8
Rhoe see Rowe
Rhunemus see Runemus
Rias see Ryasse
Rice
   James 69, 71c-81c, 84c
   John 60
   Lewis 63
   William 75c
Rich (Riche, Ritch)
   Francis 71s
   Samuel 69-70, 71s-77s
Richards
   Benjamin 70, 71s-72s, 74s-77s, 79s, 83s-84s
   Charles 75c-81c
   Isaac 65, 69-70, 72s, 74s, 76s-77s, 83s-85s
   John 60-61, 83s-85s
   Levi 69-70, 72s, 74s, 76s-77s
   Lewis 84c-85c
   Richard 68, 71s, 73s-77s, 83s-85s
   Thomas 78s-79s
   William 78s
Richardson (Richardsone, Ritcherson)
   Aaron 60-61, 63
   James 63, 74s, 78s-79s
   John 63, 72s-74s
   Jonathan 59, 61-63, 65
   Joseph 62, 65, 68, 70, 71s-73s
   Miles 61, 74s-75s
   Thomas 61-63, 65, 67, 70, 71c
   Thomas 71s-77s
   William 74s, 84s
Richey (Richie, Richy, Ritchey, Ritchie)
   Adam 76s-77s, 82s
   Daniel 85s
   Francis 65, 68, 72s, 75s-77s, 81s-82s, 84s-85s
   Henry 84s-85s
   Isaac 84s
   Jacob 84s-85s
   John 80s-83s
   Roger 61
   Samuel 81s, 84s-85s
Richmund, William 84s
Riddle (Riddell)
   Bazell 72s
   Benjamin 85c
   George 63, 65-66, 68, 70, 71c-85c
   George Jr 79c
   Gerrard 75c
   John 70, 72c-77c
   Samuel 80c-85c
   Thomas 84s-85s
   William 85c
   Zachariah 65-68, 70, 72c-73c, 76c-77c, 85c
   Zachariah 79s, 81s-83s
Ride, Martin 73s

Rider (Ryder)
    Catheron 84c-85c
    Cornelius 68
    Frederick 62
    Frederick Jr 62
    John 69, 78c-85c
    Thomas 69, 71c-81c
Ridgley, Daniel 70
Riggs (Rigg, Rigges)
    Basil 76c-77c
    Benjamin 82c
    John 80c
Right see Wright
Rightmire (Ritmore, Wrightmire)
    Benjamin 76c-78c
    Benjamin 83s
    James 68, 70, 71c-84c
Rigney (Riggney)
    Charles 59, 61-63
    William Harrison 61, 63
Rigor see Reger
Riley (Reiley, Reily, Reley, Reyle,
    Rilea, Ryley, Ryly, Wriley)
    See also: Railey
    Abraham 75c-80c, 82c-85c
    Ann 82c
    Garrett 74s
    George 82c, 84c
    Jacob 73s
    James 71s-74s, 76s, 78s, 80s
    John 59, 75c
    John 85s
    Jonathan 85s
    Joseph 64-65
    Mathias 72c-75c, 79c, 81c, 84c-85c
    Nathaniel 68, 71c, 73c, 75c-77c
    Patrick 68, 70, 72s-73s
    Robert 78c-79c, 81c-82c
    Robert 72s-73s, 83s-85s
    William 81s
Rimmer, James 69
Rine see Ryan
Rinehart (Rynehart)
    David 81s
    Philip 81s
Ringing, John 73c-77c
Ringo (Ringoe)
    Burges (Burtis) 81s, 83s-85s
    Cornelius 70, 71c-77c
    Cornelius 76s-86s
    Henry 68, 70, 71c-72c
    John 76c-78c
    John 78s-80s, 83s-86s
    Major 73c-74c
    Peter 68, 70, 71c-72c
    Phillip 68, 70, 71c-84c
Rinker (Rincor)
    Edward 73s-74s
    George 70, 71s-73s
    John 72s-73s
    Wolesy 70
Rinnock see Rennick
Ripley
    Jacob 82s
    Mathias 81s-82s
Risbee, Thomas 76s-77s

Risley
    Daniel 71s, 73s
    Jeremiah 71s
Ritenbough (Ridenbough)
    Frederick 81s-82s
Ritticor (Reticar, Reticor, Ritaker,
    Ritichor, Ritiker, Rittaker,
    Ritteker, Ritticar, Ritticor,
    Rityker)
    Amasa 76c-84c
    Elijah 83c-84c
    Jacob 69-70, 71c-75c
    John 70, 71c-73c
    Mary 76c-79c
    Titus 78c-80c
    Zachariah 73c-75c
Roach (Roack, Roch)
    Edmond 72s-77s, 79s
    James 68, 70, 71s-77s, 79s, 82s, 84s
    Micajah 79s, 81s
    Richard 60-63, 65, 68, 70, 71s-77s,
        79s, 82s, 84s
    Richard Jr 68, 70, 71s, 75s
Roads see Rhodes
Roane, John 84c
Robbins (Robin, Robinns, Robins)
    John 68
    Joshua 65, 68, 70
    Thomas 74s-75s
    William 70
Roberts (Robarts, Robbarts)
    Abner 65-68
    Bryant 69
    Eliab 67-68, 70
    George 73s
    John 70, 71c-84c
    John 71s-73s
    Joseph 60-61, 65
    Owen 60-63, 65, 68, 70, 71s-75s
    Richard 61-63, 65, 67, 69-70, 82s
    Thomas 75s
    Veale 65
    William 68, 70, 71s-79s
Robertson (Roberson, Robeson, Robinson,
    Robison)
    Alexander 75c-79c
    Benjamin 79c
    Elisha 65
    George 72s-75s, 78s, 80s-83s
    Henry 68-69, 71c-73c
    James 70, 73c-77c
    Jesse 79c
    John 69, 71c, 73c, 75c-81c
    John 72s-77s
    Joseph 83c
    Robert 67-68
    Thomas 72c-75c
    William 82c-85c
    William 58-63, 69-70, 71s-79s, 81s
    William Jr 60
Roby, Peter 75s
Roebuck (Robuck, Roobuck)
    Benjamin 67-68, 70, 71s-72s
Rogan see Ragin
Rogers (Rodgers, Roggers)
    Arthur 70, 71s-72s, 76s-77s, 86s

-67-

Hamilton 69-70, 71s-77s, 79s,
   82s
Hamilton (Jr) 76s-77s, 79s, 82s,
   84s
Hugh 86s
James 58, 60-63, 76s-77s, 79s,
   82s, 84s
John 76c-77c
John 71s, 73s-79s, 82s
Nicholas 61, 65
Richard 68, 70, 71s-73s
Thomas 59, 61, 76s-77s, 79s,
   81s-82s
William 69-70, 71s-79s, 81s-82s,
   84s
Rolison (Rollison)
   Joseph 80c, 84c-85c
Rollings see Rawlings
   Isaac 65, 68, 70, 71s-74s
   James 71s-75s, 84s
   John 61-63, 69-70, 71s-75s, 78s,
      80s-85s
   Layton 70, 72s
   Peter Sr 59, 61-63, 65, 68, 70,
      71s-75s, 78s, 80s-85s
   Peter Jr 63, 65, 68, 70, 71s-78s,
      80s, 83s-85s
Romine
   Isaac 65, 68, 70, 71s-74s
   James 71s-75s, 84s
   John 61-63, 69-70, 71s-75s, 78s,
      80s-85s
   Layton 70, 72s
   Peter Sr 59, 61-63, 65, 68, 70,
      71s-75s, 78s, 80s-85s
   Peter Jr 63, 65, 68, 70, 71s-78s,
      80s, 83s-85s
Roocard, Thomas 79c-84c
Rooks, John 75s
Roos see Russ
Root (Roots, Rute)
   Christian 71s
   John 70, 72c-73c
Roper (Raipor, Raper, Ropers)
   Thomas 65, 68, 70, 71s, 73s,
      75s-77s, 79s-82s, 85s
Rorson, Charles 62
Rose See also: Ross and Russ
   Francis 60, 62-63, 65, 69, 71c-75c
   George 81c, 83c-84c
   Harry 80c
   Isaac Sr 71c-72c, 81c, 83c-86c
   Isaac Jr 72c, 85c-86c
   Jacob 84s
   James 84c-86c
   Jane 78c-79c
   John 73c-75c, 78c
   Lenox 79c-80c, 82c-83c, 85c
   Richard 71c-72c
   Silas 71c, 73c
   Silas 74s, 78s-81s, 83s, 85s-86s
   Simon 84s
   Thomas 71c-72c, 75c
Roser (Rozer)
   George 75s
   John 60

Ross See also: Rose and Russ
   Alexander 61-63, 68, 70, 71s
   George 86c
   Hestor 65
   James 61-65, 68, 70, 71s, 73s-75s,
      78s
   James Jr 78s
   Richard 78s
   William 60-65, 71c
   William 73s-74s, 76s-77s
Roston, John 85c
Roszell (Rosell, Rossell, Rossill,
   Rozel, Rozsell)
   John 68, 70, 71c
   Nehemiah 65, 70
   Nehemiah Jr 71c
   Peter 65, 68, 70, 71c
   Stephen 70, 71s-73s, 76s-78s, 81s-86s
Rounsaval (Roundsefurr, Rounsafull)
   Benjamin 70, 71c-72c
   Richard 71c-72c
Rous see Russ
Rowe (Rhoe, Roe, Row, Wroe)
   Absolom 81c
   Alexander 75c-77c
   Andrew 71c
   Edward 81s-82s, 84s, 86s
   James 80c
Rowland, Gordon 80c
Rowler (Roler, Roller)
   Conrod 71s-73s, 75s-78s, 81s, 84s
   John 68, 71s-73s, 75s-78s, 81s-82s,
      84s
   John Jr 79s, 81s, 84s
Roxbury (Roxborrow)
   John 75c, 78c-80c
Roxel (Roxil, Roxley)
   David 63, 65, 71s
Royston, John 83c-84c
Rozer see Roser
Rudman, Andrew 84s
Rue, Matthew 71s-72s (See also: Larue)
Rumsey see Ramsey
Runemus (Rhunemus)
   Andrew 62s
Rush
   Daniel 72c-74c, 78c, 81c
   John 75c, 78c-79c
Rusing, John 71c
Russ (Roos, Roose, Rous, Rouse, Rouss, Russ
   See also: Rose and Ross
   Alexander 67s
   Christian/Christopher 68-70, 71s-74s,
      79s, 82s, 84s
   Lewis 76s-77s
   Michael 68-69, 71s-73s, 78s-79s, 81s
   Richard 78s
   Silas 82s
   William 75c
Russell (Roosel, Rusel, Rusle, Russel)
   Albert 84c-85c
   Andrew 68, 70, 71c-73c, 75c
   Anthony (Col) 60-63, 65, 69-70,
      71c-73c, 75c-77c, 82c
   Anthony 79s
   Basil 68, 72s-73s, 75s, 78s

Charles 68-69, 71c-72c, 74c, 85c
  Charles 58, 60-63, 65, 69-70,
    71s-75s, 78s-79s
  Charles Jr 75s
  Francis 75c-77c, 79c, 81c
  George 62-63, 65, 73s-75s
  Henry 84s
  Hugh 71s
  James 73s-77s, 81s-82s, 84s
  John 71s-82s, 84s
  Peter 65
  Robert 67-68, 70, 71s-78s,
    80s-85s
  Robert Jr 67-68, 70, 71s,
    73s-74s, 76s-78s, 82s, 84s
  Samuel 59, 61, 63-65, 68, 70,
    71s-75s, 78s-80s, 83s-85s
  Stephen 79s, 81s, 83s-86s
  Thomas 70, 71s-77s, 79s-80s,
    82s-85s
  Timothy 71s
  William 68-70, 71s-77s, 80s-85s
  William Jr 70, 72s-75s, 83s-84s
  Willoughby 68, 74c-75c
Rust
  Benjamin 71s-75s
  Daniel 86c
  George 81s-85s
  Jeremiah 85s
  John 72s
  Matthew 74s-77s, 81s-84s
  Peter 82s, 83s
  Vincent 75s
  William 61, 65, 69-70, 71s-77s,
    81s-85s
Rute see Root
Rutter (Rutor)
  George 68, 70, 72s-75s, 81s-85s
  Jacob 62
Ryan (Rian, Rind, Rine, Rion, Ryon)
  Edward 67-69, 71c-75c
  Edward 73s
  George 70, 72s-75s, 79s
  John Bowen 80c, 83c-85c
Ryasse (Rias)
  Edward 62
  William 74s
Ryder see Rider
Ryley see Riley
Rynehart see Rinehart

S

Sadd, William 75c, 79c-81c
Sager (Sagar, Seegor, Segar)
  John 73c-78c, 80c
Saintclair see Sinclair
Sallat, George 81s
Salock see Selock
Salter (Salt)
  Thomas 66, 68, 70
Saluback, Andrew 61
Samanis see Semonus
Sample see Simple

Sams (Samms)
  Edward 59, 61, 69-70, 71s, 74s
  Elias 72s
Samuel (Sammuel, Samuels)
  Jacob 80c-81c
  Joseph 81c-84c
  Martha 84c
  Shadrick 74c, 79c-82c
  Shadrick 70, 71s-72s
Sanders see Saunders
Sands
  Benjamin 68
  Edmond 61, 63, 65-66, 68, 70
  Isaac 61, 63, 65-66, 68, 70, 71s-73s,
    76s-77s, 79s, 82s
  Jacob 63, 65-66, 68, 70, 82s, 86s
  James 65
  Joseph 68, 70, 7s-73s, 76s-77s, 79s
  Thomas 71s
Sanford (Sandford)
  Daniel 68-69, 72c-85c
  Edward 70, 71s-72s
  Henry 83s, 85s
  Jeremiah 79s-81s, 83s-85s
  Jesse 83s
  Richard 61-64
  Robert 60-61, 65
  William 83s, 85s
Sanfrank see Sunefrank
Sangster (Sangister)
  George 60-62
  John 74c-77c
  Robert 75c
  Thomas 74c-75c
Sasser (Sassers)
  John 61-62
Saunders (Sanders, Saundrs, Sunders)
  Aaron 61-62, 65, 76s-80s, 82s-83s
  Benjamin 80c-82c
  Benjamin 70, 71s-73s, 75s
  Cyrus 78s-80s, 83s
  Daniel 59-61, 63, 70, 71c-80c, 82c-86c
  Francis 70, 71c-75c, 79c-80c, 82c-84c
  George 61, 65
  Gunnell 68, 70, 72c
  Gunnell 72s-74s, 85s
  Henry (Harry) 73s-79s, 82s
  Isaac 60-62, 65, 69-70, 71s-74s,
    82s, 84s
  James 60-63, 65, 68, 70, 71c-80c,
    82c, 85c
  James Sr 62-63, 65-66, 68, 70, 71s-77s,
    80s
  James Jr 70, 71s-74s, 76s-77s, 82s
  John 75c
  John 63, 65-66, 68, 70, 71s-83s
  Moses 63, 65, 76s-80s, 82s-83s
  Nicholas 76s-77s, 82s, 84s-85s
  Philip 73c-74c, 76c-77c, 79c-82c
  Philip 70, 71s-72s
  Presley 68, 70, 71s-75s, 78s-80s, 83s
  Richard 71c-72c, 74c
  Rogers 74s
  Sampson 72s-73s, 75s
  Sarah 62-63, 71s, 82s
  Thomas 83c, 85c

Thomas 61-62, 71s-72s, 74s,
    78s-80s, 83s, 85s
William 60-63, 65-66, 68, 70,
    71c-78c, 80c-82c, 84c-85c
William 70, 71s-73s, 75s
Savage & Lane (Messrs) 73c-74c
Saxton (Saxon)
    Charles 68, 71s
    Charles Jr 68, 71s
    John 84s
    Nathaniel 68, 71s-72s
Scanor, Phillip 65
Scar, Abraham 75s
Scarbury (Scarbary, Scarberry)
    James 74c-80c
Scatterday (Catterday, Scaterday)
    George 61-63, 65
Schacham, Jacob 63
Schnyder see Snider
Schooley (Schooler, Schooly, Scooley,
    Scooly, Shooley)
    Andrew 70, 71s-72s
    Elijah 76s-77s
    Elisha 72s-77s
    Francis 67, 70, 71s-72s
    Garnett 84s
    Garrett 74s-75s
    John 61-63, 65, 69-70, 71s-77s,
        79s
    Nicholas 78s, 84s
    Samuel Sr 61-63, 65, 69-70,
        71s-79s, 82s, 84s
    Samuel Jr 63, 65, 67, 71s-72s,
        74s, 79s
    William 60-63, 65, 68, 70,
        71s-77s, 79s
Schryock see Shryock
Scirvin (Schurvan, Scirvan, Scirven,
    Shirvin, Skerven, Skirvin)
    John 73c-80c, 82c-85c
Scoby, John 79s, 83s
Scofield (Scholfield)
    Andrew 84s
    John 83s
Scott (Scoot)
    Hannah 76c-77c
    Henry 63, 65
    Jacob 79s, 82s, 84s
    James 81c-85c
    John 60-62, 65, 76c-77c
    Joseph 68-69, 71c-75c
    Joseph 71s-72s, 74s, 79s, 82s-84s
        86s
    Robert 71c-85c
    Samuel 68-69, 71c-85c
    Samuel Jr 78c-82c
    Thomas 79s
    William 83s
Scovey, John 86s
Scribner, Benjamin 74s
Seale (Seal)
    John 68, 70
    Thomas 63
Sealock see Selock
Sears (Seares, Seers)
    John 65

William Barnard 62-63, 66, 69-70,
    71c-78c, 80c-84c
Sebastian (Sabastian, Sabastin)
    Benjamin 60-61, 63, 65
    Nicholas 71c-72c
    Stephen 60-61
Seddell see Siddel
Seldon (Selden)
    Mary (Miss) 65, 68, 70
    Samuel 68
Self (Selff)
    Charnuck 72c-80c, 82c-83c
    Ezekiel 59-61, 63
    Henry 72c
    Jeremiah 63
    John 80c, 83c-84c
    Joseph 65, 68-69, 71c-77c
    Presley 69, 71c-85c
    Richard 60
    Stephen 69, 71c
    Thomas 59-61, 63, 65, 68-69, 71c-78c,
        80c
Sellers, Nathan 73s-74s
Selman (Selmon)
    Benjamin 74s-77s
    John 73c-74c
    John 75s
Selock (Salock, Sealock, Selox,
    Silix, Silox)
    Thomas 73s-81s, 84s, 86s
Semonus (Samanis, Semones, Semonious,
    Semonis, Simonires, Simonis, Simonius)
    John Sr 80c-83c
    John Jr 80c-82c
    John Sr 65, 70, 71s-77s, 85s
    John Jr 84s-85s
    William 65
Semple (Sample)
    James 75s-77s
Senfer, George 59
Seniorium, John 73s
Senour (Seannear)
    George 68
    Philip 63
Serick, John 74s
Seton (Seaton, Setin)
    James 75c
    James 78s
    John 73s-75s
Settle see Suttle
Seward
    Ann 63
    Nicholas 62
Sewell (Seewell, Suell)
    James 75c
    Samuel 62, 74c
Sewint, Jacob 76s-77s
Sexton
    Charles 70
    Charles Jr 70
    Nathaniel 70, 73s
Seyford, John 84s
Shacklett (Shacklet, Shakel, Shaklet)
    Benjamin 61, 63, 65
    John 59, 62-63, 65

Shadacre (Shadacer, Shadaker, Shadakre,
    Shedacar, Shedaker)
    Benjamin 72s, 74s
    Jacob 72s-74s
    John 61-63, 65, 69-70, 71s-77s,
        82s
Shade, Jacob 81s-82s
Shadilea, Daniel 65
Shafer (Shaffer, Shaffor, Shaver,
    Shavers, Shavour)
    Christopher 84s-85s
    Conrod 81s-82s
    Ezekiel 84s
    George 61, 63, 65, 68, 70,
        71s-75s, 79s, 82s, 84s-85s
    George Jr 62-63, 73s-75s
    Jacob 71s-75s, 79s, 82s, 84s
    John 61-63, 65, 68, 70, 71s-73s,
        75s, 84s-85s
    Shadrick 80s
    Simon 74c-75c, 81c-85c
    Zeekfred 85s
Shahan, Jacob 71s
Shalliroff, William 69
Shand, James 69
Shanes
    Adam 81s
    Henry 81s
Shanks (Shank)
    Henry 68, 70, 71s-72s
    John Peter Christopher 72s, 74s
    Thomas 79c-84c
Shard 71s-72s, 75s
Sharkly, Isaac 78s
Sharley, William 81c
Sharoe, John 81c
Sharp, Solomon 85s
Shaw
    Amos 64
    Henry 74s, 78s
    John 65-66
Shay (Sha)
    Stephen 78c-85c
Shearer (Shearow, Shearro, Shero,
    Sherrow)
    Jacob 68, 71c, 73c-74c, 83c
Shears, James 70
Shedd (Shad, Shead, Shed)
    James 60-63, 65, 68, 70, 71c-73c
    John 78c-79c, 81c, 86c
    John 83s
    William 74c-78c
Shedred, James 74c
Shedrick, Samuel 68
Sheets, Henry 70
Shelburn, Isaac 75s
Shelton (Shilton)
    Francis 64-65
    Robert 75c
Sheneck, James 85c
Shepherd (Sheepherd, Shepard, Sheperd,
    Shephard, Shepheard, Sheppard)
    Charles 79s-80s, 82s-83s
    John 60-63, 65, 68, 70, 71s-72s,
        74s, 76s-77s, 79s-80s, 82s-84s

Lawrence 69, 72c-73c, 75c-81c, 83c,
    85c
Thomas 61-63, 65, 68, 70, 71s
William 81s-82s
Sheriden (Sherbine)
    Mary 61
    Peter 74c-77c
Sherman (Shearman)
    William 75c-78c
Shields (Shealds, Sheales, Shelds,
    Shield)
    John 68-70, 71s-74s
    Thomas 68-69, 71c-74c, 82c-83c
Shier, John 84s
Shiflin, Philip 68
Shilling
    Baulser 63
    Jacob 62-65
Shipley, Nathan 70
Shipman (Shipmon)
    Stephen Sr 75s-77s, 81s, 84s-85s
    Stephen Jr 82s
Shippey (Skippy)
    John 65, 68, 70, 71c
Shirks, Daniel 81s
Shirvin see Scirvin
Shively (Shivler)
    George 74c-77c, 80c-85c
    Jacob 65, 68, 70, 71c-77c, 80c-81c,
        83c-86c
    James 63
Shockhart (Shock)
    George 70, 71s, 74s, 82s, 85s
Shoemaker (Shomaker, Shoomaker)
    Daniel Sr 59, 61-63, 65, 67-68, 70,
        71s-77s, 81s-82s, 84s-85s
    Daniel Jr 71s-77s, 79s, 82s, 84s-85s
    George 59, 61-63, 65, 67-68, 70,
        71s-78s, 81s-82s, 84s-85s
    Henry 68, 70
    Jacob 59, 61-63, 65, 67-68, 70,
        71s-78s, 81s-82s, 84s-85s
    Jacob Jr 78s, 81s-82s, 84s-85s
    John 78s, 81s-82s, 84s
    Joseph 81s
    Peter 59, 61-63, 65, 85s
    Samuel 85s
    Shillts 85s
    Simon 59, 61-63, 65, 68, 70,
        71s-77s, 81s-82s, 84s-85s
Shoesby (Shousby)
    Daniel 74s-75s
Shoesmith (Shewsmith)
    Jacob 69, 70, 72s
Shood, Jacob 69
Shookman (Shickman, Shockman, Shokeman,
    Shootman, Shuckman, Shukman)
    Jacob 71s-72s, 74s-75s
    Nicholas 72s, 74s, 81s-82s
Shooley see Schooley
Shope, Jacob 60
Shore (Shor, Shores)
    John 84s-86s
    Michael 68, 70, 72s-73s
    Richard 72s-78s

-71-

Thomas 60-63, 65, 68, 70, 71s-82s, 84s
William 60-61, 69-70, 71s-75s, 78s, 80s-84s, 86s
Short (Shoart)
    Henry 86s
    Jacob 74s-78s, 81s-82s, 84s-85s
    John 76c-77c
    John 73s-77s, 81s-82s, 84s
    Philip 74s-75s
    Robert 83s
Shortness, John 68, 70
Shortridge (Sortridge)
    William 62-65
Shosnise, John 71s
Shoults (Shoot, Shoots, Shouts)
    Benjamin 73s-77s, 84s-85s
Shoun (Shown)
    Isaac 73s-75s
    John 84s
Shover
    Adam 70, 71s-72s, 74s-78s, 81s-82s, 85s
    John 84s
    Simon 85s
Shreve (Shereves, Sherives, Shrave, Shreeve, Shreive, Shreves, Shrev, Shrevs, Shrieve, Shrieves, Shrive, Shrives)
    Benjamin 60-65, 70, 71s-82s, 84s-85s
    Caleb 63, 65, 69-70, 71s-77s, 79s, 82s
    Jacob 71s
    James 60, 62, 70, 72s, 74s-77s, 79s
    John 60, 62-63, 68, 70, 71c-84c
    John Jr 84c
    Joseph 60, 62-63, 65
    Samuel 64-65, 69-70, 71s-72s, 74s-78s, 80s
    William 60, 61-62, 79c-82c, 84c-85c
    William 81s-82s, 84s-85s
Shrewsberry (Shrewsbury, Shroosbery, Shrosebary, Shrowesbary, Sooseberry)
    Jemima 83s
    Thomas 58, 60-63, 65, 83s
Shrigley
    Enoch 74s
    Lawrence 74s-75s, 78s-79s
Shriver, Joseph 62
Shrowder see Sowden
Shry
    Jacob 76c-77c, 80c
    Paul 80c
Shryock (Schryhock, Schryock, Shihock, Shryhalk, Shryhawke, Slyhock, Soyharck, Sryhawk)
    Michael 78c-79c, 82c-85c
    Michael 65, 68, 73s, 75s-77s
Shuter, William 73s-75s
Sibold see Sypolt
Sickman, Nicholas 76s-77s
Siddel (Seddell, Sidders, Siddle, Sidel, Sidell, Siders, Sittle, Sodders)
    _____ man 81s
    Francis 63

Frederick 81s
Isaac 70, 71s-77s, 79s, 82s, 84s
Siddin, Thomas 65
Sigler (Seagler, Seglar, Seglear, Segler, Seigler, Sickler, Siglor)
    _____ in 85c
    Adam 79c, 83c
    Adam 85s
    Henry 61-62, 72c-77c
    Jacob Sr 69, 71c-77c, 79c-80c, 82c-85
    Jacob Jr 79c-80c, 82c-84c
    Jacob 79s, 82s
    Jacob Jr 85s
    John 68, 70, 71c-77c, 79c-84c
    Mathias 80c, 83c
    Peter 83c
    Philip 81c-85c
Sign
    Adam 72c-74c
    John William 72c-75c
Silox see Selock
Silvester see Sylvester
Silvey (Silve, Silvia)
    Abraham 73s-75s
    Clemins 75s
Simblin, Francis 74c
Simmerman (Simerman, Simorman, Zemoon)
    Christopher 75c
    John 71c-75c, 80c
Simmons (Simmonds, Simonds, Simon, Simonds, Simons, Simonson, Symmons)
    Basil 79c-80c, 83c-84c
    Benjamin 68
    Bernard/Barnet 73c, 76c-77c, 80c
    David 75s-77s, 82s
    John 59-62, 64-65, 68-69, 74c, 79c-80c, 84c
    John Jr 68, 84c
    John (Jack) 78s
    Simion 69, 71c, 73c, 76c-77c
    Thomas 59-62, 64-65, 68-69, 71c-77c, 79c-81c, 83c-84c
    Thomas Jr 61, 63
    Thomas 74s, 76s-77s
    William 63-65, 68-69, 71c-81c, 83c-84c
Simms
    Bernard/Barnet 68, 70, 72s-75s
    John Sr 60-61, 63, 65, 68, 70, 71s-75s
    John Jr 70, 71s-74s
    Richard 71s
Simonis see Semonus
Simpkins (Simkin, Simpkin)
    John 68, 70, 71s-72s
    Thomas 70, 71s-74s
    William 72s-73s
Simpson (Simson)
    Gilbert 63, 65, 68, 70, 71s-73s
    Isaac 60-61, 70, 71s
    John 84s, 86s
    Musgrave 85s
    Richard 73c
    Thomas 61, 84c
    William 82s

Sinclair (Saintclair, Sinclare,
　　Sinclear, Sinckler, Sincler,
　　Sinklair, Sinklar, Sinklare,
　　Sinklear, Sinkler, Sintclear,
　　St. Clair, St. Clear)
　　Alexander 62-63
　　Amos 78s-79s, 82s, 86s
　　Andrew 74c
　　Esther 63
　　George 71s-72s, 74s, 84s-85s
　　Isaac 60-65
　　James 65, 69-70, 71s-80s, 82s,
　　　　84s-86s
　　Job 79s
　　John 60-63, 65-66, 68, 70, 71s-79s,
　　　　82s, 86s
　　Margaret 61-62
　　Robert 62-63, 65, 67, 70, 71s-75s
　　Samuel 86s
　　Waymon 61
Singer
　　John 68
　　Michael 79s-81s
　　Thomas 75s-77s, 79s
Singleton
　　John 79s-80s, 85s
　　Joshua 75s-77s, 82s-83s
　　Stanley 75s-77s, 79s
Siscoe (Ciscoe, Sisco, Sisson)
　　John 74s-75s, 81s-82s, 85s
Skillman (Skilman)
　　Abraham 85c
　　Catherine 76c-77c
　　Christopher 84c
　　Christopher 71s-78s
　　John 71c-74c, 82c-84c
Skinner
　　Cornelius 73c-84c
　　Cornelius Jr 81c-82c
　　Isaac 78c-84c
　　John 80c-84c
　　Nathaniel 73c-78c, 80c-84c
　　Phineas 68, 70, 71c-74c, 76c-84c
　　Richard 69-70, 71c-84c
Skirvin see Scirvin
Slacht (Slack, Slak, Slake)
　　Abraham 74c-79c
　　Abraham 73s, 81s, 83s, 85s
　　Cornelius 74c-85c
　　Cornelius Jr 74c-78c, 80c
　　Cornelius 72s-73s
　　Cornelius Jr 72s-73s
　　Enoch 75c-85c
　　George 68
　　Jacob 78c-80c
　　Jacob 82s-84s
　　Jacob Curry 74c
　　Jacob Larew 75c
　　Jacob Larew 72s-73s
　　James Larew 76c-77c
　　John 84s
　　Philip 63, 69-70, 71s-72s
　　Tunis 78c-85c
Slade, James 60
Slater (Slator, Slayter)
　　Edward 85s

Jacob 70, 71s-77s, 81s-82s, 86s
John 81s
Joseph 68, 71s-72s
Thomas 78c
William 68-70, 71c-77c
Slaughter, Joseph 65, 70
Slights, John 79c
Slimmer (Slimer)
　　Christian 76s-77s, 82s
Sloan (Sloane, Slone)
　　_____ (Wid) 79s
　　James 79s
　　John 70, 71c
　　John 76s-77s
Slocum (Slokam)
　　Robert 72s, 74s, 79s
Smalley (Smally, Smawley)
　　Andrew 68, 71c-74c, 76c-77c, 79c
　　David 73c-84c
　　Ezekiel 81c-84c
　　Isaac 71c-80c
　　Joshua 71c-78c, 80c, 82c, 84c
　　William 72c-81c, 83c-85c
Smallwood, Hebron 79c
Smarr (Smar, Smart)
　　John 58, 60-63, 65, 69-70, 71c-83c,
　　　　85c
　　John Jr 85c
　　Robert 73c-77c, 79c-80c
　　Robert 82s-85s
Smedley
　　John 82s
　　Matthias 78s
Smith
　　Abraham 62-63, 65, 68, 70, 71s-75s,
　　　　79s
　　Adam 69, 71c-78c
　　Adam 72s, 74s-77s, 79s, 81s
　　Alexander 65, 71s, 76s-77s
　　Andrew 79s, 82s, 84s
　　Benjamin 58, 60-63, 65, 76s-77s,
　　　　79s
　　Clator Sr 75c-85c
　　Clator Jr 80c-82c
　　Clator 60-65, 68, 70, 71s-74s
　　Clator Jr 73s
　　David 60-63, 65
　　Edward 68, 70, 71c-75c, 79c-86c
　　Enoch 79c-85c
　　Ezekiel 83c
　　Ezekiel 76s-77s, 83s-84s
　　George 61, 74s-77s, 81s-82s,
　　　　84s-85s
　　Gideon 74c-75c, 80c, 82c-83c, 85c
　　Henry 73c-75c
　　Henry 68, 70, 71s, 73s-77s, 82s,
　　　　84s
　　Henry Jr 72s
　　Henry Robert 71s
　　Jacob 65, 81s-82s, 84s
　　James 61, 74s-75s, 79s, 82s
　　James Jr 79s, 82s
　　Jasper 65
　　John Sr 60, 62-63, 65, 68-70, 71c,
　　　　73c-79c, 81c-85c
　　John Jr 68-70, 73c, 78c, 81c, 83c-84c

John 68-69, 71s-75s, 78s-79s,
    81s-82s, 84s-85s
John (Jr?) 69, 71s, 73s-75s, 82s,
    84s-85s
Joseph 72s-73s
Leonard 83c
Mahlon 75s-77s, 82s-85s
Mary 71c
Mary 82s
Minor 73c
Minor 68, 70, 71s-72s, 75s, 78s
Nathaniel 60-65, 68, 70, 72s-85s
Obadiah 64
Peter 70, 71c-75c
Peter 79s
Richard 59-60, 68, 71s-74s
Robert 68, 70, 72s, 74s
Samuel 61-63, 65, 67-70, 71c-73c,
    75c, 78c-79c
Samuel 59, 63, 65, 68, 70,
    71s-77s, 79s, 82s-84s
Smallwood 68, 70
Stephen 70, 71s-72s
Temple 62-64, 72c-86c
Thomas Sr 63, 65, 69-70, 71s-74s,
    76s-77s, 82s, 84s
Thomas Jr 71s-74s, 82s, 84s
Weadon 84s-85s
Weathers 60-61, 68, 70, 71c-85c
William 60-63, 65, 67-70, 71c-75c,
    78c-79c, 81c, 83c-85c
William Jr 68-70, 71c-75c, 79c
William (Capt) 70, 71s-86s
William Jr 71s-78s, 80s, 82s-84s
Zadock 83c-84c
Smitheman (Smitherman)
    Samuel 58-61, 63, 65, 69-70, 71s
Smithley (Smitly)
    Mathias 81s-82s, 85s
Smock, Barnett 74c
Smoot, Benjamin 62
Smootwell, Edward 65
Smouse (Smous)
    Adam 81s-82s
    John 75s-77s, 81s-82s
    Peter 75s-77s, 81s-82s
Snedeker (Snedacre, Snidaker,
    Sniddiker, Snidicar, Snidiker)
    Garret 70, 71c-73c, 75c-77c,
        79c-80c, 83c
Snickers (Snicker)
    Edward 69-70, 71s-74s, 76s-77s
Snider (Schnyder, Snidder, Snidor,
    Snyder)
    Charles 67-68, 70, 71s
    Christopher 65, 68, 70, 71s
    Conrod 68
    Frederick 68
    Garrett 65
    Gerrard 70
    Henry 68
    Jacob 68, 70, 71s-74s, 82s
    Jacob (Jr?) 68, 70, 71s-73s
    John 83c-86c
    William 83c-86c
Snouts, _____ (Wid) 82s

Snuffer, George 71s, 75s
Sodders see Siddel
Soesbe, Daniel 73s
Somers see Summers
Sommvell, Shadrack 66
Sonefrank see Sunefrank
Soneth, Thomas 70
Soons, John 79c, 80c
Soosebery see Shrewsberry
Sork, Mathias 82s
Sorrell (Sorrells, Sorrill)
    Elizabeth 75s
    John 73s, 75s, 80s
    Reuben 75c-77c, 79c, 84c
    Thomas 60-65, 68, 70, 71s-73s
Sortridge see Shortridge
Southard (Suthard, Sutherd)
    See also: Suddeth
    Lawrence 68, 70, 71c-73c, 82c-86c
    William 68, 70, 72c-84c
    William Jr 68, 70, 73c
    William 82s
Southerland see Sutherland
Sowder (Shrouder, Shrowder, Souder,
    Sowden)
    Anthony 74s-75s, 78s, 85s
    Benjamin 75s
    Jacob 85s
    Philip 82s
Spacy (Spasey, Spazy)
    John 72c-74c, 79c, 81c
Spangler (Spangle, Spongler)
    John 72s-73s, 75s
Sparks, Giles 75s-77s, 79s
Speake (Speak)
    Charles 73s, 75s
    Nathan 75s
    Nicholas 73s
    Thomas Bowlin 73s
Specht, Andrew 82s
Spedding (Spedden)
    William 76c-77c, 81c-82c
Spence, William 85c
Spencer (Spenser)
    Edward 76s-78s
    James 60, 62-63, 65, 70, 72c
    James 84s
    James Jr 62-63, 65
    John 60, 62-63, 65, 70, 72c, 76c-81c,
        83c-84c
    John 84s-85s
    Moses 70, 80c, 83c
    Nathan 59, 61-65, 68, 70, 71s-77s,
        82s-85s
    Samuel 76s-77s, 82s-83s, 85s
    Timothy 66
    William 65, 70, 72c
    William 82s-85s
Spinks, James 73c-75c
Spittle, Robert 60
Spitzfadem (Spitzfaddam)
    Benedict 74s-75s
    John 74s
Spoon, Peter 74s-75s
Spring (String)
    Andrew 73s-77s, 82s, 86s

-74-

Frederick 75s-77s, 79s, 81s-82s,
    84s-85s
Springer
    Isaac 68, 70
    John 66, 68, 70
Spunagle (Spawnagel, Sponogel)
    George 78s, 82s-83s
Spurr (Spur)
    James 59
    Judith 60-61, 63
    Richard (Capt) 59-63, 65, 68-69,
        71c-85c
Spurrel, Henry 59-60
Squires (Squire)
    George 63, 65, 72s-79s, 81s-85s
    John 60-61, 63, 65
    Levi 71s-72s, 74s-75s
    Nehemiah 85c
    Thomas 60-63, 65, 69-70, 71s-79s,
        82s
    Uriah 65, 69
St. Clair see Sinclair
Stabler, John 82s
Stackhouse, George 74s-77s, 82s, 84s
Stadler see Statler
Stafford
    Absolom 63, 68, 70, 72s-73s
    Charles 60-61
Stalcup (Stalkup, Stallcop)
    Israel 79s
    John 69-70, 71s-72s, 74s-75s,
        78s-79s, 82s
    Tobias 68, 70
Stanford, Daniel 71c
Stanhope
    John 84c-85c
    William 68-69, 71c-85c
Stanton see Staunton
Stapleton (Stapelton)
    John 73s
    Thomas Sr 65-66, 68, 70, 71c-74c
    Thomas Jr 66, 68, 70
    William 66, 68, 70, 71c-75c, 78c-81c
Starke (Stark, Starks)
    Christopher 70, 72s
    James 65, 68
    John 81c-84c
    Joseph 69-70, 79s
    Susannah 72c-74c
    Thomas 60-62, 65
    William 59-65, 68, 71c
Starkey, Joseph 83s-85s
Starr
    John 70, 71s-72s
    Martin 75c
    James 60, 63, 65, 68, 70, 71s-75s,
        79s, 82s-83s
    John 75c, 80c, 82c, 85c
    John 69-70, 71s-72s
    Joseph 61-63, 68-69, 71s-72s,
        74s-77s, 79s-80s, 83s
    Oliver 79c
    Richard Sr 61-63, 65, 68-69,
        71c-74c
    Richard Jr 71c-74c
    Richard Sr 75s-79s

Richard Jr 75s-78s
Robert Sr 58, 60-63, 65, 68-70,
    71c-73c, 75c-78c
Robert Jr 63, 65, 69, 72c-73c
Robert 79s, 82s
Sampson 73s-78s
Thomas 65, 68, 70, 71s-75s, 79s,
    82s-83s
William 80c, 83c
William 58-63, 69-70, 71s, 73s-75s,
    78s
Zachariah 72s-74s
Statler (Stadler, Stuttler)
    Abraham 76s-77s, 82s, 84s
    Jacob 82c
    Jacob 84s
    John 82c
    Robert 82c
Stator, Thomas 76c, 77c
Staunton (Stanton)
    John 74s-77s
Staves
    Edward 70, 71c-72c
    Peter 70, 71c-73c
    William 73c
Stedman
    John 76c-77c
    William 76c-77c
Steefler
    John 84s
    John Jr 84s
Steel, John 72c-75c, 78c
Steer (Stear, Stears, Steere, Steers)
    Benjamin 74s-77s, 79s, 82s, 84s
    Isaac 68, 70, 71s-74s, 79s, 82s
    James 60, 62-63, 65
    John 60-63, 65-66, 68, 70, 71s-77s,
        79s, 82s
    Joseph 63, 65-66, 68, 70, 71s-73s,
        82s
Stephens (Steevens, Stevans, Stevens)
    Alice 82s
    Daniel 72c
    Daniel 74s-75s, 78s
    Dennis 70, 72c
    Dennis 73s
    Edward 62-63, 79s, 81s-83s, 85s
    Ephraim 60-61, 63
    Giles 60-65, 68, 70, 71c-72c
    Giles 72s
    Hanson 80s
Stephenson (Stevenson)
    George 71s
    William 76s-77s, 79s, 84s-85s
Stephronis (Staffoness, Stephanis,
    Stephler)
    Frederick 75s, 81s-82s, 85s
Stermour (Stermor)
    George 84s-85s
Stevens see Stephens
Stewart (Steuart, Steward, Stewert)
    Charles 81c-83c
    Charles 84s-85s
    Daniel 82c-85c
    George 76c-77c
    Hugh 73c-86c

John 80c-81c
William 59, 61-63, 79s, 83s, 85s
Stickle (Stickel)
   Henry 72s-74s
Stilland, John 75c
Stillwell (Stillwel, Stilwill)
   Samuel 59, 61-62, 65, 67
Stinson, George 68
Stitchbery, Alexander 63
Stites (Sticks, Stikes)
   John 75c-77c, 80c-82c
   Richard 81c
Stivers
   Edward 74c
   Peter 74c
   William 74c
Stoker
   James 75c
   James 74s
   John 74s
   Mary 63
   William 72c
   William 75s, 85s
Stokesberry (Stooksberry, Stooxberey, Stucksbery, Stucksbury)
   John 59, 61-62, 70, 74s-75s
   Robert 61, 70
Stoll, Tunis 68
Stone
   Davis 82c, 84c
   Francis 72c, 74c-75c
   Henry 71s-72s, 74s-75s, 82s, 84s
   Jacob 78c-81c, 83c
   John 72c, 78c-79c
   Peter 82c, 84s
   Thomas 72c-79c
   Thomas 82s
   William 79c-80c, 82c-83c
   William Jr 81c, 84c
Stoneburner (Stonburner)
   Frederick 81s-82s, 86s
   Jacob 70, 71s-72s, 76s-77s, 81s-82s, 85s
   Jacob Jr 85s
   Peter 76s-77s, 81s-82s, 86s
Stoner John 70, 71c
Stonestreet
   Basil 80c-84c, 86c
   John 82c-84c
Stormar (Starmer)
   George 82s, 86s
Stout
   George 71c
   Obadiah 68, 70, 71s-72s
Strame, Henry 82s, 84s
Strassbury, John 80s
Streetman (Streekman)
   John 69, 71c-75c, 79c-80c, 83c
   Martin 68-69, 71c-77c
   William 79c
Stretchbery (Strechberey)
   John 63, 71s
Stribling, William 73s-74s
String see Spring
Strother, William 72s-73s, 81s-83s
Stroud, Samuel 59, 61-63, 65

Stucksbery see Stokesberry
Stuffel, Philip 70
Stump (Stoomp)
   John 68, 70, 71s, 73s-75s
   Thomas 60-62, 65, 68, 70, 71s-75s, 82s, 84s
   Thomas Jr 71s-74s, 82s
Stuttle see Suttle
Suddeth (Sudart, Suddoth, Sudduth)
   See also: Southard
   Lawrence 61-63, 65-66
   William 61-63, 65-66, 82s-83s, 85s
   William Jr 61-63, 65-66
Suell see Sewell
Sugan (Seegan, Suggan)
   James 80c-83c, 85c
Sukend, James 74s
Sullivan (Sullavan, Sulliven)
   Clem'n 76s-77s
   Daniel 74s, 76s-77s
   Roger 74s
Summers (Somers)
   Francis (Capt) 59-63, 65-66, 68, 70, 71c-85c
   George (Col) 60-61, 63, 65-66, 68, 70, 71c-80c, 82c-85c
   Samuel 72s-73s, 75s-77s, 79s
   William 83s-85s
Sunders see Saunders
Sunefrank (Sanfrank, Sonefrank, Sunnafrank, Sunnefrank)
   Jacob 73s-75s, 78s, 81s-82s
Surate, Joseph 66
Surliman, Patrick 85s
Surrer, John 76s-77s
Surs, Robert 85s
Suthard see Southard
Sutherd see Southard
Sutherland (Sotherland, Southerland)
   Alexander 58, 60-62, 65, 68, 71s
Sutphin
   Christopher 80c, 84c-85c
   Fredrick 85c
   William 80c
Suttle (Settle, Sutte, Suttel, Stuttle)
   Abraham 75s
   Henry 68, 80c-84c
   Josias 61-63, 65, 69-70, 71s, 73s
   Reuben 63, 65, 68, 70, 71c-84c
Sutton
   Benjamin 68
   Charles 65, 69-70, 71c-72c
   Jeremiah 72c
   John 79c-83c
   Robert 73c-74c
Swain, Charles 61
Swallow (Swaller)
   William 64-69, 71s-72s, 74s
Swank (Swinck, Swink)
   Adam 76s-77s, 81s
   Anthony 84s
   David 63, 65
   George 84s
   Henry 71s-77s
   John (Michael) 60-63, 65, 67-68, 70, 71s, 73s, 75s-77s, 82s, 84s

Lawrence 67, 70, 71s-77s
Swann (Swan)
    Benjamin 75s-77s
Swanney, Michael 83c
Swart (Swarts, Swort)
    Abraham 73s
    Adrian 72c, 74c, 76c-77c, 80c-84c
    Barnet/Bernard 81c-85c
    Boster 80c
    Frederick 80c
    Gilbert 74s-77s, 79s-86s
    Henry 80c-84c
    Henry 86s
    James 80c-85c
    John 84c-85c
    John 70, 71s-72s, 74s-77s, 8s-82s, 84s, 86s
    Tunis 80c
Swedikor, Garrot 68
Sweeney (Swenney)
    Michael 84c
Swetnam, Henry 74c
Swick (Sweko, Swike)
    Anthony 79s-80s, 83s, 85s
Swiger
    Christopher 62, 65, 67
    John 70
Swilliback (Sweleback, Swillaback)
    Andrew 62, 63, 65
Swindler (Swinglar, Swingler)
    David 79c-82c, 84c, 86c
    Elisha 72c-77c
    Henry 70, 71c-82c, 84c-85c
    Henry Jr 70, 71c
    John 74c
    Jonathan 82c, 84c-85c
    Joseph 73c-80c
    Samuel 70c-72c, 74c
Swing
    Daniel 65
    John 65
Swisher (Swiser, Swisser, Switser)
    Abraham 83c
    Lawrence 78c, 80c, 82c, 84c
    Peter 74s
    Philip 69, 71c-81c, 83c
    Philip Jr 79c
    Solomon 76c-77c
Switcher, John (Nicholas) 70, 72s, 74s-77s
Swoth
    Frederick 79c
    Poltis 79c
Sylvester (Silvester)
    John 68, 70, 71s-74s
Symmons see Simmons
Sypolt (Cypole, Cypoll, Cypolt, Cypott, Saypolts, Seybold, Sibold, Sipool, Sybold, Sypole, Sypoll, Sypool)
    Isaac 83s-85s
    James 69-70, 71s-73s, 75s-77s, 79s, 83s-84s
    Jasper Sr 59, 61-63, 65, 69-70, 71s-78s, 81s-85s
    Jasper Jr 76s-78s, 82s-85s

Jesse 82s-84s
John 70, 71s-78s, 82s-85s
Robert 82s-84s
Silas 83s-85s

T

Tadhunter see Todhunter
Tagret, John 69
Taite (Tait)
    Peter 68, 70, 71c
Talbert (Talbot, Talbott, Talbut, Talbutt, Tobert, Tolbert)
    Ann 80s
    Demoval 75c, 83c-85c
    Francis 74c
    Henry 65, 68-69, 71c-86c
    Samuel 79c-80c, 82c, 84c-85c
Talman (Tawlman)
    James 69-70
Tankerville, Charles (Earl of) 61, 65, 71s
Tanner
    Andrew 68, 70, 71s-73s
    Edward 60
    Jacob 75s
Tare (Tear, Tere)
    Richard 80c-81c
    Richard 83s-84s
    Stephen 72c, 76c-77c, 79c-81c
    Stephen 73s-75s, 83s-85s
Tarlinger (Darflinger, Derflinger, Tafflinger, Tarrflinger, Terflinger, Tufflinger)
    Frederick 84s
    Henry 62, 65, 67, 69-70, 71s-73s, 75s-78s, 81s-84s
    Jacob 69-70, 71s-73s, 75s, 77s
Tarrant
    Henry 84s
    Manlove 80c
Tashimmer see Tushimer
Tasker
    James 73c-74c
    William 68, 69
Tashner see Tisner
Tatcher see Thatcher
Tauner see Towner
Tavener (Tavender, Tavenner, Tavenor, Taverner, Tavner)
    George 60-61, 65, 68, 70, 71s-77s, 84s
    George Jr 60, 63
    John 73s
    Richard 65, 68-70, 71s-72s, 84s
Tay, William 69
Taylor (Taler, Tayler, Tayloe, Tayoler)
    Ann 85s
    Charles 60
    Edward 59, 61-63, 65, 67, 71s, 73s
    Evan 84s
    Francis 66
    George 85c
    George Sr 60-63, 65, 68, 70, 71s-75s, 78s-81s, 84s-85s

George Jr (Capt) 65, 70, 71s-75s,
    79s, 82s, 84s
Henry 58-63, 65, 67-70, 71s-74s,
    78s, 81s, 85s-86s
Ignatius 73s-75s
Jacob 76s-77s
Jacob Morris 72c-73c
James 65
Jesse 86s
John (Col) 60-63, 65-67, 71s-73s
    75s, 81s, 83s
John (Capt) 59, 61-63, 65, 67-70,
    71s-74s, 76s-80s, 82s, 85s
John Martin 73s
Joseph 86s
Joshua 76c-77c
Joshua 60-63, 68, 70, 71s-75s, 78s,
    81s
Mahlon 70, 71s-72s
Manley 69-70, 71s, 75s-79s, 81s-84s
Oliver 69, 71s-75s
Samuel 71c
Samuel 73s-75s, 82s
Solomon 78s
Stephen 84s
Susannah 71s-73s, 75s-77s
Thomas 85c
Thomas 71s-75s, 79s, 81s, 84s, 86s
William 84c
William Sr 58-59, 61-63, 65, 67,
    69-70, 71s-77s, 79s, 82s-84s,
    86s
William Jr 65, 67, 69-70, 71s-77s,
    79s, 82s-85s
Teague, William 62
Tear see Tare
Tebbs see Tibbs
Teel (Teal, Teele, Teil, Tele)
    Daniel 67-68, 70, 71s
    Henry 71s-72s, 74s-77s
    John 67-68, 71s-74s
    Peter 62, 67-68, 71s-74s
    Phillip 65
    Samuel 61-62, 65, 67-68, 70,
        72s-78s, 81s-82s
Tellin, William 68
Templeman, William 66
Templer (Templar)
    James 75c-77c
    James 79s, 84s
Tenell (Tenn)
    William 70, 73c
Tenley (Tinley)
    Charles 78c
    William 74s
Tentto, Richard Scott 71s
Terrell, James 63
Tetrick (Dedrish, Teatrick, Teedrick,
    Teetrick, Teterick, Tetricks,
    Tetterish, Titerick)
    Christopher 74c-77c, 80c, 83c
    Christopher 63-65, 68, 70, 72c
    George 73s-74s
    Henry 63-65, 68, 70, 71s-75s
    Theophilus 73c
Tewel see Tuel

Tharp
    Solomon 74s
    Zacheus 82c
Thatcher (Tatcher, Thacher, Thathur)
    Bartholomew 59, 65, 67, 70, 71s
    John 68, 72s-75s, 78s, 81s-85s
    Richard 62-63, 65, 67-68, 70,
        71s-75s, 78s, 84s
    Richard Jr 71s-75s, 78s
    Stephen 63, 65, 70, 72s-75s, 84s
Thindles, George 69
Thoman, Michael 70
Thomas
    Benjamin 86c
    Daniel 60
    David 59, 62-63, 67, 71s-72s
    Elias 65
    Emmett 78c
    Enoch 73s, 75s-77s, 79s, 82s
    Evan 79s
    Gabriel 74s
    George 68, 73c-77c
    Isaac 74s, 78s-79s
    Jacob 65-66, 74s-75s, 79s
    James 59, 61-62, 65, 84s
    Jason 68, 70, 71s-73s
    Jeremiah 60-62, 65, 85c
    John 78c, 80c-82c, 84c
    John 60-65, 67-68, 70, 71s-77s, 82s,
        84s
    John (Jr?) 68, 70, 71s, 73s-75s
    Jonathan 65
    Joseph (Rev) 61,65-66, 68, 71s-73s,
        75s-77s, 79s-80s, 82s
    Leonard 79c, 80c, 83c
    Leonard 71s-74s, 78s-79s, 82s-83s
    Moses 61-63, 66, 68, 70, 71c-85c
    Owen 80s-84s
    Richard 59, 67
    Robert Sr 60-63, 65-66, 70, 71c-77c,
        79c, 82c, 84c-85c
    Robert Jr 70,71c-73c, 76c-78c
    Spencer 81c
    Thomas 59, 81s-82s
    William 71c-82c, 84c-85c
    William 60-62, 70, 71s-77s, 79s-81s
Thompkins see Tompkins
Thompson (Thomso, Thomson, Tompson,
    Tomson)
    Amos (Rev) 67-68, 70, 71s-78s
    Andrew 70, 71s-77s, 81s-82s, 84s
    Cornelius 69
    Edward 59-62, 64-65, 67
    Electius 83c-84c
    Isaac 65, 67-68, 70, 72s-74s,
        76s-77s, 82s, 84s
    Isaac Jr 76s-77s, 82s, 84s
    Israel 60-63, 65, 67-68, 70, 71s-74s
        76s-77s, 80s-84s
    James 65, 70, 74s-75s, 82s, 86s
    Jeremiah 59, 67, 72s-73s, 81s-82s
    John 84c-85c
    John 70, 71s-73s, 84s-86s
    Jonah 74s, 76s-77s, 80s-83s
    Joseph 71c-83c, 85c
    Joseph 77s, 82s, 84s

Lomax 82s, 84s
Richard 59, 63-65, 67, 85c
Robert 71c
Robert 70, 71s-73s
Samuel 84s
Sarah 73s-74s, 82s
Thomas 60-62, 65, 67, 69-70,
    71s-74s, 82s, 86s
Thomas Jr 70, 71s, 74s, 86s
William 59, 61, 71s, 78s
Thorn, Humphrey 68
Thornton
    Coats 82s, 84s
    John 66, 73s-75s, 79s
    Joseph 76s-77s
    Samuel 72c-75c
    Samuel 82s
Thrift, William 85s
Tibbs (Tebbs, Tibes, Tibs)
    Foushee (Col) 61-63, 65-68, 70,
        71c-78c, 80c-82c
Tickout see Decout
Tiger (Tiker, Tyger)
    Christopher 72s
    John 70, 71s
Tillett (Tilit, Tillet, Tillit)
    Giles 80c, 82c
    Giles 73s-77s
    John 85c-86c
    Samuel 84c-85c
    Samuel 63-65, 67-68, 70,
        71s-77s, 79s
    Samuel Jr 79s
Tilton, Richard 74s-75s
Timberman, John 69
Timms, Vincent 69
Tingel (Tingle)
    George 69-70
Tinley see Tenley
Tipton, Sylvester 60-62, 65
Tisner (Tashlen, Tashner, Tushler)
    George 76s-79s, 81s-82s
Titerich see Tetrick
Toberry, Thomas 63
Tobin (Toban, Toben, Tobine)
    George 71s-72s, 75s
    James 60-63, 65, 67-68, 70,
        71s-73s
    Thomas 59, 61-62, 65, 74s-75s
Tobit (Tobett, Tobitt)
    Hanes Erick 64
    John 78s, 80s, 84s
    John George 68
Tobley (Tobby, Toble)
    David 71s, 74s, 82s
Todd (Tod, Tood)
    Robert Sr 63, 67-68, 70, 71s-73s,
        75s-77s, 84s
    Robert Jr 75s-77s, 84s
Todhunter (Tadhunter)
    Abram 68, 70, 71s
    Evan 82s, 84s
    Isaac 72s-77s
    John 67-68, 70, 71s, 73s-75s,
        78s-81s, 83s
    John Jr 68, 70

Toesner, George 79s
Tofepin, James 75s
Toffler, Henry 83c
Tolbert see Talbert
Tolle (Tole, Toll, Toole)
    George 69-70
    James 81s-82s
    John 84s-86s
    Jonathan 67, 69-70, 71s-74s, 81s,
        84s-86s
    Roger 59, 67
    Stephen 80s-82s
    William 86s
Tomblinson (Tombleston, Tumbleson,
    Tumbleston)
    Nathaniel 74s, 78s-79s, 81s-82s, 84s
Tomlin, Richard 71s-77s, 81s
Tompkins (Thompkins, Tomkins)
    James 72s-74s, 79s, 82s
Tompson see Thompson
Tongue
    John 74s
    William 74s
Tool see Tuel
Tope (Toub, Toup)
    Henry 61-62, 65, 67-70, 71s-72s
Toppin (Topin)
    James 79s
    John 76c77c
Toshimer see Tushimer
Totrick
    Hanie John 65
    Henry 65
Tovery, Thomas 65
Towman
    George 82s
    Henry 84s
    Peter 82s, 84s
Towner (Tauner, Tawner, Townar)
    Jacob 59, 67, 70, 71s-72s, 74s,
        76s-79s, 81s-82s
Townsend (Tounsend, Townsen, Townshend,
    Townson)
    James 76c-79c
    Thomas 67-68, 70, 71s-74s
Toy (Toye)
    William 70, 71s, 74s
Tracey (Tracy, Trasey)
    Jacob 65-66, 70, 17s-73s, 79s
    Matthew 75s
    Patrick 74c-77c
Trahern (Trahan, Trahorn, Trayhorn)
    James 74s-78s, 84s
    William 78s, 84s-85s
Trammell (Tramell, Tramil, Tramill,
    Trammall, Trammel, Trammill)
    John 60-63, 65-66, 79s
    Sampson Sr 59-65, 68-69, 71c-75c, 78c-82c
    Sampson Jr 69, 71c-72c, 74c-80c, 82c-85c
    Thomas 61, 67, 74c-75c, 83c
    William 61-65, 68-69, 71c-74c
Travis
    Barrach 63
    Daniel 80c
Traynor, Philip 70
Tregir, John 68

-79-

Trenary
  Richard 61, 64-65, 68-69, 71c, 73c-75c
  William 73c-74c
Tretinbaugh, Cunrod 72s
Tribbe (Tibby, Trebbe, Trebe, Trebey, Treble, Tribbey, Tribby, Tribee, Tribey, Triby)
  James 81s, 84s
  John 59, 61-63, 65, 67-68, 70, 71s-74s, 79s, 81s-82s, 84s
  John Jr 79s, 82s
  Jonathan 79s, 81s-82s, 84s
  Joseph 82s
  Thomas 76s-77s, 81s-84s
  William 70, 71s-74s, 76s-77s, 79s
Triplett (Triplet)
  Aaron 59
  Abel 69-70, 71s-75s, 80s-83s, 85s
  Daniel 62, 65, 67, 69
  Elizabeth 78s-79s, 81s, 83s-85s
  Enoch 65, 67, 69-70, 71s-79s, 81s-85s
  Francis 68, 70, 71s-75s, 78s-84s
  Frederick 85s
  Greenberry 82s-85s
  Reuben 71c-73c
  Reuben 74s-75s, 78s, 81s-82s, 84s-85s
  Simon 71c
  Simon (Capt) 65-68, 70, 71s-86s
  Thomas 58-59, 65, 67, 78s-79s, 81s-84s
  William 58, 60-61, 65
Trout (Trote)
  Jeremiah 71c-77c
  Martha 78c
  Paul 70, 72s-78s, 81s-82s
Troxall (Troxaell, Troxel, Troxell, Troxil, Troxile, Troxill, Troxull)
  Christian 75c, 79c-80c
  Christian 82s
  David 72s-78s, 81s-82s
  Frederick 78s
  George (Jacob) 79c-80c, 82c-85c
  Jacob 80c, 83c
Truax (Trewax)
  David 72s-75s, 78s
  John 71s-75s, 84s
Trudget (Tredgett, Troget)
  William 61, 63, 65
Truks, David 61
Truman, James 69
Tub, Henry 63
Tucker
  Benjamin 82c-83c, 84c-85c
  Nicholas 72s-74s, 84s
  Thomas 72s-74s
Tuel (Tewel, Tewell, Tool, Tuell)
  Charles 71c, 74c
  Charles 74s
  John 74c, 76c-77c, 85c
  William 83c, 85c
Tufflinger see Tarflinger
Tuge, Black 74c
Tugman, James 69-70, 72s-74s

Tumbleson see Tomblinson
Tunnell (Turnell)
  Stephen 78c-80c
Turberville (Turbaville, Turbefield, Turbervile, Turbifield, Turverville)
  George (Capt) 66-68, 70, 71c-85c
  John (Capt) 60-63, 65, 68, 70, 71c-86c
Turley (Turly)
  Charles 75c-77c, 79c-85c
  Daniel 59
  Giles 71c-72c, 76c-77c, 82c-83c, 85c
  Ignatius 74c, 78c, 82c
  John 69, 71c-86c
  John (Jr?) 73c, 75c, 78c, 80c-86c
  Nace 59, 67
  Paul 59, 67
  Peter 60, 65, 70-72c
  Sampson 61, 63, 65-68, 70, 71c, 78c-80c, 82c, 84c
  Sampson Jr 83c-85c
Turner
  Daniel 68, 70, 71c-74c, 79c, 81c, 84c-85c
  Edward 59, 62-63, 65, 67, 72s-73s
  Fielding (Maj) 60-63, 65, 67-68, 70, 71c-85c
  George 65, 67, 69-70, 71s
  John 76c-82c
  John 59, 67, 69-70, 71s-73s
  Jonathan 62-63, 66
  Lewis Ellzey 71c-75c, 78c-85c
  Samuel 60-61, 68, 70, 71c-74c
  William Jr 79c, 83c
Tushimer (Tashimmer, Toshimer)
  Jacob 79s, 82s, 86s
Tushner see Tisner
Tuttle, William 84c
Twebs, John 65
Tweedy (Twedy)
  George 76s-77s, 79s
Tyler
  Ben 79s
  Charles 61-63, 65, 72c, 79c-83c
  John 62-63, 65, 68, 70, 71c-85c
  Spencer 73c-77c
  Spencer 71s-72s
  William 65, 68, 71c-73c
  William 74s, 79s

U

Ugely see Hugely
Ullam, Martin 72s-73s
Umphry see Humphrey
Unkerfer (Unchphrie, Unkefere, Unkephere)
  Phillip 74s, 82s, 84s
Updike (Updiche, Updick, Updyke)
  Amos 67-68, 70, 72s-73s
  John 65, 67-68, 70, 71s-74s
  Rufus 71s-74s, 83s
Upham, Robert 78c, 80c
Urton
  James 75s, 82s-84s
  John 82c, 86c

Peter 84s
William 82s
Usselman see Hustleman
Utsler (Uster, Ustres, Utsolve)
   Christian 74s-75s
   Christian Jr 75s
   Thomas 78s-79s, 82s
Utt see Ott

V

Vallendingham (Valandigham,
   Valandingham, Valendingham,
   Valindenham, Valindingham,
   Vallandegham, Vallandigham,
   Vallandingham, Vollandingham)
   George 78c-81c
   James 85c
   Lewis 79c
   Richard 59-65, 67-69, 71c-81c,
     83c-85c
   William 64-65
Vanbuscart (Van Buskirk, Van Buskirt,
   Vanbuscort, Vanbuskirk)
   Abraham 73s-75s
   Isaac 62, 65, 71s-72s, 74s-76s
   John 62, 65, 71s-72s, 76s-77s
   Michael 60-63, 65-66
Vance, Jacob 74s
Vanderen see Venderen
Vandevanter (Devantever, Vandeavanton,
   Vandevender, Vandeventer,
   Vandevinder, Vandivander,
   Vendevener, Vendevenor, Vendevner)
   Abraham 71s-74s, 76s-79s
   Cornelius 70, 71c
   Cornelius 72s-78s
   Isaac 71s-74s, 76s-78s, 84s
   Isaac Jr 71s-74s
   Jacob 71s-74s
   Peter 75c
   Peter 72s-74s
Vandiver (Vandeveer, Vandevr,
   Vandiveer, Vandiveere)
   Edward 68, 70, 71c-77c
   George 60-63, 82c
   William 60
Vanhorn
   Bernard/Barnet 73s-74s,
     76s-79s, 82s-84s
   Gerrard 85s
   John 74s, 78s, 80s, 83s-85s
Vanner see Verner
Vanover (Vannoy, Vanver)
   Anderson 80c
   Cornelius 80c-82c, 84c
   Cornelius 78s, 83s
   Cornelius Jr 83s
   Henry 70c, 74c
   Henry 71s, 73s, 75s-78s
Vansickle, Gilbert 72s
Varanci (Vanzey)
   Joseph 78c
   Lewis 78c

Varner (Varnal, Varnel, Varnor)
   Abraham 73c, 75c-78c
   Leonard 73s
   Peter 65-66, 73s
Varns, Jacob 76s-77s, 82s
Vassells see Vessells
Vaughn (Vaughan, Vaun)
   Cornelius 59-63, 67-69, 71c-75c, 79c-83c
   Daniel 83c
   Edward 71c-77c
   George 59, 67
   John 73c
   Leroy 68, 70, 71c-73c, 75c, 78c, 80c-85c
   Tucker 76c-77c
Vaunts, Jacob 71s
Veale (Veal, Viel, Viell, Vile, Viol,
   Voile)
   Allen 76c-81c
   John 59, 61-63, 65, 72c-79c, 81c-82c,
     84c
   John 80s
   Morris 78c-79c, 81c
   Thomas 80c-82c
   William Sr 60-62, 65-66, 68-69,
     71c-86c
   William Jr 74c-75c, 78c-82c, 84c-86c
Velvin, Robert 71s-72s, 75s
Vence (Vinse, Wince)
   Thomas 78s, 81s-82s, 86s
Vencill see Winsell
Venderen (Vanderen, Venduren, Vinderan)
   Bernard/Barnet 75s-77s, 81s-82s, 84s
Vendevener see Vandevanter
Venney (Vinner, Vinns)
   Isaac 78s-82s
Vermilion, Uriah 85c
Vernal (Virnall)
   Abraham 74c
   Richard 76c-77c
Verner (Vanner)
   Alexander 59, 62-63, 67
Verts (Vert)
   Conrod 67, 70, 71s-72s, 81s,
     84s-85s
   John 85s
   Peter 84s-85s
   William 67, 70, 71s-72s, 81s
Vess (Ves, Vice, Vise, Voss)
   James 70
   Robert 62-65
   William 59, 61-65, 69-70
Vessells (Vassells, Vessels)
   James 61-63
   Samuel 75s
Viavours, John 68
Vickers (Vickars)
   Abraham 74s-77s, 79s, 84s
Vide, Saftert 63
Viell see Veale
Vincent
   Adam 65
   Adam Jr 65
   Isaac 65
   John 65, 70, 71c, 85c
Vinderan see Venderen
Vine, Reuben 74s-77s

Vinner see Venney
Vinse see Vence
Vinsel see Winsell
Vinyard (Vincard, Vineyard)
   Francis 59, 61-63, 67, 69-70,
      71s-74s
   Francis Jr 68, 70, 72s, 74s
   James 69, 71s-73s
   John 59, 61, 63, 69-70, 71s-74s
   William 76s-77s
Violett (Vilet, Vilett, Violet, Voilett)
   Benjamin 85s
   James 84c
   John Sr 60-63, 65, 67, 69-70,
      71s-75s, 78s-80s, 82s,
      84s-85s
   John Jr 75s
   Sampson 85s
   Thomas 60, 65, 72s-74s, 78s-80s
Virgale, Martin 72s
Vise see Vess
Voilett see Violett
Vollendingham see Vallendingham
Voss see Vess
Vowels see Fowles
Votaw (Vataugh)
   Isaac 68, 70, 71s-75s
   John 71s-72s

W

Wacock, John 73s
Wade
   Hezekiah 84s
   Jacob 70
   John 70
   Robert 84s
   Zephaniah 71s-73s, 75s
Wadlington, William 58
Wageley (Wagle, Wagley, Wagly,
   Waigeley)
   Abraham 70, 71s-73s
   George 70, 71s-72s, 74s
Waggoner (Wagener, Waggener, Waggner,
   Waggonner, Wagnor)
   Conrod 69, 71c-73c, 75c-77c,
      79c-80c, 82c-84c
   Dennis 79c-80c, 82c-84c
   John 75c-77c, 79c-80c, 82c-84c
   Peter 82c, 84c
Wain (Wains)
   John 79s
   William 74s-75s
Wainscott, George 62
Wait (Wayet) See also: Wyatt
   Peter 68
   Thomas Jr 71s
Wake, John 68, 70, 71c-72c
Waldin, John 74c
Waldron, Thomas 85s
Walker
   Benjamin 61
   George 80s
   Isaac 60-63, 65, 69-70, 71s-72s,
      74s-78s
   Jacob 68, 70
   Jeremiah 68
   John 70, 75c, 78c
   John 60-63, 66, 68-70, 71s-74s,
      76s-77s, 79s-80s, 86s
   John Jr 80s, 86s
   John Harson 81s-82s, 84s-86
Wallace (Walles, Wallice, Wallis, Walliss)
   Andrew 79s, 82s
   James 71s-75s, 77s-82s
   John 77s-80s, 82s-83s, 85s
   Joseph 79s, 82s, 84s
   Joseph Jr 79s
Walls (Wall, Waller)
   John 82s-83s
   John Jr 82s
   Joseph 85c
   Martin 72s-74s, 76s-77s
   William 79c, 81c
   William 83s, 85s
Walround (Walrond)
   Benjamin 78c
   John 70, 71c-73c
   William 78c
   William Jr 78c
Walter (Walters)
   Conrod 61-63, 65, 67, 69
   George 82s, 84s
   Isaac 65
Waltman (Walkman, Wallman, Waltmon)
   Emanuel 73s, 75s-77s, 82s
   George 85s
   Jacob 73s, 75s, 85s
Walton
   Amos 74s
   Isaac 74s
   John 61, 65-66, 68, 71s
   John Jr 68, 71s
   William 68, 71s
Ward
   James 83s
   John 60-64, 71s, 73s-74s
   Lawrence 82c
   Patrick 76c-78c, 80c
   Samuel 75s-77s, 79s-80s
   Thomas 74s-75s
   Zachariah 60
Warden, Richard 84c-85c
Warford (Wafford, Waford, Wofford,
   Wolford, Worford)
   Abraham 63, 65, 68, 70, 71c-77c,
      79c-81c, 83c-84c
   Job 79c-80c
   John Sr 59, 61-63, 65, 67, 69-70,
      71s-74s, 81s, 83s-84s
   John Jr 67, 69-70, 71s-75s, 78s, 81s
   Joseph 63,65
   William 84c-85c
   William 65, 67, 69-70, 71s, 73s-75s,
      78s
Warman, Thomas 71s-75s
Warnell (Warnald, Warnel, Worlald, Wornal,
   Wornald, Wornell)
   James 81s-85s

(John) Roby 81c-84c
William 69-70, 71s-74s, 76s-79s,
  81s-85s
Warner
  Catherine 84s
  Henry 70, 71s, 73s-74s
  Leonard 72s, 74s-75s, 84s
  Peter 70, 72s, 74s-75s, 84s-85s
  William 82s
Warns, Jacob 72s, 75s
Warren, Peter 68
Warton see Wharton
Warts see Worts
Washington
  Bailey 61-63, 65, 68, 70, 71c-75c
  Henry 76c-82c
  John A. (Col) 84s
Wasley, Michael 68
Waterman
  James 71s-77s, 79s
  John 79s
Waters
  James 83c
  John 63, 65, 78s
  Matthew 73c-75c
Watkins (Wodkin)
  David 72c, 75c-78c
  David 79s
  Edward 82c, 84s-85s
  James 80c-81c, 85c
  Thomas 79s, 81s-82s
Watson (Whatson)
  Joseph 80c, 83c-86c
  Richard 74s, 76s-78s
  Robert 61-63, 65
  Thomas 60-62, 64-65, 68,
    71c-77c, 83c-86c
  Weldon 80s
  William 81c-83c
Watts (Wats)
  Richard 68, 70, 71s
  William 80c
  William 79s
Waugh, Tyler 80c
Waver see Weaver
Way, Henry 86s
Wayley see Whaley
Weaden (Weadon, Wedin, Weeden, Weedon)
  Dockard 84s
  Joseph 86s
  Nathaniel 84c
  Nathaniel 61-63, 79s-80s, 82s
  Richard 82s
Weat, Edward 69
Weatherby, Matthew 84c
Weatherington, Thomas 86s
Weaver (Waver, Wever)
  John 78s, 81s-82s
  Leonard 74s-77s
  Philip 82s
Webb (Web, Wibb)
  Alexander 74c-77c
  John 73c-77c, 81c-85c
Wedner (Widour)
  Alexander 64-65

Weeks
  Alderson (Rev) 82s-83s, 85s-86s
  James 86s
  Thomas 86s
Weisell (Weiselle, Wisell)
  See also: Wiser
  Frederick 63-65, 68, 71s
Weizner, John 68
Welch (Welsh)
  Edward 73c-77c
  Jacob 73s
  James 75c, 78c, 80c-81c, 82c-85c
  John 86c
  John 69-70, 71s-75s, 81s-83s
  Patrick 65, 68
  Quincy 76c-77c
  Thomas 79c
  Thomas 68, 70, 73s, 83s, 85s
  William 79c-80c
  William 79s
Welding, John 85c
Welkins see Wilkins
Wells (Wills)
  David 71s-74s, 79s, 82s
  Ebenezer 75s, 79s
  Esther 68, 70
  Jacob 66, 68, 70, 71s-75s, 79s
  James 76s-77s
  Jeremiah 79s
  Jesse 73s, 75s
  John 62, 76s-79s, 82s, 84s-86s
  John Jr 82s
  Levi 60-65, 67, 70, 71s
  Moses 68, 70, 71s-75s
  Nathaniel 86c
  Nathaniel 82s, 84s
  Richard 71s
  Thomas William 60, 62-63, 65-66
  William 78s-79s
  Zachariah 70, 71s-75s, 79s, 82s
Welton, Samuel 73s
West (Weast, Weest, Weyst)
  Andrew 74s
  Charles (Maj) 74c-84c
  Charles 63, 68, 70, 71s, 73s-74s
  Edward 61-63, 65, 69-70, 71s-77s
  George 60-61, 63, 65, 68, 70, 71s-81s,
    83s, 85s
  Isaac 60-61, 68
  John 73c-77c, 79c-84c
  John 58-63, 65, 68, 70, 71s,
    74s-77s, 79s, 82s, 84s-85s
  Joseph 60-61, 64-65, 68, 70,
    71s-72s, 74s, 80s, 83s-84s, 86s
  Mary 71c-74c, 76c-78c, 80c, 82c
  Nathaniel 73s-77s, 84s-85s
  Owen 68, 71s
  Patrick 75s
  Sibyl 83s
  Thomas 70, 72c, 83c
  Thomas 70, 71s-77s
  Walter 69-70
  William Sr 58, 60-63, 65, 68
  William Jr 58, 60-61
Wevall see Wival
Weyatt see Wyatt

Weyner, Henry 86s
Whaley (Wayley, Waylie, Whaly, Whealey, Whealy, Wheley)
   Benjamin 76c-77c
   Gibson 78c, 81c-82c
   Henry (Harry) 85c-86c
   James Sr 59-65, 68-69, 71c-85c
   James Jr 60-63, 65-66, 68-70, 71c-78c, 80c-86c
   Jillson 79c, 83c-84c
   John 68-69, 71c-86c
   John (Jr?) 68, 71c-75c, 80c-84c
   Martin 74s
   Richard 71s-72s
   Whaley Jr 86c
   William 70, 71c-79c, 81c-85c
   William Jr 71c-72c, 74c-75c, 78c, 81c-86c
Wharton (Warton, Whorton, Worton)
   Anthony 59-61, 65
   Jesse 78c-80c, 83c-84c
Whatson see Watson
Wheeler (Wheelar, Wheelor)
   Clement 79s, 82s
   Drummond 68, 70, 71c-74c, 78c
   Ignatius 61, 63, 82c-85c
   Ignatius Jr 82c-85c
   John 61, 63, 70, 71s, 73s-74s, 79s, 82s
   John Jr 82s
   Leonard 79s, 82s
   Samuel 85c
   William 73c-75c, 80c
Whickoton, Thomas 83s
Whillock (Wheelock, Whellock, Whelock, Whilock, Whitlock)
   James (Sgt) 60-63, 65, 69-70, 71s-78s, 80s-85s
   John 71s-73s, 75s, 79s
Whimsted see Winsted
Whistleman (Whisalman, Whiselman)
   Michael 68, 70, 81s, 85s
Whitaker (Whitacer, Whitacr, Whitacre, Whiteacer, Whitecer, Whiteker, Whiticor)
   Benjamin 69-70, 71s-77s, 83s
   Caleb 73s-77s
   Edward 82s-85s
   Elisha 84s
   George 63, 65, 69-70, 71s-74s, 83s
   John 63, 65, 69-70, 71s-74s, 76s-77s, 82s, 84s-85s
   John Jr 63, 65, 67, 69-70, 71s-72s, 74s, 76s-77s
   Joseph 63, 65, 69-70, 71s-77s, 83s
   Joshua 70, 71s-74s, 76s-77s
   Robert 75s
White
   Augustine 78s
   Benjamin 76s-78s
   Charles 69, 71c-77c
   Daniel 64-65, 68, 70, 71s-79s, 84s
   Francis 85c-86c
   Garrison 73c-75c, 78c-79c, 81c-82c
   Isaac 83s
   James 78c
   James 74s-77s, 81s-82s, 84s
   Jesse 85c
   Joel 75c-82c
   John 76c-77c
   John 75s-77s, 83s-84s
   Jonathan 82s-85s
   Joseph 74c, 76c-77c, 85c
   Joseph 75s-78s
   Josiah 70, 71s, 74s, 76s-79s, 81s-82s, 84s
   Josiah Jr 82s, 84s
   Matthew 68-69, 71c-83c
   Nicholas 75s
   Patrick 65, 68, 70
   Richard 59-65, 68, 70, 71s-79s, 84s
   Robert 68-69, 71c-72c
   Robert 78s, 82s, 84s
   Samuel 68, 70, 71s-77s, 80s
   Thomas 85c
   Thomas 73s-80s, 82s-84s
   William 62, 64-65, 70, 71s-74s, 78s, 82s
Whiteall (Whitall, Whitrall, Whytall)
   William 70, 71s-73s
Whitehouse, Daniel 74c-75c, 81c, 83c
Whitely (Whitley, Whitly, Whitty)
   John 81c
   Peter 65, 71s-72s
   William 58-59, 61, 63, 65, 68, 70, 71s-75s, 79s-82s, 84s
Whiteur
   George 62
   John 62
Whitledge, Thomas 72s
Whitlock see Whillock
Whitmire (Whitemier, Whitmer, Whitmur, Wigmire)
   John Frederick 64-65, 67-68, 70 71s-78s
Whitson, Solomon 84s
Whittle (Whitole, Whittole)
   Richard 84c-85c
   William 68
Whitty see Whitely
Whoredom, William 72c
Wibb see Webb
Wicoff see Wycoff
Wid, William 67
Widdiman (Widaman, Witherman, Witterman)
   Alexander 65
   David 65, 67, 72s, 75s
Widour see Wedner
Wier (McWier, Wires, Wyer, Wyre)
   John 68, 70, 71s-72s, 78s-80s, 82s
   Dennis 73s
Wiett see Wyatt
Wiggins (Wickens, Wigins)
   Robert 60, 65-66
Wigginton (Wiganton, Wigenton, Wiggenton, Wiginton)
   Benjamin 80c, 82c-84c, 86c
   Eleanor 78c-80c, 82c-84c
   Henry 72c-80c, 82c-84c

James 65
Roger 59-63, 65, 68-69, 71c-77c,
 84c
Sarah 62, 65, 68-69, 71c-83c
Spencer 68-69, 71c-84c
William 76c-84c
Wigmire see Whitmire
Wilcox (Wilcock, Willcox)
 Robert 72s, 74s, 78s-80s, 83s
Wildeay, John 74s
Wildman (Wildmen, Wildmin)
 Abraham 71s-74s, 84s
 David 73s
 Jacob 60, 62-63, 65, 68, 70,
  71s-75s, 80s
 John 65, 68-70, 71s-75s, 79s-80s,
  82s, 84s
 Joseph 62-63, 65, 68, 70, 71s-75s,
  80s, 82s
 Joshua 75s-78s, 84s
 Josiah 78s
 William 59, 61-63, 65, 67, 69-70,
  71s-78s, 84s
 William Jr 61-63, 65, 69-70,
  71s-77s
Wiley (Waylie, Wyley, Wylie)
 Ephraim 81c
 John 72c-78c, 80c, 82c-84c
 John 79s, 83s-84s
 Josiah 80c
 Richard 72c
 Richard 75s, 79s
Wilkes (Wiks, Wilks)
 See also: Wilkinson
 Francis 60-65, 68, 70, 71s-74s
 John 60-65, 67, 69-70, 71s
 Moses 81c
 Samuel 60-62, 64-65, 68, 70,
  71s-77s, 84s-85s
Wilkins (Welkins)
 Thomas 71c-73c, 75c-78c
Wilkinson (Wilkenson, Wilkerson,
 Wilkeson, Wilkison)
 See also: Wilkes
 Evan 70, 71s
 James 79s
 Jesse 79s
 John 79c-84c
 John 83s-85s
 Joseph 74s, 79s, 82s
 Michael 79s
 Moses 79c-80c, 82c-84c
 Presley 82c-85c
 William 79c
 William 74s-75s, 83s
Willett (Williot, Willit, Willot)
 Charles 81c-82c, 84c-86c
 Charles 74s-78s, 83s
 Thomas 81s
Williams (William)
 Alexander 69, 71c-80c
 Alexander 82s
 Alier 80c
 Andrew 70, 74s
 Ann 70, 71s, 73s
 Benjamin 69-70, 71s-73s

Daniel 75s
David 59, 61, 63, 65, 67-68, 70,
 71s-77s, 82s
David Jr 68, 70, 71s-72s
Elijah 75s, 80s-81s
Elizabeth 81s-82s
Enoch 62-63, 65, 79s
George 78c-80c, 84c-85c
Henry 78c, 81c
Henry Nace 69
Isaac 61
Israel 82s
James 74c
James 76s-77s, 80s-82s, 84s-85s
Jenkin 63, 65, 68, 70, 71s-74s, 84s
Jesse 84c
John 75c
John 60, 63, 65, 69-70, 71s-85s
Joseph 71c-77c
Joseph 63, 65-66, 68, 70, 71s,
 73s-77s, 79s, 82s
Joshua 78c-80c, 84c
Lewis 76c-77c
Mahlon 73s
Notley 58, 60-63, 65, 78c-80c
Original 59-62, 68-69, 71c, 73c-74c,
 76c-79c, 82c-85c
Richard 61-63, 65-66, 68, 70, 71s,
 73s-77s, 79s, 82s
Ridge 72c
Rowland 70, 73s
Stephen 83c-85c
Thomas 79c-80c, 84c
Thomas Sr 58, 60-63, 65, 69-70,
 71s-82s
Thomas Jr 62-63, 65, 68, 70, 71s-81s
Walter 62-63, 65
William 68, 71c, 73c, 85c
William 59-65, 67-70, 71s-79s, 82s
Williamson
 Abram 68
 Henry 82c, 84c, 86c
 Henry 72s-74s, 79s, 81s
 James 60-61, 65, 68, 70, 71s-79s
 John 79s, 82s
Willingham (Willinghame)
 John 72s, 74s-75s
Willis (Williss)
 Dulick 78c
 Edward 73c-74c, 78c-80c
 Edward 63, 65, 71s
 Francis 71s-73s
 George 63, 65, 68, 71c-85c
 James 65, 68-69, 74c
 Joel 59, 67
 John 68, 75s-77s
Wills see Wells
Wilmouth (Willmouth)
 John 71c
Wilson (Willson)
 Alexander 73s, 78s-79s
 Archibald 80c-81c, 83c, 85c
 Asa 75s
 David 67-70, 71s-77s, 81s-82s, 84s
 David Jr 67, 69, 74s
 Ebenezer 75s, 81s-82s, 84s

-85-

Edward 74c, 76c-78c, 80c-82c
George 68, 70, 73s, 75s
Henry 68, 70, 71s-77s, 81s-83s, 86s
Jacob 72c, 74c-75c
James 71c-77c, 79c-80c
James Maldin 73c
James 74s-78s, 82s, 85s-86s
Jeremiah 72s
John 63, 68, 70, 71c-72c, 74c-77c, 83c
John 68, 72s-74s, 78s, 84s
Jonathan 70, 71c
Joseph 64-65, 68, 70, 71s-79s
Joshua 59, 63, 65, 68, 70, 71s-73s
Josias 75s
Mahlon 74s
Nathaniel 71s
Peter 61
Richard 65-66
Samuel 59, 61, 63, 70, 72s-73s, 75s-77s, 83s
Samuel Jr 61-62
Stacy 72s-74s
Stephen 83s
Tapley 74c
Thomas 59, 61, 63, 65
William 85c
Windsor 76s-77s
Wimsted see Winsted
Wince see Vence
Windsor (Winser, Winson, Winsor)
  Benjamin 70
  Christopher 68
  Hezekiah Butler 73s
  James 63, 69, 71c-72c, 76c-78c
  James 73s-75s, 80s
  John 63, 68, 71c-75c
Winegardner (Winegarner, Winegarnor)
  Henry 76c-81c, 84c
  Herbert Sr 76c-83c
  Herbert Jr 76c-79c
Wines, Ruben 83s
Winespark
  Charles 78s
  Jacob 78s
Wingin, William 68-69
  See also Winner
Wingrove (Windgrove, Windgroves)
  John 74c, 76c-77c, 79c-80c
  John 83s-84s
Winn (Win, Wynn)
  Elizabeth 68, 70, 73c
  George 60-63, 65
  John 60-63, 80c, 82c-85c
  Minor 58, 60-63, 65
  Owen 60-62, 68, 70, 71c-85c
  Owen Jr 82c-84c
  Richard 61-62
  Robert 82s, 84s-85s
  Samuel 60-62
  Thomas 65-66, 68, 70, 72c-85c
  William 80c-85c
  William 60-63, 65, 72s

Winner (Wennan, Winnar, Winning, Winnon)
  See also: Wingin
  Abraham 84s
  Samuel 84s
  William 65-66, 70, 71s, 76s-77s, 82s, 84s-85s
  William Jr 84s-85s
Winsburg (Winesburgh, Winesbury)
  Jacob 68, 70, 73s, 79s, 82s
Winsburner, Andrew 74s
Winscot (Winscoat)
  George 60, 61
Winsell (Vencill, Vincell, Vinsel, Vinsole, Wincell, Winsel)
  Adam (Capt) 59, 61-63, 65, 67-70, 71s, 74s-78s, 81s-82s, 84s-85s
  Adam Jr 67-70, 72s
  John 81s, 85s
  Lewis 84s-85s
Winset, George 65
Winsted (Whimsted, Wimstead, Wimsted, Wimster)
  Thomas 59, 67-68, 71s-72s
Winters (Wintters)
  George 78c-79c, 81c
  Jacob 75c-81c
  John 81c
  Martin 75c-81c, 83c
Wisell see Weisell
Wiser (Wisor)
  See also: Weisell
  Frederick 66
  Henry 71c-73c
  Peter 72s
Wishart (Wisharte, Wisheart)
  Henry 60-63, 65, 68, 70, 71c-74c
  Martin 74s-75s
Wisman, Michael 74s
Wister, John 85s
Withers (Wethers)
  Thomas 65, 83s
Wival (Wevall, Wivel, Wyvel, Wyvoil)
  Marmaduke 65, 70, 72s-75s
Wodkin see Watkins
Wolf (Wolfe, Woolf, Woolfer)
  Adam 78s, 81s-82s
  Adam Jr 81s, 84s
  Conrod 67-70, 78s, 82s, 85s
  Frederick 78s
  Henry 67
  John 67, 70, 71s-77s, 81s-82s
  Philip 70
Wolfingar, Conrod 74s
Wolfkael (Woolfale, Woolfcale, Woolfcall)
  John 74s-75s, 82s, 84s
Wolford see Warford
Wolm, Martin 74s-75s
Wood
  Abraham 73c
  Charles 72s
  Elias 65, 67, 69-70, 71s
  Isaac 65
  James 78s
  John 65, 75c-77c
  John 80s, 86s

Joseph 59, 65, 67, 69-70, 84s
Lashley 72c-81c
Robert 60-61, 85c
Samuel 72c-79c
Thomas 65
William 65, 67, 69-70
William Jr 69-70
Woodam, George 84s
Woodford (Wooford)
Thomas 70, 79s, 84s
William 85s
Woodhouse, George 76s-77s
Woodley, Benjamin 73s-75s, 78s
Woodon, Joseph 61
Woodward
See also: Woolard
Jesse 67, 70
Jesse Jr 68, 71s
Joseph 68-69
Woofter (Woolter, Woter, Wotter, Wouter, Wufter)
Boston 76s-77s, 85s
Conard 76s-78s
Jacob 83s, 85s
John 83s, 85s
Sebastian 69-70, 72s, 74s, 76s-78s, 83s
Woolard (Wolard, Wollard, Woolerd, Woollard)
See also: Woodward
Isaac 68, 70, 71s-72s, 74s-75s
Jesse 67
John 70, 71s-77s, 79s
William 60-63, 65-66, 68, 70, 71s-77s, 79s, 82s
William Jr 65, 72s, 74s-77s, 79s
Woolbright, Jacob 73s
Woolery, George 70, 71s
Woolum, Marta 71s
Woolverton, Andrew 79c
Wooston, Thomas 76s-77s
Worford see Warford
Workman
Isaac 82c
Peter 82s
Wormsley, John 62
Wornell see Warnell
Worster (Wooster, Woster)
John 65-66, 68, 70, 71c-80c
Worton see Wharton
Worts (Warts, Woots, Wurts)
Conrod 68, 72s, 74s-75s, 82s
Michael 82s
William 68, 72s, 74s-75s, 82s
Wrenn (Ren, Renn, Wren, Wrine)
Isaac 74c-75c
Isaac 81s-83s, 85s
James (Col) 75c-85c
John 81c-86c
John 79s
Nicholas 59-62
Thomas 78s
Travis 72s, 74s-75s, 81s-82s, 84s-86s
Wright (Right, Write)
Abraham 59-63

Anthony 72s-73s, 79s, 84s
Benjamin 65
Dennis 70, 72c
George 60-63, 68
Henry 62, 65
Jacob 70, 72s
James 63
Joel 71s-72s
John 62, 76c-77c
Robert 71c-74c, 79c-80c, 82c-83c, 85c
William 74c
Wrightmire see Rightmire
Wriley see Riley
Write see Wright
Wroe see Rowe
Wufter see Woofter
Wurts see Worts
Wyatt (Weyatt, Wiat, Wiatt, Wiet, Wiett, Wyet)
Abner 78s
Edward 63, 65, 67-68, 70, 71s-72s, 74s-75s
Edward Jr 68, 72s, 74s-75s
John 63, 65-68, 70, 71s-74s, 82s, 84s
John (Jr?) 66, 70, 71s-72s
Thomas 59, 61-63, 65, 67-68, 70, 71s-72s, 82s
Wycharst, John Martin 73s
Wycoff (Wicoff, Wychoff, Wyckcoff, Wyckoff)
Abraham 78c-80c, 82c-83c, 85c
Cornelius 83c-85c
Isaac 70, 71c-73c, 75c-79c, 82c-85c
Jacob 76c-78c
John 71c-75c, 78c-80c
Nicholas (Capt) 69-70, 71c-85c
Nicholas Jr 71c-73c, 75c-77c
Peter 77c-80c
Samuel 68, 70, 71c, 73c-78c, 84c
Samuel (Jr?) 78c
Samuel 82s
William 71c-73c, 75c, 77c-85c
Wyer see Wier
Wylie see Wiley
Wynn see Winn
Wysell, Frederick 68, 70
Wyvel see Wival

Y

Yacoby, John 82s
Yaker (Jaeger, Yaguar, Yagy, Yeakey, Yeaky)
Evan 72s
Martin 71s-72s, 74s, 81s-82s
Yaman, John 84c
Yandes (Yander)
Jacob 79c-80c, 83c
Jacob 83s, 85s
Yates (Yats, Yeates, Yeats)
Alice 63, 65
Benjamin 68-69, 71c-77c, 79c, 82c-84c
Benjamin 69, 74s-77s, 79s, 82s-85s
Eli 62

    George 68, 71s, 73s-77s, 79s
    Isaac 74s
    Joseph 60, 61
    Joshua 69-70, 71s-79s, 81s-84s
    Robert 62-63, 65, 70, 71s-75s,
        81s
    Samuel 68-69, 71c-77c
    William 83s-84s
Yeakey see Yaker
Yeates see Yates
Yeldell (Yelddell, Yelding)
    James 59, 61
    Robert 59, 61-63
Yell, George 75s
Yerby, Jesse 78s
Yonad, David 65
Yonkin, John 82s, 86s
Youk, John 81s
Young (Yong)
    Herculus 67-68, 70, 71s-74s
    Jacob 70, 71s-72s, 75s
    James 67-68, 70, 71s-72s
    John 69-70, 71s-74s, 82s,
        84s-86s
    John Peake 69
    Theophilus 68
    William (Taylor) 69, 71s-74s
Younger (Yonger)
    James 78c
Yount, John 61-62

Z

Zick, Adam 71s
Zimmerman see Simmerman
Zion, Martin 65

SLAVEHOLDERS AND SLAVES
of
LOUDOUN COUNTY, VIRGINIA
1758-1786

A

Adams, Andrew
  George 63-65, 68, 70-75
  Guy 71
  Jack 76-77
  Lewis 80
  Lucy (Luce) 76-77, 79
  Sam 73-75, 79-80
  Sampson 70-73
Adams, Edward
  Netillar 84
Adams, Francis
  Ben 80
  Betty (Bett) 82-84, 86
  Christmas 83-84
  Jack 80
  Jerry 81
  Joe 80-83, 86
  Kate (Cate) 81, 83-84, 86
  Mall 81
  Maria 82
  Sambo 82
  (Under 16 in 1786:)
    Britannia   Luce
    David   Mill
    Day   Sinah
    Julia
Adams, John Jr.
  Winney (Winn) 70-72, 74-77
Adams, Nathaniel
  Sall 75-77
Adams, Robert
  Esther 71
  Jack 71
  James 68, 71
  Nat 71
  Solomon 68
Adams, Samuel
  Sam 79-85
  Sarah 79-85
  (Under 16 in 1782:)
    Nan
    Nell
Adams, William
  Antony (Tony) 59-61
  Harry 59-61
  Jack 64-65, 68
  Jacob 63 (Jack?)
  Joshua 59-65, 68
  Lucy (Luce) 62-65, 68
  Sarah (Sall) 61-65, 68
Alexander, John
  Abraham (Abram) 72, 74, 76-82, 84-85
  Ben 72, 76-82, 84-85
  Betty (Bett) 73, 75-78
  Betty (Bett) (2) 75-77, 79-82, 84-85
  Billy 74
  Esther (Easter) 72-82, 84-85
  Danieller (Dancieur) 74-75
  Frank 72-74, 76-81
  George 72-73, 75-77
  Humphrey 80-81, 84-85
  Harry 73-79
  James 72, 74-82, 84-85
  James (2) 78-82, 84-85
  James (3) 75-82
  Joan (Jone) 73, 76-82, 84-85
  Molly (Moll) 72-81
  Nan 78
  Nero 72, 74-79, 81-82
  Pegg 73, 76-82
  Phill 74, 76-78, 81-82
  Phoeby 76-82, 84-85
  Sam 76-77
  Sharper 73, 75-82
  Winney (Viney) 73-74, 76-82, 84-85
Alexander, William (Col)
  Ben 68, 70-79, 81-84
  Ben 74-79
  Cook 68, 70-72
  Frank 73
  George 68, 70-79, 81-84
  George (2) 68, 70-79, 81-84
  Jack 70
  Jane (Jenny) 68, 70-79, 81-84
  Jane (Jean) 68, 70-79, 81-84
  Milly 75-77
  Moll 68, 70-72, 74-79, 81-84
  Nan 73, 78-79, 81-84
  Ned 73
  Sall 73-79, 81-84
  Suck 71-72
  Sue 68, 73-77
  Tom 68, 70-71
Allbriton, John
  Winney (Winna) 83, 85-86
Ambler, William
  Margaret (Margit) 85
  Peg 85-86
  (Under 16 in 1786:)
    Beck
    Ned
Armstrong, William
  (Under 16 in 1786:)
    Cudd
Arwin, Samuel
  George (ferryman)
Ashford, George
  Beck 62-63
  Burr 68, 70-78
  Stace 62-63, 68, 70-78
Ashford, Michael
  Bett 73-77
  Hannah 71
  James 71
  *Joseph Lockley 72
  Nace 71
  Peg 71
  Rhodam (Rhode) 83-84
  Tom 71
Ashton, Henry
  Bett 79-81, 83
  Charles 80, 82
  Daniel 80-81, 83
  Dick 76-78

Frank 76-77
Hannah 76-81, 83
Harry 76-77
James 76-83
James (2) 78-79
Jane 78
Lettice 76-77
Moll 76-83
Nan 76-83
Nan (little Nance) 79-81, 83
Sam 81, 83
Sarah 76-79
Selah (Sellar) 80-81, 83
Thomas (Tom) 76-83
Tom 80
Violet 76-78
Will 76-77, 79-81, 83
Athell (Ethell), John
  Condon 61
  Harry 60, 62-63, 65
  London 63, 65
Athell (Ethell), Winifred
  Harry 68
  James 68, 72-73
Atterbury, Thomas
  Nan 72
Awbrey, Thomas Sr.
  Bess (Bett) 60-61
  Butcher 60-61
  Cuffy 60
Awbrey, Thomas Jr.
  Nan 72

B

Bailey, Joseph
  George 74-77
  Toney 74-77
Bailey, Mountjoy
  Ben 74
  Rew 74
Bailey, Pierce
  Beck 81-84
  Daniel 81-84
  Frank 79-80
  Jack 74
  Jupiter 75-77
  Kitt 74-77
  Luke 78
  Massey 78-81, 83-84
  Ned 83-84
  Suck 74-77, 79-80, 82-84
  Toney 83
Bailey, Samuel
  Ben 76-77
Bailey, William
  (Resided at Colchester)
  Alice 70-72
  Caesar (Sesar) 69
  George 70-73
  Hannah 69-72
  Jack 69
  John 78
  Nan 73

Terry 78
Toney 79
Baker, William
  Mag 82-83
Ball, Farling
  Frank 82
  Frederick 78-81
  Jack 82
  Jane 82
  Judy 78-81
  Lucy 82
Ball, William
  Bob 83
  David 82-83
  Dick 80-83
  Hannah 80-82
  Nancy (Nan) 80-83
Ballendine, John
  Aylie 69
  Ben 65, 68, 78, 80-81
  Bess 68
  Charles 78-80
  Cooper 78-80
  Daniel 78-80
  Dick 69
  Dinah 65, 78, 80
  Dirty 78, 80
  Drake 78, 80
  Fanny 79, 81
  Frank 68
  Frederick 68
  George 65, 68, 78, 80
  Hannah 68, 78, 80-81
  Harry 65
  Jack 65, 80-81
  James 65, 68-80
  Joan 65, 68, 78-81
  *Joan Di _?_ 65, 81
  Joe 78-81
  Jules 68
  Lett 78, 80
  Mary 65, 78, 80
  Moll 65, 68, 78-80
  Monongahaly (Galey) 65, 78-81
  Nan 68, 78-81
  Nan (2) 68, 78, 80
  Nat 81
  Osburn 78-81
  Patience 65, 68, 80-81
  Prince 68-69
  Ranah (Rener) 78-79
  Rippon 65
  Sack 68, 78
  Sam 69
  Sarah 68
  Simon 65, 68, 78, 80-81
  Thames (Tamme) 78, 80-81
  Tom 78, 80
  West 78-81
  Will 65, 68, 78, 80-81
  Winney 69
  Zingo 65
Ballendine, William
  David 69
  Jesse 69
  Ned 69

Phill 69
Ballenger, William
  Antrum 85
  Ben 85
  Solomon 85
  Suck 85
  Tilbun 85
Barker, John
  Guy 81
  Jenny (Jean) 80-81
  Molly 81
  Poringer 81
  Sam 81
  Siller (Selah) 81
Barker, Mary
  Poll 85
Barker, Nathaniel
  Harry 73, 75-79, 82-85
  Thomas 84
Barker, William
  Samson 85
Barnes, Abraham
  Alice 59-65, 71
  Bess 59-61
  Cuffey 59-61
  Dick 59-65
  Dick (little) 63-64
  Maria 59-60
  Prue 59-65, 71
  Rhodam (Rhody) 59-65
  Sam (old) 59-65, 71
  Sam (young) 59-61
  Winnie (old) 62-65
  Winnie (young) 62-65, 71
Barr, William
  Jupiter (Jupio) 65
  Pompey 65
Bartlett, John
  Amey 81
  Dressay 84
  Fanney 84
  Forrister 84
  Gregory 81, 84
  Lucy 81
  Peter 81, 84
  Tibbe 81, 84
Bartlett, Scarlet
  Sam 81
  Tom 81
Bayliss, Reuben
  Cate 74
Beach, Joel
  Hannah 84
  Ned 85
Beaty, Andrew
  Andrew 83
  Peter 85
  (Under 16 in 1786:)
  Kate
Beaty, George
  Molly 83
Beaty, John
  Hester 84
Beaty, Robert
  Melea 85
Beaty, Thomas

  Grace 84-85
  James 85
  Milly 85
  Minta 85
  Vincent 75, 78-80, 84-85
Beavers, William (Capt)
  Mariam (Mary) 75-78, 80, 82
  Mimey 74
  Will 65, 68, 70-77
Beck, Birgin
  Bess 80
  Hager 80
  Susannah 80
Beckwith, Marmaduke
  Daniel 81
  Dinah 60, 66
  Hannah 60, 63, 66
  Isaac 75
  James 60, 63
  Mol 63, 66
  Mongo 66
  Nan 81
  Pompey 81
  Sarah 60
  Simon 60
Bennett, Charles
  George 63
  Jack 63
  Jerry 63
  Joe 63
  Lydia 81
  Morris 63
  Peter 81
  Pidgeon 63
  Valentine 63
  Winny 81
Bennett, Mason
  Robin 86
  Will 86
Bennett, Thomas
  Davy 86
  Lucy (Luce) 80, 82-86
  (Under 16 in 1786:)
  Jean
  Jemima (Mime)
Berkley, Barbara (Wid)
  Dorcas 83-85
  Fox 70
  Grace 68, 70-72, 74-78,
    81, 83-85
  Hannah 68, 70-72
  James 76-78
  Moll 68, 70-72, 74-78,
    81, 83-85
  Nan 68, 70-72, 74-78
  Ned 81, 83-85
Berkley, Benjamin
  Fox 65
  Grace 63, 65
  Hannah 63, 65-66
  Joan (Jone) 66
  Moll 63, 65-66
  Nan 66
Berkley, Burgess
  Judy 84
Berkley, George

Frank 86
Jean 86
Mill 86
Toney 86
(Under 16 in 1786:)
  Ben
  Jack
  Jean
Berkley, John
  Aaron 68, 70
  Abraham 70
  Amey 72-80, 82
  Cain 73
  Caesar (Seasor) 63, 65, 68, 70-73
  Dick 63, 68, 70
  Drucilla 68, 70-80, 82
  Florah 65, 68, 70-80
  Frank 63, 65, 68, 70
  George 70-72
  Gregory 71-80, 82
  James 63, 65, 68, 70-77
  Peter 68, 70-80, 82
  Tibb 79-80, 82
Berkley, Reuben
  Daphne 81-84
  Fann 74-77
  Forister 60-61
  George 60, 62-65, 68, 70-84
  Jack 68, 70-84
  Joan (Jone) 80
Berkley, Scarlet
  Sampson (Sam) 78-80, 82-84, 86
  Stephen 83-84, 86
  Tom 80, 82-83, 86
Berkley, William
  Charles 74
  Frank 60-61
  George 61
  Hagar 65, 69-73
  London 72
  Sarah 60-61
Berry, Baldwin
  Bess 79, 81-85
  Jack 78, 81-85
  James 78-79, 81-85
  Winney 81, 83-85
Berryman, Benjamin
  Bess 60-61
  Daniel 60-61
  Moll 60-61
  Nace 60-61
  Nan 60-61
  Ned 60-61
  Peg 60-61
  Tom 60-61
  York 60-61
Bingham, Stephen
  Sarah 74-75
Binns, Charles
  Betty 60-63, 65, 68, 70-77, 79
  Boling 72
  Chloe 60-63, 65, 68

  Fanny 68, 70-77, 79-80, 82-84
  Giles 70-77, 79-80
  Jesse 65, 68, 70-77, 79-80, 82-84
  Ned 68, 70-77, 79-80, 82-84
  Sam 60-63, 65, 68, 70-77, 79-80, 82-84
  Sarah (Sall) 76-77, 79-80, 82-84
  Serena (Cerena) 68, 70-77, 79-80
  Simon 65, 68, 70-77, 79
  Surry 65, 68, 70-77, 79-80, 82
  Sybel (Sibb) 80, 82-84
Binns, Thomas
  Judy 79
Blackburn & Ellzey <u>see</u> Ellzey and Blackburn
Blackburn, Edward
  Cato 63
Blackburn, Mary (Wid)
  Dick 68-69, 71
  Frank 68-69, 71
  James 68-69, 71
  Lett 68-69, 71
  Moll 68-69, 71
  Zouccher (Youe, Zecho) 68-69, 71
Blackburn, Richard (Col)
  Cook 60-63
  Dick 60-63
  Gacher 62
  Jackie 62
  Jenney (Jene) 60-61
  Juba (Jube) 60-61, 63
  Kitchena 60-61, 63
  Loure 63
  Lucy (Lucia) 60-63
  Tucker (Shucker) 60-61
Blackburn, Thomas (Col)
  Arabella 65-66, 68, 70
  Bett 68, 70
  Billy 68, 70
  Cato 71
  Cook 65, 68, 70-71
  Juba 65-66, 68, 70-71
  Kitchena 65-66, 68, 70-71
  Leah 66
  Lucy 65-66, 68, 70-71
  Peter 65-66, 68, 70
  Will 71
Bland, William
  Frank 70
Blincoe, Thomas
  James 66, 68, 70-78, 80-84
  Lucy 76-77
  Rachel 76-78, 80-84
  Tom 68, 70, 81-84
  Winney 73-78, 80-84
Bodine, Cornelius
  Dinah (Dine) 70-72, 74, 76-77, 79
Boggess, Henry

Jacob 83
Boggess, Robert
  Biner 85
  Forrester 79-83, 85
  James 79-83, 85
  Pegg 80-81, 83, 85
  Penny (Pen) 80-83, 85
  Rose 79-83, 85
  Scarlet 79-81, 83, 85
  Sebinor (Sib) 81-83, 85
Boggess, Vincent
  Adam 69-77
  Chloe 70-83, 85
  Jemima (Mime) 69-74
  Nell 70-83, 85
  Will 81-83, 85
Bonham, Amariah
  Sampson 84
Botts, Joshua
  Bess 69-80, 82, 84-85
  Bett 84-85
  Pegg 82, 84-85
  Sall 82, 85
Botts, Moses
  Sall 84
Boyd, John
  Dick 80, 82
  Mime (Jemimah) 85
  Tom 84
  Travis 83
Boydston, Benjamin
  Nan 79-81
Braden, Robert
  Moses 76-77, 79-80
  Sall 83-84
Brawner, William
  Bett 78-80
Brent, Charles
  Adam 68-69, 71-72, 74-77
  Beck 64, 68-69, 71-72, 74-78, 80, 83-85
  Bett 74-78, 80, 83-85
  Hannah 83-85
  Kate 78, 80, 83-85
  Ned 64, 68-69, 71-72, 74-78, 80, 83-85
Brent, George
  Hannah 83-85
  Mary 83-85
  Shadrack 83-85
Brewer, Henry
  Bess 59, 61-65, 69, 71-80
  Bristow 69, 71-85
  Durt 69, 71-85
  Henry (Harry) (young) 76-85
  Henry (Harry) (old) 59, 61-65, 69, 71-84
  James 64-65, 69, 71-72
  London 82-85
  Lucy (Luce) 71-78, 82-85
  Nann 80-83
  Rose 72-79, 82-84
Brewer, John
  Lucy 79-81
  Rose 80-81
Brewster, Mary (Mrs)
  Dick 59, 61-62, 65
  Hannah 65, 69, 71-74
  Lucy 69, 71-75, 78
  Prudence 69
  Rose 59, 61-62, 65, 69, 71-75, 78-84
Bridges, John
  Bett 82-85
  Cleark 85
  Daniel 82-85
  Tamer 82-83
Broadwater, Charles (Maj)
  Solomon 72
  Will 63, 72-73
Bronaugh, George
  Judy 82
Bronaugh, William (Col)
  Bess (Bett) 69, 71-75
  Caesar 62, 71-85
  Charles 81-85
  Charles (little) 82-84
  Dick 81-82
  Dowling (Dulin) 71-80
  Frank 71-73
  Hannah 60-62
  Joe 63, 81-85
  Letty (Lettice) 71-85
  Moll 74-83
  Nan 78-79, 81-85
  Rachel 80-85
  Robin 69, 71-80, 82-85
  Seth (Sith) 72-85
  Sue 72-82
  Sylvia 69, 73
  Tom 71-73
  Truelove 76-85
  Will 60-63, 65, 69, 71-85
  Winney 62-63, 65, 69, 71-83
  Winney (little) 78
Broughton, Elizabeth
  Ben 82
  Fame 83
  Penn 82
Broughton, William
  Fame 79
Brown, Benjamin
  Hannah 84
  Primus 81-84
  Silvia (Silvey) 69, 71-84
Brown, Coleman
  Bob 74-84
  Jenny (Jean) 80-85
  Nan 80-85
  Nell 80-81, 83, 85
  Peter 79-83
  Sam 74-85
  Tom 81-83, 85
  Will 84
Brown, Gustavus Richard (Dr.)
  Fan 79
  Frank 79
  Poringer 79
  Sam 79
  Selah (Sillah) 79
Brown, Henry
  Bess 68

Dirty 68
Harry 68
James 68
Brown, John (Dr.)
  Fan 78
  Frank 80
  George 78
  Guy 80
  Joan (Gone) 78
  Poringer 78, 80
  Robin 78
  Sam 78, 80
  Selah (Sillah) 78, 80
  Stella 80
Brown, John, Jr.
  Sylvia 80-83
Brown, Joseph
  Amey 76-78
  Charles 70-79
  Charles (2) 76-77, 79
  David (Daniel) 75-79
  Frank 79
  Patt 70-79
  Rhode 76-77, 79
  Suckey 75-78
  Sue 76-77
Brown, Thomas
  Adam 60-63, 65-66, 68, 70-82
  Billy (Will) 68, 74-77, 82, 85
  Bob 68, 70-73, 79-81, 83
  Brister 60-63, 65-66, 68, 70-78
  Charles 63, 65-66, 74-83, 85
  Dinah 75-83, 85
  Hannah 60-63, 65-66, 68, 70-83, 85
  Judith (Judah) 60-63, 65-66, 68, 70-71, 73-82
  Kate 60-63, 65-66, 68, 70-77
  Lucy 60-63, 65-66, 68, 70-82, 85
  Nace 78-83, 85
  Prince 70-74
  Sam 62-63, 68, 70-73
  Suckey (Suck) 80-83
Buchanon, Spence
  Frank 84
  James 84
  Peter 84
Buchanon, William
  Anthony 79-85
  George 68
  Harry 66
  Jeane (Jany) 82-84
  Lucy (Luce) 66, 68-69, 71-85
  Willoughby 72
Buckley, John Fryer
  Judy 79
  Winny 80-81
Buckley, Joshua
  Amey 79
  Mucar (Murr) 83-84
  Peg 85
  Robin 83

Tom 80, 83-85
Will 83
Buckley, William Sr.
  Baker 84
  Ben 70-77, 79-85
  Daniel 74
  James 70
  Peg 83-85
  Tom 81
  Winney 69
Buckley, William Jr.
  Suck 79
Burk, Abraham
  Violet 68
Burk, John
  Andrew 84
Burns, John
  Davie 82-83, 85
  Dick 84
Burns, Terrence
  Daniel 85
Burns, Thomas
  Dinah 75-79
  Jane
  Juno 75-79, 81, 83
  London 75-79
  Will 79, 81, 83
Burwell, Nathaniel (Col)
  Amos 76-85
  Bob 79-83, 85
  Caesar 84-85
  Catinah (Tinar) 76-83
  Chloe 76-85
  Cobler 76-85
  Farrow 76-77
  Guy 80
  Hannah 76-85
  Hannah (2) 79-83
  James 76-83
  Lucy 76-85
  Ned 80-85
  Phyllis 79-81, 83-85
  Robin 84-85
  Simon 84-85
  Sylvia 80-85
Burwell, Robert (Col)
  Abraham 72
  Amos 68, 70-74
  Anthony 72
  Bob 72
  Catinah (Tenah) 58, 60-63, 65, 68, 70-74
  Chloe 68, 70-74
  Cobler 58, 60-63, 65, 68, 70-74
  Dick 71-72
  Fanny 70-72
  George 68, 70-71
  Hannah 58, 60-63, 65, 68, 70-74
  James 58, 60-63, 65, 68, 70-72
  James (Jimmy) 70-74
  Kate 68, 70-72
  Lotey 68
  Lucy 68, 70-74
  Michael 72
  Oliver 58
  Peg 68, 70-72

Pharoah 68, 70-74
  Pompey 68, 70-72
  Sarah 58, 60-63, 65
  Will 72
  York 62-63, 65
Bush, Abraham
  Patt 71-77, 81-82
  Phill 78, 80-82
  Violet 65-66, 71-77, 80-82
  Will 80-82
Butcher, John
  Titus 72-79, 82-83
Butcher, Samuel Sr.
  Ralph 69-77
  Terry 69-70
Butcher, Susannah
  Ralph 78-79
Butler, James
  Bett 66
Butler, Joseph
  Alice 78, 80-83
  Beck 82-83
  Cyrus 71, 73, 80-81
  George 81
  Lettice 78, 80-83
  Lettice (2) 83
  Oliver 81
  Tom 83

C

Cadwalader, John
  *Rachel Lane (mulatto)
Caldwell, Joseph
  Frank 79, 81-82
  Milly 82
  Sam 82
Campbell, Aneas
  Charles 60
  Pegg 60-61, 63, 65
  Sam 60-61, 63
  Sarah 60
  Smith 60
Campbell, Collin
  Charles 80-82
  Henry (Harry) 80-82
  James 80-82
  Judy (Judah) 80-82
Cannon, Thomas
  Henry 78
  Jerry 76-77
  Margery 76-78
  Will 76-78
Cargill, John
  Jack 65
Carlile, David
  Hett 82
Carnan, Susanna (Mrs)
  Frank 78-79, 81-82, 84-85
  Hannah 78-79, 81-82, 84-85
  Jack 78-79, 81-82, 84
  James 78-79, 81-82
  Sawny 85
Carnan, William

  Frank 75-77
  Hannah 75-77
  Jack 75-77
  Nan 75
Carr, Peter
  Sam (cooper) 74
  Sylvia 74-78
Carroll, Demsey Sr.
  Alley 75
  George 75
  Jenny (Jean) 60-63, 65-66, 68,
    70, 72, 74-75
  Joan 60-63, 65-66, 68, 70, 72,
    74-75
  Judy 83-85
  Nancy 60-63, 65-66, 68, 70, 72,
    74-75
Carroll, James
  Adam 83-86
  Anthony 84-86
  Charles 84
  Jack 85-86
  James 85-86
  Joe 83-86
  John 83
  Juno 83-86
  Mary 83-86
  Nanny 83
  Patty 83-86
  Peter 83, 85
  Phill 83-86
  Phyllis 83-86
  Sarah 83-86
  Suckey 83-86
  Sutton 83, 85-86
Carroll, Rebecca (Mrs)
  Fanney 84
  Nancy 81-84
Carter, Edward
  Lucy 78-79, 81-84, 86
  Mimey (Jemima) 74-77
  Stephen 86
Carter, George
  Beck 80
  Betty 80
  Eady 80
  Esther (Easter) 80
  Griffin 80
  Jacob 80
  Mary 80
  Moses 80
  Nan 80
  Parke 80
  Phyllis 80
  Ralph (Rafe) 80
  Sam 80
  Tom 80
  Winney 80
Carter, John
  Agatha (Aggey) 74-77
  Amy 73-75
  Andrew 68, 71, 73, 76-77,
    79, 81, 85
  Arch 79
  Beck 66, 68, 70-77, 79, 81, 85
  Becky (2) 79

Betty 61-63, 65-66, 68, 70-77,
    79, 81, 85
Betty (2) 76-77, 79, 81, 85
Betsey 81
Billy 70, 74-75, 81
Billy (2) 81
Bridget 61-63, 65-66, 68, 70-77,
    79, 81, 85
Cate 61-63, 65-66, 68, 70-77,
    79, 81, 85
Cate (2) 63, 65, 68, 70-74, 81
Cate (3) 81
Charity 85
Cook 71
David 62-63, 65, 68, 70-77
David (2) 71
Dick 71-77, 79, 81, 85
Dinah 79, 81
Dinah (2) 79
Enoch 75-77
Esther (Ester) 81, 85
Eve 61-63, 65, 68, 70-77, 79
Florah 79
Frank 85
Gumba 79
Harry 76-77, 79, 81, 85
Harry (2) 85
Hart 61-63, 66, 70-77
Israel 79, 81, 85
Jack 61-63, 65-66, 68, 70-75,
    79, 81
Jack (2) 68, 70-73
James 61-63, 65-66, 68, 70-77,
    79, 81, 85
James (2) 63, 65, 68, 70-77, 79,
    81, 85
James (3) 79
Jenny 79
Jerry 75
Jesse 73-77, 79, 81, 85
Joe 79, 81, 85
Johnny 73-75, 79, 81, 85
Joshua 74-77
Judy 68, 70-77, 79, 81, 85
Judy (2) 72-73, 79
Locust 63, 71, 73, 76-77
Lomah 68
Lucy 81, 85
Mary 61-63, 65-66, 68, 70-77,
    79
Mary (2) 62-63, 65-66, 68,
    70-77
Minor 85
Molly 73-75
Moses 62-63, 65-66, 68, 70-77,
    79, 81, 85
Nanny 73, 79, 81, 85
Nelly 85
Oliver (Olley) 73-77, 79, 81, 85
Parker 71-75
Patty 61-63, 65-66, 68, 70-71
Peg 79, 81, 85
Peter 79, 81, 85
Phyllis 79, 81, 85
Phoeby 76-77, 79, 81, 85
Rachel 85

Ritchie 62-63, 65-66, 68,
    70-75
Robin 61-63, 65-66, 68, 70-77,
    79, 81, 85
Robin (2) 79, 81, 85
Roger 62-63, 65-66, 68, 70-77,
    79, 81
Rose 71-73, 81, 85
Sacush 62
Samuel (Sam) 62-63, 65-66, 68,
    70-77, 79, 81, 85
Sambo (Sam 2) 68, 70-73, 79
Sarah (Sally) 61-63, 65-66, 68,
    70-75, 81
Selah 75, 79
Stephen 81
Suckey 75-77, 79, 81, 85
Suckey (2) 76-77, 81, 85
Toby 79
Tony 66, 68, 70-77, 79, 81, 85
Toreben 79
Venus 79, 81
Will 65-66, 68, 79, 81, 85
Will (2) 79, 85
Will (3) 79
Winny 74-77, 79, 81, 85
Winny (2) 79
Zack 85
Carter, John Jr.
    Beck 83-84
    Gaisey 85
    Manuel 85
    Nancy 85
    Patty 85
    Patty (2) 85
    Peter 85
    Robin 85
    Sucky 85
    Willoughby 85
Carter, Landon (Col)
    (Resided in Prince Wm. Co.)
    Abigail (Abby) 83-85
    Abby (2) 83-85
    Alice 83-85
    Andrew 70
    Arthur 60-63, 65-68, 70-81
    Arthur (2) 61-63, 65-66, 68,
        70-81
    Barnby 60
    Beck 83-84
    Betty 70-74
    Bridge 60, 79-81
    Charles 79-81
    Egor 71-81
    Fortune 59-63, 65, 68, 70-79
    Gawin 83-84
    George 62-63, 65, 71-72, 74-75,
        78-81
    Gowing 60
    Grace 81
    Harry 61-63, 65-66
    Harry (2) 62-63, 66
    Isaac 79-81
    Jack 59-60
    James 83-85
    Joseph (Joe) 59, 61

-100-

Josey 84-85
Kate 59-63
Lazarus 83-84
Leah 62
Locust 65-66, 70, 75
Manuel 83-84
Mary 79-81, 83-84
Martha 83-84
Martha (2) 83
Milly 81, 83-85
Mime 84
Nancy 81, 83-85
Nanny 83
Nelly 79-81
Nelson 71-72, 74, 81, 83-85
Parmer 83-85
Patty 68, 83-84
Patty (2) 83-84
Peg 61-63, 66, 68, 70-81, 83-84
Penny 75-77
Peter 83-84
Philip 83
Robert (Robin) 80, 83-84
Roger 73, 76-77
Sam 60, 81, 83-85
Sarah (Sally) 65-66, 68, 71-77, 83-85
Scott 60-61, 63, 65-66
Sicily 83-85
Selah (Silla) 84-85
Simon 79-81
Stephen 83-84
Suckey 70-74, 83-84
Thomas (Tom) 61, 66, 79-80, 83-85
Tom (2) 84-85
Willoughby 83-84
Carter, Peter
   Frank 69, 71-72, 77, 79-84
   Hannah 66, 68
   Joe 84
   Judith 73-77, 79-84
   Mimey 73
   Nancy 81
   Norse (Naussey) 79-80
   Will 66
Carter, Robert (Hon)
   Agatha (Aggey) 83-84
   Anna (Anney) 75-79
   Anthony 84
   Bett (Betsy) 80-85
   Caesar 60, 62-63, 68, 71-77
   Frank 60, 62-63, 65, 68, 71-81, 85
   George 60, 62-63, 65-66, 68, 71-85
   George (2) 79-85
   Hannah 60, 62-63, 65-66, 68, 71-84
   Hannah (2) 71-85
   James 60
   Jenny (Jane, Jean) 74-85
   Jesse 83-84
   Judith (Jude) 66, 73-79
   Mary Ann 73-83, 85

   Moll 60, 62-63, 65-66, 68, 71-82
   Moll (2) 62-63, 65
   Nat 79-85
   Oliver (Olley) 72-80, 82-85
   Polly 68, 71-78, 80, 83-85
   Presley 83-85
   Rachel 60, 62, 65-66, 68, 71-82
   Rachel (2) 72-79, 81
   Robert (Robin) 65-66, 68, 71-85
   Sall 66
   Talbert 80-81
   Tom 65-66, 68, 71-82
   Violet 83
   Will (Bill) 60, 62-63, 65-66, 68, 71-82, 84-85
   Will (Bill 2) 62-63
   Winney 75-85
Cavens, Patrick
   Patty 82
   Patty (2) 82
   Tom 82
Cavens, Thomas
   Harry 74, 76-77
   Hannah 78
Chamberlain, William
   George 85
   Phill 85
   Sall 85
   Venus 80
Charm, Alexander
   Joseph 78
   Milly 78
Chatham, (Chitham) George (Exors)
   Jane 71
   Mill 71
Cheek, William
   Bett 78-81, 83
Cheshire, Samuel Sr.
   Sam 71
Childs, John
   Will 78
Chilton, Ann
   Ben 71
Chilton, George
   Ben 65, 69-70
   Coffey 60
   Fender (Pender?) 63, 65, 69-70
   Jane (Janney) 72-75
   Milly (Mill) 69-70, 72-75
Chilton, James
   Flora 82
   George 82
Chilton, John Stewart
   Lucy 74-75
   Sam 74-77
   Sarah 74
   Sillah (Celia?) 74-77
Chilton, Sturman
   Lucy (Luce) 65, 68-69, 71-75, 78-80, 82-83
   Lucy (2) 73
   Nan 78-80, 82-83
   Sam 73

Sarah 73
Selah (Sillah) 73
Chilton, Thomas
  Linn 72-73
Chinn, Charles
  Bess 63
  Betty 62
  Dillon 71-75, 78-79
  Esther 71
  Hannah 72-75
  Margery 71-73
  Mary 60-63
  Mingo 71-72
  Sam 71-72
  Scipio 58-63
  Will 58-63, 73-75, 78-79
Chinn, Christopher
  Bett 69, 72-75, 80-81
  Clyte 72
  Cuffy 65, 69
  Daniel 69, 80-81
  Dick 80-81
  Dillon 65, 69
  Doll 65
  Esther 65, 69
  Margery 69
  Milley 69
  Mingo 65, 69
  Pegg 65
  Ralph 69, 72-75, 80-81
  Sarah (Sall) 73-75, 80-81
  Sam 65, 69, 72-75, 80-81
  Titus 73-75
Chinn, Elijah
  Bett 70-71
  Cuffy 70-71
  Dillon 70
  Dorothy (Doll) 58-63, 70-71
  Esther 63, 70
  Grace 58-63, 65, 69-71
  Margery 60, 70
  Milly 70-71
  Mingo 60-63, 70
  Nell 58-63, 65, 69-70
  Pegg 58-59, 61-63
  Ralph 71
  Sam 70
  Sarah 69-71
  Titus (Titey) 58-63, 65, 69-71
Chinn, Rawleigh (elder)
  Anthony 85
  Barsha 74-82, 84
  Dillon 74-82, 84-85
  Dorcas 79-82, 84-85
  Will 75-77
Chinn, Rawleigh (younger)
  Adam 78-82
  Cuffy 72-75, 78-82
  Isaac 72-75
  Milly 72-75, 78-81
  Nan 81-82
  Nell 72-75, 78-82
Chinn, Thomas
  Dinah 65, 69-71
  Eve 69-73, 75-78

Frank 74-78
Henry (Harry) 69-71, 73-77
Lucy 73-78
Stephen 65, 69-72
Tom 69-75
Chisholm, Alexander
  Milly 81
  Peter 81
Cimbolin, Jacob
  Sarah 71
Clapham, Josias
  Aaron 65
  Abby 75
  Ann 68, 70-77, 79, 81-82
  Boston 73-77, 79, 81-82
  Daniel 72
  David (Davey) 60, 82
  Duke 60-61, 63-66
  George 79, 81-82
  Hannah 74-77
  Hannah (2) 75-77, 79, 81-82
  Harry 79, 81-82
  Jack 63-65, 68, 70-77, 79, 81-82
  James (Jamy) 70
  Jane (Jean) 66, 68, 70-74
  Joe 70-77, 79, 81
  Kate 63-66, 68, 70-77
  Kitt 79
  Leah 68, 70-77, 79, 81-82
  Linn 74-77, 79, 81-82
  Munia 61
  Nan 60-61, 63-66, 68, 70-77, 79, 81-82
  Natt 72
  Ned 68, 70-77, 79
  Pegg 61, 73-77, 79, 81-82
  Peter 68, 70-75, 79, 82
  Rachel 74, 76-77, 82
  Sarah 60-61, 73-77, 79, 81-82
  Sibby (Cib) 76-77, 79, 81-82
  Tibb 73-77, 79, 81-82
  Tom 60-61, 63-66, 68, 70-77, 79, 81-82
  Tom Jr. 73, 79
  Will 73
Cleveland, James (Capt)
  Adam 86
  Angelica 73-80, 82-83
  Beck 80
  Bellow 73-79
  Ben 73-79, 81-83
  Ben (2) 81-83
  Daniel 73-77, 83
  Esther 83
  Frank 73-79, 80-83
  Frederick 82-84, 86
  General 73-79, 81-83
  Grace 74-75, 78
  Harry 73-79, 81-83
  James 80
  Jenny 73-74
  Jesrell 80
  Jevinor 80
  Katherine (Kate) 73-78
  Lydia 79-81, 83

Michael 73-79
   Nanny 80
   Penny 86
   Philip (Phill) 75-78
   Rachel 74-83
   Sabina 73-79, 81-83
   Serina 73-78
   Shadrack 74-81
   Selah (Scilla) 73-81, 83
   Selah (Siller) 73-79
   Sooner (Suno) 73-75, 78-79
   Susannah 76-77
   Tom 80, 83-84, 86
   Violet 73-80
   Virgin 73-83
   Virgin (2) 79-84, 86
   William (Billy) 81-83
   Will 81-84, 86
   Winney 79-81
   Winney (2) 81, 83
   York 73-83
   Zachariah (Sack) 74-81
   (Under 16 in 1786:)
   Buddy   Mill
   Caroline   Patt
   Charlotte   Phoeby
   Daniel   Randolph
   Davy   Toby
Cleveland, William
   Jenny (Jean) 82, 84
Clifton, Burdett
   Dave 70-73
   Hannah 70-73
Cochran, Nathan
   James 78
Cocke, William (Maj)
   Abell 76-77
   Calvert (Corbet) 74-77, 80-81
   Harry 79-82
   Jack 71-73, 79
   James 71-72
   Lett 81-82
   Patt 76-77, 79-82
   Rose 74
   Selah (Scilla) 76-77, 79-82
   Sylvia 73, 75
   Temp 76-77
Cockerell, Benjamin
   Solomon 78-85
   Will 79-85
   Winney 79-83
Cockerell, Christopher
   Amy 83-85
   Cuffey 81-83
   Jane 68-69
   Joshua 68-69
Cockerell, Elias
   Nan 78
Cockerell, Jeremiah
   Beck 74-85
   Betty 68, 70-85
   Bromby 73-85
   Carter 68
   Esther 70-85
   Frank 76-78, 80-84
   *George White 68, 70-85

   Hannah 78-85
   Harry 74
   Sambo 68, 70-85
   Whitely 83-85
   Winney 84-85
Cockerell, John
   Sarah 79
Cockerell, Joseph Marmaduke
   James 79
   Jane (Jenny) 71-75, 78
Cockerell, Sanford
   Daniel 80-85
   Hannah 68
   Rachel 85
   Stephen 82-85
Cockerell, Thomas Sr.
   Chloe 78-85
   Hannah 60-63, 65-66, 68,
      70-77
   Harry 81-83
   James 65
   Lucy 60-63, 65
   Sall 85
   Sarah 60-63, 65-66, 68,
      70-81, 83-85
   Sue 72-85
   Winney 74-77
Coleman, Eleanor (Mrs)
   Beck 68
   Beck (young) 68
   James 68
Coleman, James (Col)
   Beck 64-65, 69, 71-77, 79-82
   Beck (young) 65, 69, 71-73
   Bett 62-65, 68-69, 71-75
   Cate 61-62, 73-79
   Delia 80-85
   Dick 71-85
   Frank 61-65, 68-69, 71-85
   Hannah 73-79
   James 64-65, 69, 71-79
   James 64
   Moll 76-78
   Pegg 85
   Phill 76-85
   Phoeby 80-85
   Quasheba 71
   Rachel 85
   Sambo 61, 65, 68-69, 71-85
   Sylvia 73-85
   Solomon 81-84
   Tom 65, 68-69
   Venus 80-85
   Wallace 68-69, 71-85
   Will 64-65, 68-69, 71-85
   Willoughby 71
Coleman, Richard (Capt)
   Beck 60-63
   Cate 60, 63
   Frank 60
   James 60-63
   Joan 60-63
   Sambo 60
   Tomboe 62
Collins, William
   Frank 73-74

Combs, Joseph (Capt)
  Boson 65, 74
  Bountain 65, 69-74, 78
  Charles 78, 81
  Hannah 74-75, 78-81, 84
  Jack 70, 72-75, 78-80
  Jimmy 65
  Millie 81
  Nan 69-75, 79-80
  Nan (2) 74
  Ned 74-75, 78-81, 84
  Ned (little) 78-81, 84
  Nell 84
  Phyllis 78-80
  Poll 74-75, 78-80
  Ralph 72
  Rhode 84
  Robin 80
  Rose 79-81
  Sall 65, 79
  Seviah 84
  Sharper 81
  Sylvia 72
  Solomon 65, 69-75, 78-81, 84
  Tom 69-75, 78-79
Combs, Stephen
  Bountain 75
  George 84
  Nan 75, 78-83
Compton, John
  Charity 82
  Hannah 68, 82
  Jim 82
  Moll 82
  (under 16 in 1782:)
  Dinah 6 wks.
  Harry 2 yrs.
  Jenny 4 yrs.
Compton, Samuel
  Joan 59, 61
  Rachel 65, 68
Conn, Hugh
  Ben 63, 69-71
Conn, Mary
  Ben 73-74, 78-81, 83-84
  Bett 79-81, 83-84
Conn, Samuel
  Ben 85
  Bett 85
  Jacob 85
Connelly, Daniel Sanford
  Lett 79
  London 79
  Lucy 79
Connelly, John
  Pompey 61-63
Connelly, Sanford Ramey
  James 84
  John 84
  Judy 84, 86
  Lucy 80, 82, 84
  Sam 86
  (under 16 in 1786:)
  Henson   Mary
  Linne   Will
  Lisha

Conner, Charles
  Peg 73-77
Conner, Edward
  Bett 63
  Dick 59-63
  Dublin 59-61, 63
  Emanuel 63
  George 59-63
  Nan 63
  Ned 62
  Peg 59, 62-63
  Peter 59-61, 63
  Roger 63
Conner, Elizabeth
  Cate 78
  Peg 78
Conner, Samuel
  Sarah 63, 65
Conrod, Jonathan
  Sarah 84
Cooke, Lewis
  Cate 73
Cooper, Apollos
  Darby 74-77
  David 75-77
  Jacob (Jack) 73-77
  Rachel 73-77
  Will 74
  Winney 75-77
Cooper, Benjamin
  Jude 82
Cooper, Mary (Mrs)
  David 78-81
  Winney 78-81
Cotton, William Sr.
  London 68, 71, 73-82, 84-85
  Nann 73-82, 84-85
Cotton, William Jr.
  Cate 75, 78-82, 84-85
  Frank 74
  Nan 76-77
  Nero 73
  Sam 72
Cox, Samuel
  Gib 85
  Pompey 80, 85
Coxon, John (Estate)
  Boxon 65
  Hannah 65
Craig, James
  Tom 71-72, 74, 76-77, 80-84
Craven, Thomas
  Harry 83
Crook, John
  Joan 79-80
  Maria 79-80
Cross, Elizabeth
  French 80
  Milly 80
  Toney 80
Cross, Joseph
  Amelia 79
  Frank (French) 76-79
  Mill 76-78
  Toney 76-78
Crump, Turner

Squire 79-80
Crupper, John
  Isaac 71
  Jim 79
  Shadrach 80-82
Crupper, Richard
  Hannah 76-77, 81-82
Cummings, Joseph
  Jim 82
Cummings, Malachi
  Bob 83
Curtis, Barnabas
  Macutor 83-84
  Rose 83-84
Curtis, Chichester
  Charlotte 85
  Hannah 85
  Harry 85
  Jack 85
  Milly 85
Curtis, John
  Daniel 83-86
  Harry 86
  Mag 79-80, 84-86
  Nell 79-80, 83-86
  Suck 85-86
  Tucker 85
  (under 16 in 1786:)
  Abraham   Presley
  Cate   Reuben
  Dennis   Sall
  Jean   Sandford
  Kiss   Tom
  Mill   Tom

D

Daley, Charles
  Elijah 82
  Esther 82
  Harry 82
  Jacob 82
  Lett 82
  Winny 82
Daniel, Ann
  Jenny 80
Daniel, James
  Cuffee 62
Daniel, John Sr.
  Esther 76-79, 84-85
  Tom 76-79, 84-85
  Tom 78
Daniel, Joshua
  Bettler 78
  Daniel 76-78
  Jude 76-78
  Nan 76-78
  Will 76-78
  Winney 76-78
Davidson, William
  James 70
  Nan 70
  Sulla 70
Davis, Benjamin

Jack 83
Davis, David
  Dorcas 79, 82
  Harry 79
  Sampson 60-62
  Sarah 79
Davis, John
  Alice 74
  Joan 60
  Sue 63-65
  Will 60
Davis, Jonathan
  Cate 65, 70-85
  Fanny 82, 84-85
  George 81-85
  James 82
  Tom 76-79
  Will 65, 70
Davis, Samuel
  Mall 82
  Samson 82
  Sarah 82, 85
  Suck 81
Davis, Simon
  Chloe 86
  Rose 86
  (Under 16 in 1786:)
  Caesar   James
  Fann   Ned
Davis, Zachariah
  Frank 78
  Jean 71-72
Dawkins, William
  Phyllis 63, 65
Day, Edward
  Denish 82
  Fortimore 79-82
  Watt 75-77
Day, William
  Africa 62
  Esther 62
  Clarey 62
  Phoeby 62
  Hampton 62
  Luna 62
  Mathew 62
  Nan 62
  Poplen 62
  Tom 62
Debell, John
  Bob 81, 84
  Jebb 81
  Jiles 84
Debell, William
  Arthur 85-86
  Dorcas (Dark) 78, 81-86
  Stephen 78, 81-86
  (Under 16 in 1786:)
  Alice   Simon
  Daniel   Tom
  Hannah
Dennis, John
  Sharper 86
Dobbins, Griffen
  Jerry 68, 70, 72-73
Donaldson, Stephen

*Henry Cooper (Harry) 71-73, 75
  Lenn 73
  Rachel 75
Dorsey, Greenberry
  Cato 62, 64-65, 68
  Peter 61-62, 64-65, 68-69
  Phoebe 61-62, 64
  Sylvia 62, 64-65, 68
Douglas, William (Capt)
  Amy 82
  Anthony 82
  Bess 61-63, 65, 68, 70
  Chloe 68, 70, 79-83
  Colvin 75-77
  Congo 72, 75
  Dick 60-62, 65, 68, 70
  Esther 82
  Gayle 79-83
  George 79, 81-82
  Hannah 60-63, 65, 68, 70, 79-83
  Isaac 82
  Jack 62-63, 65, 68, 70
  Jameboy 62-65, 68, 70-77
  James (Jamie) 60-63, 65, 68, 70, 72-74, 76-77, 82
  *James Sample 74-77, 79-83
  Jean 65, 68, 70-71
  Jesse 82
  Judy 62-63
  Lucy 76-77, 79-81, 83
  Mattie 75
  Mima 82
  Molly (Moll) 60-63, 65, 68, 70-71, 73-74, 76-77, 79-83
  Moses 82
  Nace 71-73, 75
  Nell 72-74
  Pat 65
  Peg 73-74, 76-77, 79-83
  Phyllis 82
  Phyllis (2) 82
  Port 68, 70-77, 79-83
  Prince 79
  Rachel 79-83
  Rett 70
  Rose 60-62, 70
  Ruth 74-77
  Sally 80-81, 83
  Sam 60-63
  *Sam Sample 74-77, 79-81, 83
  Sarah 80, 83
  Suck 75
  Sue 60, 71-74
  Tony 68, 70-77, 79-83
  Will 68, 70-74
  *Will Sample 74-77, 79-81, 83
  (NOTE: Set at liberty in 1779: Colvin, James & Sue)
Dowdall, John
  Maria (Murreah) 75
  Pat 75
  Phill 81
  Sarah 75
  Selah 80-81
  Tony 75

Dozer, _____ (Mrs)
  Adam 60
  Cyrus 60
  Loll 60
  Sarah 60
Drake, Thomas
  Dinah 79, 81-85
  Ralph 81
Dulany, Benjamin
  Abram 85
  *Betty Gray 74-79
  Cate (Kate) 78-81, 84-85
  Chloe 74-75
  George 74-79
  Hannah 74-77, 84-85
  Jack 74-79
  Jacob 74-80
  Jerry 74, 76-79
  Joan 80-81
  Joe (long) 74-79, 81
  Joe (little) 76
  Joe (yellow) 79
  Judith (Judy) 74-81
  Lett (Lott) 74-79
  Lucy 80-81
  Mimah 74-79
  Moll 74-79
  Moses 84-85
  Nan 74-75
  Sarah (Sall) 76-79, 84-85
  Sharper 74-79, 84
  Tom 74-75
  Will 74-77, 81
  *Will Gray 74-79
Dulin, Edward
  Diana 79
  Sam 79
Dulin, Thaddeus
  Codger 74, 79, 81-82, 84-86
  Dinah 79
  Esther 74
  Moll 85-86
  Nan 82
Dulin, William
  Dinah 78
  Harry 82
  Jack 82
  Lucy 79, 83
  Nell 82
  Sam 78, 83
Duncan, Charles
  Jack 83-84
  Jane (Jenny) 80-84
  Jim 76-77
  Judy 82
  Robert (Robin) 81-82
  Ross 82-84
  Sam 82
  Suck 76-77
Duncan, Coleman
  Cuffey 78-84, 86
  Frank 86
  Hillon 86
  Tom 78-84, 86
  Winny 78-84, 86

(Under 16 in 1786:)
Young
Duncan, Henry
  Judy 83-84
Duncan, Samuel
  Thomas (Tom) 58-59, 61-63
Dunham, Amos
  Frank 78-84
  Sam 71-72
Dunlap, John
  Jack 80, 82
  Jane (Jenny) 80-84
  Peg 80
Duren, George
  Lucy 60-62
Dutey, Thomas Sr.
  Harry 85
  Sutton 84
Dutey, Thomas Jr.
  Sam 82-83
  Sarah 84-85

E

Ecton, Francis
  Suck 85
Edlin, Thomas
  Fan 82
  Harry 82
  Moll 79, 82
  Nell 82
  Peg 82
  Peter 82
Edwards, Arthur
  Phill 75
  Rhode 74-75
Edwards, Benjamin
  Daniel 85
  Dorsey 62-65, 68, 70, 74, 76-77, 79-80, 85
  George 60-61, 71, 74-77, 79-81, 85
  Hannah 85
  Jesse 81
  Joan 60-65, 68, 70-71, 74-77, 79-81
  Joshua 71, 75
  Letty 68, 70-71, 74-77, 79-81, 85
  Rebecca (Beck) 76-77, 79-81, 85
  Sampson 79-81, 85
  Sarah 60-64, 68, 70-71, 74-77, 79-81, 85
  Solomon 81, 85
  Tom 68, 70-71, 74-77
Edwards, Jesse
  Hett 83
  Phyllis 79-80, 82-84
Elgin, Francis Sr.
  Cupid 72-80
  Dinah 78-80
  Hercules 61-63
  Jane (Jean) 61-65, 68, 70-80
  Judy 61-65, 68, 70-75
  Lucy 79
  Terry 68, 70-80

Elgin, Gustavus
  Cupid 84
  Dinah 84
  Jane 84
  Terry 84
Elgin, Rebecca (Mrs)
  Anthony 85
  Cupid 81-82
  Dinah 81-82
  Jenny (Jane) 81-82
  Lucy 85
  Terry 81-82
Ellis, John
  Sunar 80
Ellzey & Blackburn (Messrs)
  Alec 68
  Benjamin (Ben) 69, 71-74, 76-77, 79
  Charles 69, 71, 74, 79
  Dick 68, 79
  Dinah 69, 71-74, 76-77, 79
  Durty 76-77, 79
  George 69, 71-74, 76-77, 79
  George (2) 69, 71, 74
  Hannah 69, 71-74, 76-77, 79
  Lett 68, 76-77, 79
  Molly 69, 71, 73-74, 76-77, 79
  Nancy 79
  Patience 69, 71-74, 76-77, 79
  Prue 68
  Rippon 69, 71, 74
  Rhumbo Tom 69, 71-73
  Sack 69, 71, 73-74, 76-77, 79
  Sampson (Sam) 68-69, 71, 73-74
  Simon 69, 71, 73-74, 76-77, 79
  Tom 69, 71-74, 79
  Tommy 69
  Will 69, 71-74, 76-77, 79
  Winny 68
  Winny (2) 68
Ellzey, John
  Jeremy (Jerry) 68-69
Ellzey, Lewis (Capt)
  Ben 82
  Bob 70-71
  Boson 70-74
  Cate 80
  Cook 68, 72
  Cumberland 72-74, 76-80, 82
  Dinah 79
  James (Jimmy) 68, 70-74, 76-80, 82
  Lett 68, 70-71, 73-74, 76-80, 82
  Phoebe (Feby) 70-74, 76-80, 82
  Ronseby 68
  Suck 82
  Sue 78
Ellzey, William (Capt)
  Beck 74, 76-78
  Cate 74, 76-78, 80-81
  Charles 81
  Daniel 76-78, 81
  George (big) 74, 76-78, 80-81

*George Oversall (old) 74,
    76-78
  Hannah 80-81
  Madge 81
  Mill 76-78, 81
  Nace 74, 76-77, 80-81
  Nan 74
  Phill 74, 76-78, 80-81
  Sall 76-78
  Sampson 74, 76-78, 80
  Tom 63
  Will 63
  Winny 81
Emrey, George
  Jack 82
  Sarah 82
Emrey, Stephen
  Jack 72
Ensley, Henry
  Jack 60
Ensley, Mary
  Hannah 61
  Jack 61
Ensley, William
  Bett 82
  James 79
  Judy 79, 82
Eskridge, Charles (Col)
  Ben 60-63, 65-66
  Bett 75-86
  Bett (2) 78-81
  Cate 71-72, 74, 76-78, 80
  Charles 60-62
  Copper 82-84, 86
  Harry 60-62, 65-66, 71, 75,
    78-86
  Jack 72, 80
  James 74-86
  Jane (Jenny) 60-63, 66, 68,
    72
  Lucy (Luce) 83-86
  Mill 82
  Moll 72-73
  Nan 72-86
  Rachel 78-86
  Scipio 63
  Suck 78-86
  Sylvia 82-86
  Tiney 65
  Tom 72-73
  Whitley 71, 78
  Will 60-63, 65-66
  (Under 16 in 1786:)
  Bill   Lew
  Cindy   Lid
  Fan   Mimey
  General   Nan
  Harry   Penny
  Isabell   Tildy
  Jean   Whitley
Eskridge, Richard
  George 63, 65
  Jenny 66
  Tom 63, 65-66
  Will 65-66

Evans, Daniel
  Travis 81
Evans, David
  Dinah 71-72, 76-77
Everhart, Elizabeth
  Molly 71
Everhart, Jacob
  Mary 68
  Moll 70

F

Fagan, Daniel (Capt)
  Bob 70-75
  Davy 85-86
  James 86
  John 84-86
  Lucy 78, 84
  Rhode 85
  Robin 78
  Tom 84-86
Fairfax, Bryan
  Hannah 82, 85
  Isabel 82, 85
  Isabel (2) 85
  Robin 82, 85
  Selah (Silla) 82, 85
Fairfax, George William (Col)
  Africa 59, 61, 63
  Ann 65
  Betty 65
  Clarey 59, 61, 63, 65
  Esther 61, 63
  Frank 65
  Hampton 59, 61, 63
  Harry 65
  Matthew 61
  Mintela 61
  Nan 63
  Phoebe (Feby) 59, 61, 63, 65
  Poplin 61, 63
  Suner 61, 63, 65
  Tom 61
Farrow, Alexander
  Dick 58-61, 63
  Judy 58-61, 63
Farrow, Joseph
  Lucy 82
  Nell 74-75
  Phill 69
  Pompey 72-79, 82
  Rose 69-73, 76-80, 82
  Ryner 78
  Sarah 71-77, 82
Fauntleroy, Bushrod
  Caleb 62
  Dick 62
  Diley 63, 65
  Dimond 65
  Edmund 62-63
  Joyce 62-63
  Lettice 62-63, 65
  Peter 62
  Robin 63

Fendall, Philip Richard
  Anthony (Tony) 83-86
  Anthony (2) 83
  Beck 86
  Betty 83-86
  Betty (2) 83-85
  Betty (3) 83-85
  Billa 86
  Caesar 83-84
  Cebus 83, 85-86
  Daniel 83-86
  Daniel (2) 84-86
  Dick 83
  Emma 86
  Esther 84-86
  Flemmer 85-86
  George 82-86
  George (2) 84-86
  Hannah 82, 84, 86
  Harry 83, 86
  Harry (2) 83-84
  Jenny (Janey) 84-86
  Jesse 84-86
  Joan 82-86
  Joe 82, 84-86
  London 82, 84
  Marcus 85-86
  Mary 82, 84-86
  Mary (2) 84
  Molly 83-86
  Nan 83-86
  Nat 84-86
  Nat (2) 84
  Ned 84
  Nellie 83-86
  Nellie (2) 84-85
  Osburn 82, 84-85
  Patience 86
  Phill 84-86
  Phyllis 86
  Rippon 86
  Sall 83-86
  Sam 83
  Sina 86
  Siss (Ciss) 83-86
  Suck 83-84, 86
  Suck (2) 86
  Titus 83
  Tom 82, 84-86
  Tom (2) 84-86
  West 83-86
  Will 83
Fendall, Samuel
  Betty 86
  Betty (2) 86
  Osman 86
  Peter 86
Fields, Jemimah
  Jerry 80, 83-84
  Moll 80, 83-84
  Sue 80, 83-84
Fields, Thomas
  Caesar 60, 62-63, 69
  Jamey 71
  Jerry 69-72, 74-77, 79
  Moll 63, 69-72, 74-77, 79
  Phyllis 62-63, 69-70
  Sue 62-63, 69-72, 74-77, 79
Fields, Thomas (2)
  Caesar 85
Fields, William
  Dinah 74-77, 79-81, 83-84
  Hannah 84
  Peter 83
  Rose 80-81
Finch, Thomas
  Hannah 75, 78-83
  Pete 75
Fitzhugh, John
  Avarilla 76-77, 79
  Benjamin 76-77, 79
  Bess 76-77
  Bett 79
  Charity 76-77, 79
  Charles 76-77, 79
  Daphney 76-77, 79
  Dorcas 78-79
  George 78-79
  Grace 78-79
  Harry 76-77
  Jack 76-77, 79
  James 78-79
  Jane 76-77, 79
  Jane (2) 76-77, 79
  Jemimah 76-77
  Jeremiah (Jeremy) 78-79
  *John Heflin 79
  Lucy 76-79
  Lucy (2) 78-79
  Mathew 78
  Milly 76-77, 79
  Nan 78
  Peg 78-79
  Thomas 79
  Whitley 78
  *Will Butcher 76-77, 79
  *Will Pompey 76-77, 79
  Winney 76-77, 79
Fitzhugh, William (Col)
  Avarilla 74-75, 81-83
  Benjamin 74-75, 81-82, 84-85
  Benjamin (2) 82, 84
  Bess 74-77, 81-85
  Betty 60-63, 65, 69-73
  Bob 61-63, 65
  Caesar 63
  Charity 60-63, 65, 69-75, 81-85
  Charles 71-75, 81-84
  Daphne 62, 68-69, 71-74, 81-85
  Davies 65
  Dick 71, 74
  Dorcas 63, 68-69, 71-77, 80-84
  George (great) 59-63, 65, 68-77, 80
  George (little) 59-63, 65, 69, 71-75
  George (new) 59-60
  Grace 71-74, 76-77, 80-84
  Hannah 59-63, 65, 68-69, 71-77

Henry (Harry) 61-63, 65, 68-69,
    71-75
Jack 81-84
James 60, 62-63, 65, 68-69,
    71-77, 80-84
James (2) 68, 71
Jane (Jenny) 70, 72-75, 81-85
Jane (2) 81-84
Jemimah 61
Jeremiah (Jeremy) 69, 71-77,
    80-85
Joan 85
Judy 81-83
Lucy 69, 71-74, 76-77, 80-84
Lucy (yellow) 80-83
Mary 85
Milly 63, 65, 69-71, 73-74,
    81-85
Molly 69, 71-72, 75
Molly (2) 72-75
Nan 59-60, 62
Nanbossey 59-63, 65, 68-69,
    71-74, 76-77
Nangrace 59-63, 65, 68-69,
    71-74, 76-77
Nimnee (Nimmy) 61, 63
Peg 63, 65, 68-69, 71-77,
    80-84
Phill 81-85
Pompey 61-62, 65, 69
Ran 61
Sall 81-84
Tom 81-85
Vulcan 60
Whitley 59, 69, 71, 74-75
*Will Butcher 59-63, 65-75,
    81-85
*Will Pompey 59-63, 65, 74-75,
    81-85
Winny 81-85
Foster, Samuel
    Bob 81-83
    Cyrus 78-79
Fouch, Thomas
    Humphrey 83
    James 84
Fox, Absalom
    Hazzard 65
Fox, Ambrose
    Bett 82
    Dick 76-77
    Lucy 76-77
    Peggy 65
Fox, Amos
    Adam 66
    Dabbor 84
    Frank 80
    Jacob 80
    Kate 72
    Lucy 80
    Moll 80
    Mime 80
    Phil 80-81
    Sack 83
    Tom 70
Fox, Gabriel

Fox 66
Lon 70
French, Daniel
    Bett 72-73
    George 58-63, 65, 69-73
    Hannah 72-73
    Jack 69-73
    Jacob 60-63, 65, 69-73
    Jerry 62-63, 65, 69, 70-73
    Judy 59-63, 65, 69-73
    Let 72-73
    Loll 58-61, 63, 65, 69-70
    Molly 58-63, 65, 69, 70-73
    Nan 72-73
    Saul 62
    Sharper 58-63, 65, 69, 70-73
    Sol 71
    Tom 72-73
    Will 69-73
    Will (young) 72-73
French, Mason
    Phyllis 85
Frissel, Luke
    Harry 83
Fryer, John
    Tom 60-61, 65-66
Furr, Edwin
    Ben 78-82, 84
    Frank 81
Furr, Enoch
    Rachel 79, 82, 84-85
Furr, Moses
    Suner 78

G

Gant, Joseph
    Sampson 80
Gardner, Joseph
    Limus 84-85
    Sam 71-74, 76-85
    Sam (young) 81, 84-85
    Sarah 84
Gardner, Sylvester
    Ben 85
    Frank 72-83
    Hercules 69-85
    Lydia 82-85
    Sarah 58, 60-63, 65, 69-85
    Suck 79-83
Gardner, William
    Nell 70
    Sam 70
    Will 70
Gary, James
    George 62-63
George, Jesse
    Jean 79-80
George, John
    John 85
    Molly 72, 81-82, 85
George, Thomas
    3 not named 79, 82
Gest, John Sr.

Beck 63-65, 68, 70-78
Bett 82
Burgin 61-63, 65, 68,
    70-78, 83, 86
Cate 68, 70-78
Charles 82
Frederick 75
George 78-81, 83-84, 86
Giles 75
Hagar 61-63, 65, 68, 70-78
Joseph 70-71
Lettice 62-63, 65, 68, 70-71
Patt 78-81, 83-84, 86
Susanah 78
Will 79
(Under 16 in 1786:)
  Arter   Lucy
  Charles   Milley
  Harry   Silva
Gest, John Jr.
  Bob 65, 68-69
  Cate 64-65, 68-69, 72-86
  James 68-69
  Joan 64-65, 68-69, 72
  Judith 79-86
Gest, Mary (Mrs)
  Beck 81
  Bess 81, 84
  Burgin 81, 84
  Delia 84
  Susanna 81, 84
Gest, William
  Beck 79, 82
  Bess 79, 82-83
  Burgin 79, 82
  Cato 79
  Delia 82-83
  Susanna 79, 82-83
Gibbs, James Lewin
  Fan 83, 85
  Judith 76-79, 83, 85
Gilbert, Joseph
  Sarah 82
Gilbert, Silas
  Ben 82-83
Giles, John
  Lucy (Loos) 84-85
  Will 76-77
Glasscock, James
  Tom 72
Glasscock, Peter
  Beck 81-84
  Judy 81-84
  Rose 81-82
  Will 81-82
Goddard, John
  Jupiter 60
Gordon, Sarah
  Andrew 79
  Bess 79
  Cate 79
  Jerry 79
Gore, Joshua Sr.
  Hannah 71-75, 80-81, 83
  James 80-81, 83
  Jenny 81, 83

  Judy 74, 80-81, 83
Gorham, Sanford
  Sarah 66
  Toby 72
  Will 68
Gorham, Thomas
  Betty 73-81
  Guy 72-81
  Sam 73-81
  Tom 78-81
Gotely, John
  Peter 86
Grady, James
  Tom 85
Graham, Elizabeth (Mrs)
  Daniel 83
  Esther 82-83
  Harry 82-83
  Jenny 82-83
  Lettice 75
  Lydia 82-83
  Lydia (2) 82-83
  Nan 75-77
  Nell 76-77, 82-83
  Rachel 74-77
  Sam 83
  Sawney 74-77, 82-83
  Tom 74-77, 82-83
  Will (Bill) 82-83
  Winny 74-77, 82-83
Graham, John
  Joan 75-78
  Maria 78
Grant, James
  Benjamin 62-65, 68, 71-73,
    75-77
  Hagar 62-65, 68, 73
Grant, John
  Ben 69
  Jane (mulatto) 63
Grant, William
  Dick 60-61
  Jenny 61
Gray, George
  Antrim 83-84
  Ben 83-84
  Solomon 83-84
  Suck 83-84
Gray, Zachariah
  Sarah 78-79
  Tom 78-79
Grayson, Benjamin
  Grace 58-59
  Hannah 60-62
  Jack 58-63
  Lancaster 58-63
  Lilly 62
  London 60-62
  Nace 58-59
  Nan 58-63
  Peg 61-63
  Prince 63
  Sam 58-60, 62-63
  Selah 58-59, 61, 63
  Tom 58-60
  Tony 61

Will 58-63
Winny 58-59
Grayson, Benjamin (Orphan's estate)
  David 79, 82-85
  Dinah 79, 82-85
  Peg 79, 82-85
  Peter 79
  Prince 79, 82-85
Grayson, Elizabeth (Mrs)
  Dinah 69, 71-72
  Peg 69-72
  Peter 72
  Prince 69-72
Grayson, Spence (Rev)
  Aurella 65
  Beck 83
  Betty 81-83
  Cato 76-77, 81-83
  Cook 76-77
  David 73-74, 76-77, 83
  Dick 76-77, 81-83
  Dorcas 72-74, 76-77, 83
  Doris 65
  Grace 60-63, 65
  Iris 63, 65, 72-74, 76-77, 81-83
  Jane (Jenny) 82-83
  Moll 76-77, 83
  Nace 60-61, 65
  Nan 74, 76-77
  Rebecca 82
  Tom 60-63, 65, 72-74, 76-77, 81-83
  Will 81-83
  Winny 60-63, 65, 74, 76-77
Grayson, William (Col)
  Ben 72, 74-77
  Cate 79-82
  Charles 74-82
  David 81
  Dinah 81
  George 78-79, 81-82
  Harry 74-82
  Maria 72, 74-77
  Peter 80-81
  Prince 81
  Sam 80-82
  Sue 81
  Tony 74-78, 80
Green, James
  David 79-85
  Kate 76-77
  Mary 74-75, 78-85
  Phoebe 78-85
  Selah (Siller) 79-85
  Tony 78, 80-83
Green, John
  Sall 78, 80
Green, John (2)
  Kate 86
  (Under 16 in 1786:)
  James   Joe
  Jane   Robert
Greenlees, James
  Julia 85

Griffeth, David (Rev)
  Abram 75
  Ben 74-75
  George 74
  Hannah 74
  Jack 75
  James 74
  Nanny 75
  Will 74
Grigsby, Enoch
  Cooper 60-61
  Nan 62-63, 65-66
  Nipper 60-63, 65-66
  Phyllis 63, 65-66
  Winny 60-62
Grigsby, Nathaniel
  Alice 65-66, 68, 70-85
  Harry 63, 81, 84-85
  Judy 66
  Lynn 74-75
  Moll 60-62
  Moses 68, 70-80, 82-85
  Pat 84-85
  Tom 63
Grimes, Nicholas
  Bristol (Bristoe) 84-85
  Caesar 63
  Jack 62-65
  Judith 64-65, 68, 70-80
  Lett 81-85
  Nan 78-85
  Sam 78-85
  Sarah 64-65, 68, 70-85
  Sue 62-65, 68, 70-85
Grimes, Philip
  Stephen 83
Gunnell, John
  Andrew 76-77
  Jean (Jenny) 73-75, 78
  Mander 78
  Peg 75-78
  Sam 72-78, 85
  Venus 85
Gunnell, William III
  Andrew (Mander) 79-82, 84-85
  Cate 80-85
  Hannah 80-81, 83-85
  Mill 79-85
  Peg 79-85
  Robert (Bob) 79-85

H

Haddock, John
  Bett 81
  Charles 83
  Harry 83-84
  Judith 83
Hague, Francis
  Isaac 60-63, 65
Hall, John
  Abraham 60-62
  Judith 62-63, 65, 68, 70-75, 78-81

Rose 71-75, 78-83
Halling, John Wilcoxen
  Boston 73, 75
  Charles 76-78, 82
  Judy 71-73, 75-77
  Peg 76-78, 82
  Peter 82
Hamilton, James
  Nan 60-63
  Peter 65
  Potter 60-63 (could be Peter)
  Prince 62, 65
  Sam 60-63
  Will 69
  Winny 60-63, 69
Hamilton, Jane
  Alice 82, 84
Hamilton, Robert
  Alice 72-73, 75-77
Hampton, Henry
  Jack 78
  Peg 78
Hampton, James
  Brazil 69
  Sue 69
Hampton, Jeremiah
(Under 16 in 1786:)
  Fanny
  Joe
Hampton, Thomas
  Anbell 73-74
  Brazil 65, 68, 71-78
  Sue 65, 68, 71-78
Hanby, John
  Raff (Ralph) 63
Hancock, George
  Alice 63, 65-66, 68, 70-85
  Bob 71-85
  Caesar 60
  Cyrus 73-85
  Drusilla (Drew) 79-85
  Elijah 82-85
  Fanny 81-84
  Hagar 60-63
  Hannah 68, 70-85
  Joan 60-63, 65-66, 68, 70-79, 82
  Medford 61-63
  Mima (Jemima) 74-85
  Moll 70-85
  Moses 78
  Nace 85
  Tom 81
  Whitehaven 73, 76-77, 79-80
  Winny 79-83, 85
Hancock, Simon (Capt)
  Fan 73-77
  Frank 78-85
  Lawrence (Lall) 76-83
  Lucy 69-85
  Robin (Bob) 73-82, 84-85
  Sarah (Sall) 81-85
Hancock, William Sr.
  Hannah 60-61, 78-79
  James 68-69, 71-73, 78-79
  Joan 59-63, 65, 68-69, 71-73

  Madge 59-63, 65, 68-69, 71-73, 78-79
  Nan 61, 63
  Peg 59-61
  Sarah 73-79
  Toby 63
  Tom 59-61
  Val 65, 68-69, 71-73, 78-79
  Will 61
Hancock, William Jr.
  Dinah 68-69, 71-72
  Sarah 72
  Toby 68
Haney, William
  Chris 79-85
  Dick 85
  Dinah 79, 81
  Judy 84-85
  Nan 82-85
  Tom 79-85
  Winny 82
Hansford, Charles
  Betty 84, 86
  Harry 84
  Rachel 86
Hardewick, Christopher
  Troy 67-68, 71, 73
Harding, Anthony
  Allen 82-83
  Ned 82-83
Harding, Charles
  Allen 80-81, 84
  Cato 80-84
  Hannah 80-81
  James 83-84
  Ned 80-81, 84
  Rachel 80-84
  Sharper 80-81
Harle, John
  America 84-85
  Hannah 78-79, 84-85
  Sarah 79, 84
Harman, Peter
  Hazzard 70
  Peg 81
  Toby 84
Harper, Nicholas
  Tom 85
Harris, Thomas
  Toby 73
Harrison, Burr Sr.
  Daniel 65
  George 71
  Jack 68
  Moby 66, 68, 70-72
  Venus 63, 65-66, 68, 70-71
  Watt 60-62
Harrison, Cuthbert
  Dick 79-84
  Dick (2) 79
  Dinah 79-84
  George 79
  Harry 79-84
  Isaac 79-84
  Jack 79-84
  Lucy 82-84

Milly 79-84
Pat 79-84
Randall 79-84
Sam 79
Toby 82
Harrison, John Peyton (Capt)
  Lydia 80-82
  Shadrack 81-82
Harrison, Joshua
  Bet 80-82
Harrison, Thomas Ellzey
  Cato 72
Harrison, Valentine
  Hannah 86
  Molly 84
  Tom 84
  (Under 16 in 1786:)
  Humphry
  Nan
  Peg
Harrison, William B.
  Cupid 84-85
  Linn 84
  Seba (Sibby) 84-85
  Sylvia 84-85
Hatcher, William
  Rose 73, 75-77
Hawn, John
  Magers 81
Headen, George Sr. (Col)
  Adam 60-62, 68, 70-77, 79-83
  Anngrace 68
Headen, George Jr.
  Peg 79
Headen, Richard Sr.
  Alice 80
  George 73-79, 81-82, 84
  Liz (Lige) 73
  Pat 79
  Peg 84
  Peter 66, 68, 70-73, 80
Headen, Samuel
  George 80, 85
  Liz 74-85
  Peter, 74-79, 81-85
Headen, William
  Adam 65
  Chloe 72-78
  Frank 72-75
Helms, John
  Bess 83-84
  Jerry 83-84
  Kate 83
  Winn 84
Henderson, John
  Sarah 70-71
Hepburn, John
  Win 85
Herbert, Peter
  Linn 86
Heriman, Samuel
  Fanna 86
  George 86
  Judy 86
  Vina 86
Heronimus, Francis

Janney 71
Heryford, Ann (Wid)
  Glasgow 76-77, 79
Heryford, George
  Glasgow 72-75
  Sarah 72
Heryford, John Sr.
  Chloe 68, 70-77, 79
  Jane (Jenny) 70, 72-77, 79
  Joseph (Joe) 60-65, 68,
    70-77, 79
  Judy 71, 76-77
  Margaret (Maggie) 61-65
  Moll 61-62
  Moses 68, 70-72, 74-77, 79
Hess, Jeremiah
  Prince 76-77
Hess, Palser
  James 75
Hinds, John
  Kissamore 83-84
  Milly 83-84
  Rose 83-84
  Will 83-84
Hoe, Bernard
  Jack 79, 81
  Peg 79, 81
  Sarah 79, 81
  Suck 79
Hoe, William
(Resided in King George Co.)
  Charles 78-80
  Rachel 78-80
  Will 78-79
Holden, Cornelius
  Bett 78
Holder, John
  Cull 73
Holder, Luke
  Cull 69, 71-72, 74, 76-77,
    79, 83
Holley, John
  Dorcas (Dark) 83-85
Holley, William
  George 84-85
  Gerrard 84-85
  Jean 85
  Mill 85
Holmes, John
  Bess 85
  Dick 85
  Jenny 85
Holmes, John Sr.
  George 85
Hopwood, Moses
  Jack 84
Horseman, William
  Nan 85
Hough, Mahlon
  Nero (Naroe) 82
Howell, Daniel
  Harry 73-74, 76-78, 81
  Jack 73-74, 76-78, 81
  Jane (Jenny) 73-74, 76-78
  Lucy 73
  Sarah 81

Tom 70-71, 73-74, 78, 81
Hull, Bernard
　　Jack 78
　　Loney 78
　　Sarah 78
　　Suck 78
　　Will 78
Humphrey, Thomas
　　Bett 81
　　Jane 81
Humphrey, William
　　Beck 72, 74-86
　　Belinda 72
　　Bett 78-86
　　Bray 72, 74-77
　　Charity 72, 74-81, 83
　　Clara 80-86
　　Jack 68
　　Jenny 68
　　Joan 81-86
　　Joe 84-86
　　Lucy 72, 74-86
　　Lucy (2) 75
　　Moll 72, 74, 76-80
　　Moses 72, 74-75, 78, 81-84
　　Nan 72, 74-83
　　Nell 76-83
　　Peggy 83
　　Phil 72, 74-83
　　Sarah (Sall) 72, 74-83
　　(Under 16 in 1786:)
　　　Bett　　　　Mima
　　　Fan　　　　 Mimme
　　　Fan (2)　　 Ruth
　　　Harry　　　 Will
Hunt, Samuel
　　(Under 16 in 1786:)
　　　Jim
Hurst, John
　　Ben 78-81, 83-85
　　Bob 59-61, 63-65, 68-69,
　　　71-81, 83-85
　　Caesar 71
　　Dennis 84-85
　　Harry 64-65, 68-69, 71-72,
　　　74-81, 83-85
　　Jeffrey 81, 83-85
　　Judy 59-61, 63-65, 68-69,
　　　71-81
　　Judy (2) 80
　　Lett 76-77
　　Lucy 74-81, 83-85
　　Nan 84-85
　　Sack 68
　　Sal 69
　　Selah (Zelah) 68-69, 72-75,
　　　78-81
　　Silas 65
　　Sue 59-61
　　Will 59-61, 63-65, 68-69,
　　　71-80
　　Will (2) 69
　　Winny 59-61, 63-65, 68-69,
　　　71-81, 83-85
Hutchison, Andrew
　　Grace 75

Hutchison, Benjamin Sr.
　　Bett 83-85
　　Jane (Jenny) 69-81
Hutchison, Benjamin Jr.
　　Nan 79
Hutchison, Daniel
　　Frank 61-63, 65-66, 69-71
　　Joe 61
　　Judy 62-63, 65-66, 69-71
Hutchison, Isaac
　　Clara 79
　　Will 79-85
Hutchison, Jeremiah Sr.
　　Ben 68, 70-85
　　Dick 68, 70-85
　　Ned 62-63, 65, 68, 70-85
　　Sarah (Sall) 68, 70-85
　　(Under 16 in 1785:)
　　　Mill　　　　Pat
　　　Nell　　　　Tom
Hutchison, Jeremiah Jr.
　　Kate 85
　　Winn 75
Hutchison, John Sr.
　　Charles 60-61, 63, 65-66,
　　　68, 70-85
　　Leah 60-61
　　Let 63, 75
　　Rachel 76-85
Hutchison, Joseph Sr.
　　Aggy 79
　　Esther 75-83
　　Harry 74-83
　　Jacob 83-84
　　Penny 64, 68, 70-74
　　Stephen 74-84
　　Toby 64, 68, 70-80
Hutchison, Joseph Jr.
　　Beck 83
Hutchison, Joseph (3)
　　Abby 80
Hutchison, Lewis
　　Beck 85
Hutchison, Thomas
　　Pat 85
Hutchison, William
　　Sall 80
Hutchison, William (2)
　　Ambrolilla 78
　　Frank 82
　　Harry 73-79
　　Phil 81-85
　　Sall 84
　　Winny 78, 80

J

Jackson, Christopher
　　Jane 69
　　Lettice 69
Jackson, George
　　Caesar (Ceesar) 63
Jackson, John Sr.
　　Bett 83-84

Jack 74
Jenny 83-85
Marlborough 74, 76-77
Sam 84-85
Jackson, Jonathan
  Phill 83
James, Daniel
  Cuffy 59-61
James, Thomas
  Tom 74
Janes, William
  Fortune (Fortain) 84
Jeffrey, James
  Maria 58, 60-63
Jenkins, Henry
  Boatswain (Boson) 72-74
  Jenny 74-80, 82-83
  Nan 75-80, 82-83
  Suck 82-83
Jenkins, James
  Presley 75
  Winny 83
Jenkins, John
  Adam 80
  Cate 81-85
  Joan 80
Jenkins, John Jr.
  Daniel 68, 70-73
  Jenny 68, 70-73
  Joan 68, 70-73
Jenkins, Richard
  Daniel 80
  Hannah 81-83
  Sylvia 80
Jenkins, Robert
  Dorcas 84
  James 84
  Lucy 84
  Pegg 84
  Sall 84
Jenkins, Thomas
  Peter 71-77
Jenkins, William
  Jean 83
Jennings, Daniel
  Abraham 72-77
  Bristol (Bristoe) 72-77
  Harry 72-73
  James 74-75
  Patt 72-77
  Simon 76-77
  Taff 72-77
  Timm 76-77
Jennings, James
  Dick 76-77, 79-80
  Elijah 79
  *George White 64-65, 69,
    71-77, 79-84, 86
  George (2) 76-77
  Grace 75
  James 73-77
  Lett 81-82
  Michael 86
  Mohamed 68-69, 71-74
  Moses 72
  Nan 68-69, 71-77, 79-84, 86

Peg 75-77, 79
Phyllis 68-69, 71-77, 79-84
Rachel 75-77
Robin (Bob) 64-65, 71-77,
  79-84, 86
Solomon 79-84, 86
William (Will) 65, 71-77,
  79-84, 86
Winny 79-84, 86
Jett, Katharine
  Harry 62
  Jack 62
  Jenny 62
  Nell 62
  Sarah 62
  Tom 62
  Tony 62
Jett, William Jr.
  Jenny 60-61
  Sipso 61
  Tom 60-61
John, Daniel
  Dick 78
Johnston, Archibald
  Ben 75
  Fadd (Phadd) 76-77
  Joe 75-77
  King 75-77
  Lett 76-77
  Moll 75-77
  Sebina (Binor) 75-77
  Will 75-77
Johnston, George
  Ben 75
  Joe 72-75
  King 74-75
  Lett 72-75
  Mary 75
  Moll 73-74
  Phadd (Fadd) 71-75
  Sabinah 74-75
  Will 74-75
Johnston, John
  Dinah 58, 60-63, 65
  Giles 60-62
  Harry 58, 60-63
  Juptola 65
  Sambo 58, 60-63
Johnston, Mary
  Giles 70-80, 82
  Robert (Bob) 71-80, 82
Johnston, Mason
  Codger 80, 83
  Dinah 80
  Harry 84
  Kate 84
  Thorn 79
Johnston, Robert
  Peter 86
Johnston, Susanna (Miss)
  Clara 79
Jones, John Sr. (Capt)
  Dinah 73
  Jacob 78, 80-83, 85
  Joseph 63-65, 68, 71-75,
    78, 80-83, 85

Sarah 63-65, 68, 71-75,
   78, 80-82
Sauce 78
Stacey 80-82
Jones, Joseph
  Stacey 85
Jones, William
  Ben 83, 85
  Sarah 83, 85
  Stacey (Stace) 83

K

Keene, Francis
  Agatha (Aggey) 85-86
  Ben 75-84
  Cato 80-86
  Hagar 68-69, 71-86
  Milly 84-86
  Spencer 82-86
  Suck 79-84
  Tom 81
  (Under 16 in 1786:)
    Bett   Jean
    Brazil   Phill
    Eve   Sias
    Harry   Steven
Keene, John
  Croco 58
  Jane 73-74, 76-77
  Peggy 58, 60-63, 65, 68,
    70-71, 73-74, 76-77
Keene, Richard
  Croco 60
Keith, John
  Carroll 84
  Jane 84
Kelly, Joseph
  Bess 80
  Glasgow 81-85
  Jack 80-85
  Joan 80-85
  Moll 80-85
  Peter 80-85
Kelly, Thomas
  Bess 60-63, 69-79
  Charles 60-61
  Jack 76-79
  Moll 60-63, 69-79
  Peter 60-63, 69-79
Kendrick, John
  Bess 73
  James 85
Kennan, Mark
  Jim 84
  Lucy 84
  Will 83
Kennan, Thomas
  Davy 84-85
  Dick 83-85
  Jerry 74-75, 79, 82-83
  Margery 74-75, 79, 82-85
  Moll 82-83
  Will 74-75, 79, 82-85

Kilgore, George
  Dick 83-85
  Jean 83-84
  John 75
Kimberlon, Jacob
  ("a wench") 70
King, Benjamin
  Frank 84-85
  James 78-85
  Judy 76-78, 80-85
  Kitt 76-85
King, John Sr.
  Bess 78
  Byers 79-80, 82
  Cate 60-63, 65, 68-69,
    71-80, 82
  Fan 59-63, 65
  Harry 60
  Jack 76-77
  Judith 59-63, 65
  Tom 59-62
King, John Jr.
  Judy 72-74
  Kitt 72-74
  Lett 75
King, Smith
  Doll 73-74
  Hagar 71-72
  Jack 69, 71-75, 78-80
  James 81, 83
  Milly 78
  Tom 76-77
King, Thomas
  Jack 81
  Jacob 83
  Milly 78-81, 83, 85
Kirk, James
  Daniel 81-82
  Daphne 82
  George 76-77, 79-80
  Jacob 81-82
  London 79-82
  Moll 76-77, 79-80
  Phoebe 79-82
  Sam 82
  Stafford 76-77, 79-82
  Violet 81
Kirk, William
  Morris 72
Kitchen, John
  Harry 76-77
  Jack 76-77
Kitchen, William Sr.
  Fan 73-75, 78-85
  Harry 73-75, 78
  Jack 73-75, 78-85
  Will 82
Kyger, George
  George (ferryman) 63

L

Lacey, Joseph
  Jane (Jenny) 79-85

Lago, Madron
   Peter 76-77
Lamkin, James
   Isabel 74-75
   Jerry 72-73
Landrum, William
   Cate 68
   Dick 68
   Dinah 65-66, 68, 70
   James 66, 68
   Robin (Bob) 60-63
Lane, Aaron
   Jenny 65
   Nan 65
   Sam 60-63
Lane, Catherine
   Harry 72
   Jack 72
   Jean 72
   Tom 72
Lane, George
   Robin 85
   Will 85
Lane, Hardage
   Anna 79-85
   Betty 73-85
   Betty (2) 73-85
   Cato 84-85
   Duncan 73-78
   George 80
   Hannah 75-85
   Jack 76-77
   Moses 85
   Nan 84-85
   Sam 82
   Will 81
Lane, James Sr.
   Abraham 72-73, 75
   Ben 81-83, 85-86
   George 85-86
   Harry 68, 70, 72-73, 75-83, 85-86
   Jenny 79-80
   Joseph 60-63, 65
   Lett 60-63, 65, 68, 70-73, 75-83, 85-86
   London 60-63, 65, 68, 70-73
   Lucy 60-63, 65, 68, 70-73, 75-83
   Nan 68, 70-73, 75
   Pompey 68, 70-73, 75-83, 85-86
   Sue 83, 85-86
   Susannah 86
   (Under 16 in 1786:)
   Alice
   John
   Sarah
Lane, James Jr. (Maj)
   Bett 65
   Boatswain (Boson) 60-62, 65-66, 68, 70-75, 78
   Caleb 63, 72-73
   Charles 68, 70-77
   Hannah 66, 68, 70-75

   Harry 63, 65-66, 68, 70-77
   Harry (2) 68
   Jack 60-63, 65-66, 68, 70-78
   Jack (2) 61
   Judith 68, 70-77
   Moll 70
   Monk 65-66, 68, 70
   Moses 73
   Osburn 60-63, 65-66, 68, 70-77
   Pegg 60-63, 65-66, 68, 70-77
   Philip 66, 68, 70-77
   Rhode 68, 72, 75-77
   Rose 60-62
   Sam 71-77
   Sampson 60-63, 66, 68, 70-75
   Sipeo 60, 62
   Winny 71-77
Lane, James Jr. (2)
   Harry 71
   Moll 70-72, 74-86
   Rachel 84-86
   Worsey 76-77
   (Under 16 in 1786:)
   Tom
   Winny
Lane, James Hardage
   Alice 65, 68, 78-80, 82-85
   Beck 78
   Cummy 79-80, 82
   Eve 63, 65, 68, 70, 78-80, 82-85
   Jack 80
   James 78
   Moll 84-85
   Maria 78-80, 83
   Nan 78
   Rhode 78
   Robin 78
   Scipio 63, 68, 70
   Selah 78-80
   Selah (2) 80
   Sylvia 70
   Tom 79
   Will 78
Lane, John
   Clara 63, 65-66
   Harry 63, 65-66, 70-71
   Jack 63, 65-66, 70-71
   Jane (Jenny) 63, 65-66, 70-71
   Nell 63, 65-66, 70-71
   Tom 63, 65-66, 70-71
Lane, John (2)
   (Under 16 in 1786:)
   Bett
   Will
Lane, Joseph (Maj)
   Amy 83, 85-86
   Judy 83, 85-86
   Phill 83, 85-86

(Under 16 in 1786:)
Bett   Noah
George   Phill
Hannah   Sall
Nelly   Simon
Lane, Samuel
  James 68
  Michael 68
Lane, William Sr. (long)
  George 79, 81
  Hannah 66, 70-72
  Jenny 78, 81-85
  Lett 72-85
  Moses 71-85
  Nan 66
  Sam 70-81
  Tom 74-85
  Will 83-85
  Winny 80-85
Lane, William, Jr. (Capt)
  Amy 79-81
  Ben 83
  Boson 79-81, 83
  Charlotte 80-81, 83, 85
  George 78-81, 85
  Harry 79, 83, 85
  Hercules 83
  Jack 79, 81
  Jack (2) 79
  Joney 85
  Judy 79-81
  Milly 81, 83
  Molly 83
  Osburn 79-81, 83, 85
  Patt 85
  Pegg 79-81, 83, 85
  Pegg (little) 80-81, 83
  Phill 79-80
  Rachel 78-81, 83, 85
  Robin 79-80
  Sall 83, 85
  Sampson 79-80
  Tom 81, 83, 85
  Tony 81, 83
  White 83
  Will 80, 85
  Winny 79-81, 83, 85
Lane, William (short)
  Alice 70
  Nan 70-77
  Sylvia 72-77
Lane, William Carr
  Cato 65-66
  Hannah 68, 70
  Jack 68, 70
  James 66
  Jenny 66
  Toby 68
  Tom 68, 70
  Whitly 70
Lanpheir, Going
  Amelie 74
Larue, Abraham
  Sawna 86
Lay, Abraham Sr.
  Harry 84

  Jack 59-60
  Jane (Jenny) 62-63, 65
  Moll 60-63, 65, 68-69, 71-72
  Nepton 84
  Suck 84
  Tom 62-63, 65, 68-69, 71-72, 84
  Will 84
  Winny 84
Lay, Abraham Jr.
  Harry 83
  Peter 81-85
Lay, Sarah
  Harry 85
  Nepton 85
  Suck 85
  Tom 85
  Will 85
  Winny 85
Lay, Stephen
  Hannah 85
  Nepton 83
Lee, Flower (Miss)
  Abram 83-86
  Ben 82-86
  Ben (2) 84-86
  Charles 82-86
  David 83-86
  Dick 83-86
  Drake 82-86
  Frank 84-85
  Jane 82-86
  Jane (2) 83-86
  Joan 83-84, 86
  Judy 84-86
  London 83-85
  Nan 82-86
  Patience 85-86
  Phill 84-85
  Rachel 83
  Rippen 83-86
  Sack 82-86
  Simon 82-86
  Titus 84-86
  Tom 82-86
  Tom (2) 82-86
  Winny 83-86
Lee, Francis Lightfoot (Col)
  Angelico 60-61, 63, 65-66, 68, 71-72
  Arabella (Bella) 59-63, 65-66, 68-69, 71-72
  Beck 71-72, 84
  Bellinda 59-60, 62
  Benjamin (Ben) 59-63, 65-66, 68, 71-72, 84
  Benjamin (Ben 2) 84
  Billy 84
  Bray 60-62, 65, 68, 71-72
  Charity 59-63, 65-66, 68-69, 71-72, 84
  Daniel 59-63, 65-66, 68-69, 71-72, 84
  Dirt 63, 65-66, 68, 71-72
  Doll 59-63, 65-66, 68-69, 71

Esther 84
Fan 68-69, 71
Frank 72, 84
General 71-72, 84
George 59-60
Grace 66, 69, 71-72
Gray 59
Hannah 59-63, 65-66
Harry 63, 65-66, 68-69,
    71-72, 84
Jane (Jenny) 59-63, 65-66
Jellico (Gellico) 62, 68-69,
    84
Joshua 84
July 65
Juner 65
Lettice 59-63, 65-66, 68
Lid 84
Lucy 63, 66, 68-69, 71-72
Michael 59-63, 65-66, 68-69,
    71-72
Mimey 71-72
Moll 66, 69, 71-72
Moses (Musso) 59-63, 65-66,
    68-69
Nan 59-63, 65-66, 68-69,
    71-72, 84
Peggy 84
Philip 66, 69, 71-72, 84
Priscilla (Scilla) 71-72
Priscilla (Scilla 2) 72
Rachel 84
Savina 68-69, 71-72
Serina 59-63, 65-66, 71-72
Selah (Sillo) 59-63, 66, 68-69,
    71, 84
Selah (2) 66, 68-69
Shadrack 84
Sooner (Suno) 59-63, 65-66,
    68-69, 71-72, 84
Timothy 66, 69
Tom 63, 65-66, 68-69
Violet 59-63, 65-66, 68,
    71-72
Virgin 84
Wasser (Vessa) 59-60, 62-63,
    65-66, 68-69, 71-72
*Will Carpenter 68-69, 71
Winny 84
York 59-62, 65-66, 68-69,
    71-72, 84
Zack 84
Lee, Henry (Col)
  Abraham 60-63, 65-66, 68,
      70-85
  Alice 81-85
  Baley 73-74
  Beck 81
  Betty 61-62, 65-66, 68,
      70-77
  Brinah 60-63
  Cain 60-63, 65-66, 68,
      70-85
  Cate 81
  Charles 78-85
  Daniel 81
  Daphne 72-81
  David 68, 70-78, 82
  Dick 81
  Dinah 68, 70-74, 83-85
  Eve 60-63, 65-66, 68, 70-82
  Frank (old) 60-63, 65-66,
      68, 70-85
  Frank (young) 65-66, 68, 70-85
  Hannah (Haney) 60-61, 63, 65-66,
      68, 70-85
  Harry 74-82
  Jack 68, 70-74
  James 82
  Joe 60-63, 71-82
  John 71-85
  Judy 78-85
  Margery 60-63, 65-66, 68,
      70-81
  Mary 68, 70-71
  Nancy 62
  Ned 63, 65-66
  Nell 66, 68, 70-85
  Prue 73-80
  Rachel 81
  Robin 70-82
  Rose 68, 70-85
  Sam 81-82
  Sam (2) 81
  Sinah 81
  *Tom Salter 63, 65-66,
      68, 70-77
  *Tom Sorrel 70-81
  Winny 81-85
Lee, Henry Jr.
  Dick 82
  Dinah 82
  Elgan 83
  Frank 83
  Galy 82
  George 82-83
  George (2) 83
  Hannah 82
  Joe 83
  Lett 82
  London 83
  Natt 83
  Natt (2) 83
  Ned 83
  Patience 82-83
  Patt 82
  Phill 83
  Simon 83
  Tom 83
  Tony 82-83
  West 82
  Will 82
Lee, Philip Ludwell (Col)
  Ben 59-63
  Bess 59-63
  Bob 60
  Cato 61, 63
  Dinah 59-63
  George 62, 63
  Hannah 59-63
  Harry 59-62
  Jamey 59-60

Joan 61-63
Joan (2) 63
John 59-60
Mary 59-63
Moll 59, 61-63
Mongaley 59-63
Patience 59, 61-63
Rhumbo 59-60
Rippen 59-63
Sack (old) 59-63
Sack (young) 59-63
Simon 62-63
Solomon 61, 63
Tom 61
Tommy (2) 61-63
Will 59-63
Zingo 59-63
Lee, Richard Bland
  Charles 85
  Daphne 82
  David 83-85
  Eve 83-85
  Hannah 82-85
  Henny 82-83
  Joseph 83-85
  Liddy 85
  Marjorie 82-85
  Mary (Maria) 83-85
  Moll 85
  Patt 85
  Peter 85
  Prue 82-85
  Somell 84
  Tom 82-85
Lee, Richard Henry (Col)
  Alice 61
  Bella 58, 60, 85
  Boss 60, 85
  Cate 61
  Chloe 58
  Cummy 58, 60-61, 85
  Esther 58, 60-61, 85
  Greenwich 58, 60-61, 85
  Judy 58
  London 58, 60-61, 85
  Ned 60, 85
  Patrick 58, 60-61, 85
  Phill 58
  Pompey 58
  Rose 58
  Sarah 58
  Suck 58
Lee, Thomas Ludwell (Col)
  Adam 59-63, 65-66
  Alice 62-63, 65-66
  Bob 59-62
  Boss 63
  Bristol 59-63
  Celia 62-63, 65
  Christian (Chris) 59-63, 65-66
  Cummy 62-63
  Dirty 59-60
  Dublin 59
  Esther 62-63, 65-66
  Grace 61-63
  Greenwich 62-63
  Gutridge 59-63
  Guy 59
  Hannah 59-63
  Harry 59-60, 62-63, 65-66
  Helas 61
  Hilliard 59-61
  Judith 59-60
  Kate 62-63, 65-66
  London 62-63, 65-66
  Lucy 59-63
  Nan 59-63, 65-66
  Patrick 62-63, 65-66
  Pembrough (Pembo) 59-63
  Phyllis 61-63, 65-66
  Selah 59-60, 66
  Susan (Sue) 59-63
  Tomburn 62-63, 65-66
  Tony 60-61, 63
  Will 59-61
Lee, William
(Resided in Westmoreland Co.)
  Cate 80-83
  Dinah 82-85
  Glasgow 80-85
  Janco 81-82
  Joe 80-85
  Judy 81-85
  Salker 80
  Sam 81-85
  Sambo 81-85
  Tom 83
Leith, James Sr.
  Esther 69-80, 84-85
  Esther (2) 79
  Grace 62
  Hannah 62-63, 69-77
  Joe 84-85
  Lucy 70-78, 80-82, 84-85
  Priscilla 82
  Robin 81
  Sharper 80
  Winny 85
  Zack 82
Lesley, Patrick
  Philip 82
Lester, John
  Dinah 63, 65
  James 63, 65, 68
  Peter 66
Levering, Septimus
  Jean 79
  Poder 79
Lewellen, Thomas
  Sambo 81
  Sharper 81
  Will 81
Lewis, Daniel
  Lucy 80-83, 85
Lewis, George
  Caleb 74-85
  Dade (Daid) 84
  James 81-82
  Molly 81-83
  Moses 82
  Rachel 74-85
  Sam 74-79, 81-83

Sarah 84-85
Selah 82
Tom 81-82
Lewis, James
  Amelia 84
  Cynthia 83-85
  Sam 83-85
  Will 84-85
Lewis, James (2)
  Cato 82-85
  Joan 82-85
  Joe 82-85
  Lucy 82-85
  *William Gray (mulatto) 82
Lewis, John Sr.
  Adam 78
  Bray 61-63, 65, 68, 70-72
  Dinah 65, 68, 70-74
  Hannah 78, 80-81, 83-85
  Harry 75-78, 80-81, 83
  Hazzard 68, 76-78, 80-81
  Lydia 65, 68, 70-78, 80-81, 83-85
  Mima 83-85
  Peter 84-85
  Prince 75-78, 80-81, 83-85
  Sarah 60-63, 65, 68, 70-78, 80-81, 84
  Will 73-74
Lewis, John (Capt)
  Adam 75
  Cuffy 73-81
  Daniel 79
  Dublin 70-81
  Jonas 68, 70-73
  Mary 73-81
  Nan 68, 71-72
  Phyllis 61, 63-65, 68, 70-75
Lewis, Joseph (Capt)
  Abraham 75-84
  Bray 73-85
  Elley 82-84
  Jack 65
  Jemima 73
  Jenny (Ginney) 65
  Lydia 65, 68, 70-85
  Milly 73-74, 85
  Onson 65
  Robin (Bob) 68, 70
  Rose 84
  Will 78, 81
Lewis, Thomas
  Alice 82
  Cate 69-70
  Jacob 78-85
  Nell 83
  Sam 69-85
  Temp 78
  Winny 74-85
  Winny (little) 85
Lewis, Thomas Sr.
  John 79
  Lucy 79
Lewis, Thomas Jr. (Capt)
  Beck 76-80, 82-83

Lewis, Vincent
  Cynthia 82
  Fanny 83-84
  Frank 78-80
  James (Jim) 65, 71-84
  Jane (Jenny) 65, 68, 70-81
  Judy 60-63, 65, 68, 70-84
  Lettice (Lett) 60-63, 65, 68, 70-78, 80-81
  Lucy 62
  Patt 65, 68, 71, 73-84
  Orson (Austin) 60-63, 68, 70-73, 75-82
  Rachel 72-73
  Sam 65, 68, 70-84
  Sambo 70-73, 78-82
  Violet 83-84
  Will 60-63, 65
Lickey, Conrod
  Hannah 82
Linton, Hester
  Jack 62
  Jenny 62
  June 62
  Lucy 60
  Violet 60, 62
  Will 62
Linton, John (Capt)
  Aaron 71, 73-84, 86
  Abraham 71-74
  Alley 71-84, 86
  Conna 86
  Dick 83
  Joan 79
  Milly 75-77
Littlejohn, John
  Selah 82
Littleton, John
  Frank 83-85
  Harry 84
  Jupiter 73-75, 78-85
  Limus 82-83
Littleton, William
  Peter 84
  Prince 69, 71-80
Loflin, Daniel
  Ben 85
  Bess 80
  Braisher 73
  Jane 73
  London 73-78, 80-83, 85
  Lucy 73-78, 81-83, 85
Love, Samuel
  Ambrose 78-80
  Charles 70-80
  Cyrus 80
  David 78-80
  David (2) 79-80
  Hannah 80
  Harry 72
  Isaac 80
  James 70-80
  Lucy 73-77
  Michael 70-80
  Moses 79
  Penn 73-79

Peter 79-80
Rachel 76-80
Rhode 79-80
Sarah (Sall) 74, 78-80
Tom 74
Love, Samuel Jr.
  Ambrose 81
  Bacchus 82-83
  Charles 81-85
  Cyrus 81-83
  David 81-84
  Davis (2) 81-82
  Dick 85
  George 82-85
  Hannah 81-85
  Harry 82, 84-85
  James 81-83
  Jean 84-85
  Michael 81-85
  Milly 85
  Nell 82-83
  Peter 81-82
  Peter (2) 81
  Rachel 81-82, 84-85
  Rachel (2) 85
  Sall 85
  Sarah 81-85
  (Under 16 in 1782:)
  Alexander   Sall
  Charlotte   Sall (2)
  Daniel   Tom
  Jess   Tom (2)
  Lett   Will
Lowe, Henry (Harry)
  Beck
  Harry 78-80, 83, 85-86
  James 79-80, 83, 85-86
  Lydia 79-80, 83, 85-86
  Sall 83, 85-86
  (Under 16 in 1786:)
  Peter
  Sinah
  Tom
Lucas, Alexander
  Adam 71-77
  Alex 71-77
Luckett, John (Capt)
  Flora 81
  Frank 71, 81
  Jack 81
  Lucy 79
  Peter 79
  Puncher 71
  *Robinson Crusoe 79
Luckett, Samuel
  Mary 66
Luckett, Thomas Huzey
  Frank 70
  Hannah 82
  James 82
  Judy 70
  Puncher 70
  Watt 82
Luckett, William
  Judy 68
  Natt 68
  Sue 68
Lyne, Thomas
  Beck 85
  London 84-85
Lyons, Zachariah
  Ben 83-84

Mc

McCabe, Henry (Capt)
  Bill 82
  Jack 79
  Pegg 76-77
  Tom 75
McCann (Machan), Thomas
  Jude 80-81
McCarty, Daniel (Col)
  Africa (Effa) 71-75, 79-85
  Ann 74
  Babb 74-75, 79-81
  Bascoe 62
  Bess 60-65, 69, 71-72,
    74-75, 79-81, 84-85
  Caesar 71-75, 80-82, 84-85
  Caster 74
  Crager (Corager) 74-75, 79-82
  Curry 79
  Dick 60-62, 64, 69, 71-74, 80
  Doshea 85
  Ephraim 85
  Ethe 85
  Frank 69, 71-75, 79-81
  Frederick 60-65, 69, 71-75, 79
  Frederick (2) 63, 65
  Harry 72-75, 79-84
  James 60-61, 63-65, 69,
    71-75, 79-81, 84-85
  John 62
  Julius (Jules) 60-61, 63-65,
    69, 71-75, 79-83
  London 62
  Nan 60-61, 63-65, 69, 71-75,
    79-81
  Nance (young) 72-73, 74-75,
    79-81
  Sam 74-75, 79-83
  Sarah 60-65, 69, 71-75,
    79-81
  Will 71-75
McCarty, Thaddeus
  Abram 86
  Beck 68, 70-79
  Cyrus 81, 86
  George 68, 70-74
  Harry 74-79, 81, 86
  Lett 86
  Mariah 68, 70-78
  Mima 79
  Moll 79, 81
  Nan 79, 81, 86
  Tom 79, 86
  (Under 16 in 1786:)
  Andrew   John (2)
  Joe   Mima

John
McClain, John
  Darby 78
  Jack 86
  Peter 83
  Rachel 78
McClain, Robert
  Jenny 78
McClellan, William
  Peter 81
McDerment, Joseph
  Edmond 85
McGeach, John
  Adam 78, 80-82
  Bett 82
  Lettice 82
  Phyllis 78
McGrady, James
  Tom 84
McIlhaney, James
  Fanta 67, 69
  Frank 82
  Harry 67, 69, 75
  Jane 75
McIlhaney, John
  Fanta 65, 71
  Harry 65, 71-72, 76-77, 82
  Jane (Jean) 72, 76-77, 82
McIlhaney, Rosanna
  Harry 73-74, 81
  Jane 73-74, 81, 84
McIntosh, James
  Jane 80, 82
  Milley 86
  (Under 16 in 1786:)
  Daniel
  Sam
McIntosh, Lachalan
  (Under 16 in 1786:)
  Nell
McIntosh, Thomas
  Pegg 86
McIntyre, Alexander
  Kate 80, 83
  Len 74
  Paseo 76-77, 79
  (Under 16 in 1782?)
  Harry   Mary
  Jean   Moses
  Kitt   Pen
McKenzie, James
  Nell 82-83
McKim, Alexander
  Abner 82, 84-85
  Harry 78-79, 81-82
  Pegg 78-79, 81-82, 84-85
McMekin, Alexander
  Bell 82
  Gug 70
  Jack 81
  Nan 82
  Sarah 79
McMillan, John
  Winney 73

M

Mahawney, James
  Lucy 81, 83, 85
Mahawney, William
  Lucy 82
Majors, Richard (Rev)
  Jack 81-84
  Will 85
Marbury, Francis
  Nan 59-63, 65
Marks, Elisha
  Frank 84-85
  James 75-77, 82
  Jane 72-77, 81-82
Marks, John
  Lucy 84
Marshall, James
  Beck 83-85
Marshall, Thomas
  Abraham 86
  Fanny 82, 86
  Frank 83-84
  Harry 82-84, 86
  James 82-84, 86
  Joseph 82-84, 86
  Lucy 86
  Sarah (Sall) 82-84, 86
  (Under 16 in 1786:)
  Charlotte
  Henson
  Spencer
Marts, John
  Isaac 82
Mason, Benjamin Sr.
  Bess 60-63, 65, 68
  Frank 68, 70
  George 73
  Jeremiah 68, 70-77
  Joe 63, 65, 68, 70-72, 74-75, 78-80, 82-84
  Jone 76-78
  Loll 80, 82-84
  Lucy 60-63, 65, 68, 70-80, 82-83
  Rose 84
  Sarah 72, 74-77
  Sucky 73
Mason, Burgess
  Dark 85
  Jane 81-84
  Travis 84
Mason, George
  Jack 81
  James 83
  Jerry 79-85
  Mary 81
  Mime 79
  Moses 82
  Paul 79-80, 82-85
Mason, Thomson
  Abraham 60, 64, 81-83
  Adam 60-62, 68

Aleck 82
Anthony 75, 79-83
Barker 68
Ben (great) 60, 62-63, 68,
    70-77, 80-83
Ben (little) 74-75
Berkshire 60-63, 70, 79-83
Bett (great) 68, 70-77,
    79-83
Bett (little) 71, 79-80
*Billy Oldridge 82
Bluff 63-65
Boraci 70
Bristol 60
Caesar 60-65, 79
Camoor 62
Catina 62, 79, 81-83
Charles 72-73, 75, 79
Charlotte 82-83
Coffee 72-73
Combo (Coombs) 63-65, 68,
    70-73, 75, 79-83
Comico 63-65
Corager (Cudger) 63-65
Daniel (Indian) 73-74, 81-83
David 60-62, 68, 82
*Dick Williams 79, 81-83
Dick (2) 79
Dimbo 61-65
Dublin 65
Duke 75
Dunbar 60
Esther 63-65, 68, 70-77,
    79-83
Esther (little) 63-65,
    81-83
Fleming 82
Flora 74-77, 80-83
Frank 60-65, 68, 70-74
Frank (2) 72
Gate (old) 71
George 62-65, 70-71, 79-80,
    82
George (John's) 63, 68
Gigger (Jigger) 64
Grace 62-65, 79
Gurgin 64
Hagar 74
Hannah 60-65, 68
Hannah (2) 63-65
Henry (Harry) 63, 79-80,
    82
Isaac 60, 63-65, 82
Isham 73-74
Jack (old) 60-64, 68, 70-77,
    79-83
Jacob 60-65, 68
James 60-61
Jeanie (Black) 79-80
Jeanie (Yellow) 79
Jenny 70-74, 76-77, 80-83
Jenny (little) 71, 73, 79
Joan 62-63, 68, 70-72,
    74-77, 79-80
Joan (2) 72
Job 60, 63-65, 68, 71-73

Job (2) 64
Jocelin 73
Joe 60-63, 65
*Joe Bull 63, 68, 70,
    75-77, 79-83
John 63, 65, 80
Johns 65
Judy (old) 60-65, 68,
    70-77, 79-83
Judy (young) 62-65, 71-74
Julius 80
Kitt 60-63, 65, 68, 70,
    73-75
Lettice 63-65
Liberia 74
Limbrick 62-65
Liverpool 60-61
London 60-65
London (2) 62
Look 68
Lucy 82
Lustor 62, 64
Lydia 79, 82
Madam 63-65, 68, 70-77,
    79-83
Magagor (Megoe) 62-63,
    65
Matt 60-65, 68
Mercer 63, 65, 68
Milly 79, 82
Mime 82
Mister 64
Molly (Miss) 62
Moses 72, 82
Nace 63, 81-83
Nancy (Nan) 64, 71, 74,
    79-80, 82
Ned 80
Nell 62-65, 70-74
Nester 60, 65
Pegg 63-65, 82
Peter 64-65, 74
Piah (Peer) 63-65
Piah (2) 63-64
Piller 63
Polly 82
Pompey 62-65, 79
Potipher 65, 82
Priss 82
Robin (Indian) 73-74, 80
Romnia 63, 65
Rose 76-77, 79-83
Rose (2) 79
Rumsey 64
*Sam Carpenter (Indian)
    70-77, 79-80
Sambo 62-65, 81-83
Sambo (2) 62
Sampson 63-65, 79-80
Sampson (2) 63-65
Sarah 61-65
Sarah (2) 63-64
Scipio 68
Selden 62
Sharper 82
Solomon (Indian) 71-75

-125-

Stace 71-73, 75-77
Suck (Indian) 62-63, 71, 73-77
Sue 60-61, 64-65, 70-77, 82
Sylvia (old) 61-65, 68, 70-77, 79-80
Sylvia (2) 74-75
Temple 60-65
Thitt 72
*Tom Cobler (Indian) 72-77, 79-83
*Tom Scott 82
Toney 60-61, 64-65, 79, 82
Valentine (Indian) 71-77, 79-83
Violet 71-73
Virgin 68
Whitehaven 60-61
Will 62, 64, 79-80

Mason, William
  Cate 65
  Sam 65

Massey, Lee
  Clara 60-63
  Davy 63
  Dick (old) 60-63
  Dick (young) 60-63
  Kate 63
  Pegg 60
  Sarah 60-63

Massey, Lewis
  George (ferryman) 65

Masterson, Edward

Maury, _____ (Rev)
  David 76-77
  Dinah 76-77
  Pegg 76-77
  Peter 76-77
  Prince 76-77

Mellon, Thomas
  James 82
  Jemima 79
  Nan 78-85
  Nan (2) 79-85
  Sall 79
  Solomon 79
  Thad 79
  Will 83-85

Mellon, William
  James 83-85
  Sam 73

Mercer, George
  Amey 72
  Betty Bess 72
  Chloe 72
  Cook
  Frank 72
  Grace 72
  James 72
  Joe 72
  Juno 72
  Jupiter 72
  Kate 72
  Marlborough 72

Mercer, James
  Amey 60-63, 65, 69-71, 78-79
  Betty Bess 60-63, 65, 69-70, 78-79, 81
  Cato 78-80, 82-86
  Charles 83-86
  Chloe 61, 63, 65, 69-71
  Cook 62-63
  Frank 69-71
  Gabriel 78-86
  George 71, 78-80
  Grace 60-63, 65, 70
  Inner 60
  Isaac 83-84, 86
  Jack
  James 60-63, 65, 69-71
  Jason 60-63, 65, 69-70
  Jeffry 78-86
  Jenny 78-80
  Joan 83-86
  Joe (old) 60-63, 65, 69-71, 78-86
  Joe (young) 78-85
  Juno 61-63, 65, 69-71
  Jupiter 65, 70-71
  Kate 69-71, 83-86
  London 60-63, 65, 69
  Marlborough 60-63, 65, 69-71, 78-80, 82-86
  Maria 78-83, 85-86
  Milly 82-86
  Oliver 78, 80
  Pegg 78-86
  Phoebe 84-86
  Sawney 78-86
  (Under 16 in 1786:)
  Amy
  Charlotte
  Frank
  Harry
  James
  Sam

Mercer, John
  Cupid 58
  Grace 58
  James 58
  Temple 58

Mershon, Joseph
  Alice 84
  Sall 82
  Sarah 82

Middleton, Jane
  Rhode 65

Miles, Josias
  Leonard 65

Miller, Adam
  Winna 86

Minor, Frances (Mrs)
  Esther 83
  Fanny 83-85
  George 83-85
  Judith 83, 85
  Winny 83-85

Minor, John (Capt)
  Betty 80-82

Esther 68-69, 71-74,
  76-82
Fanny 80-82
George 68-69, 71-74,
  76-82
Harry 65, 68-69, 71-74,
  76-82
King 64
Winny 68-69, 71-74,
  76-82
Minor, Nicholas (Col)
  Frank 68-69, 71-79, 81-82
  Judy 68-69, 71-79, 81-82
  Mima 68-69, 71-78
  Nat 68-69, 71-79, 81-82
  Sarah 60, 68-69, 71-72,
    74-77, 79
  Tom 68-69
Minor, Nicholas Jr.
  Esther 84-86
  Judith 84
  Rose 85-86
Minor, Spence
  David 82-86
  Nell 79, 81-86
  Peg (Penn) 79, 82-86
  Sam 74-79, 81-86
Minor, Thomas
  Aggady 86
  Ama 86
  Dinah 82-83
  Will 84, 86
Mitchell, Adam
  Absolom 70-80, 82-85
  Abraham 68
  Beck 84
  Charles 63, 65
  Glasgow 66, 68, 70-85
  Kate 68, 70-77
  *Ned Lee 68, 74
  Tony 79
  Sall 85
  Sarah 82, 85
  Winny 79
Mitchell, John
  Betty 83-86
  Moses 78-79, 81-83
  Ned 85-86
  Pompey 75
  Sarah 84-86
  (Under 16 in 1786:)
  Cap
  David
  George
  Judy
Mitchell, William
  Jean 74-75
  Nan 72, 74-75
  Ned 74-75
  Pompey 73
  Sylvia 72, 74
Mobley, Mary
  Nan 70-71
Mobley, Samuel
  Nan 60-63, 65-66, 68
Moffett, Josiah

Aggy 74
Alice (Alse) 82
Diana 79
Hannah 82
Harry 75-77
Isaac 75
Jack 75-77
Lucy 75-77
Pompey 80
Tobey 80
Molton, William
  Nan 73-74
Molton, Mrs. William (Wid)
  Winny 76-77, 79
Monkhouse, Jonathan
  Hannah 64-65, 68, 70-77
  Harry 63
  Jack 63-65
  James 75-77
  Jane (Jean) 68, 70-77
Monteith, James
  Dinah 82-85
  Moll 82-85
  Nan 85
  Primus 82-85
  Sue 85
Moore, Ann (Mrs)
  Ben 82
  Bristol 74-81
  George 76-82
  Hannah 74-81
  James 76-82
  Judy 74-75, 78-82
  Matthew 74-79
  Moses 74-77
  Tom 74-82
Moore, Henry
(Resided in Fairfax Co.)
  Ager 61-63, 65-66
  Bacchus 62-63, 68, 70
  Baker 61-63, 65-66
  Bristol 61-63, 65-66, 68,
    70-73
  Cato 62
  Clipsy 62-63, 65-66
  George 68, 70
  Hannah 71-73
  *Jack Carter 61, 62-63, 65-66
  *Jack Gott 65-66
  *Jack Gupson 62-63, 65-66
  James 62-63
  *James Potter 62-63, 65-66,
    68-73
  Judith 71-73
  Luke 61
  Matthew 63, 65-66
  Moses 73
  Nan 61
  Nan (2) 61-63, 65-66
  Robin 68
  Sall 66
  Sarah 61-63, 65-66, 68,
    70-73
  Selah (Siller) 68
  Tom 61

Moreland, Jason
  Ben 73
  Hannah 68, 70-77
Moreland, William
  Abram 73
  James 73
Morin, James
  Hannah 80-82
Morin, Joseph
  Moll 69
Morin, Mary (Mrs)
  Arch 78-82
  Caesar 73-75
  Hannah 78-79
  Mary 76-77
  Moll 70-75, 78-81
Morris, John
  Hercules 73-77, 79-80
  Jack 61-63, 65-66, 68,
    70-77, 79-81, 83-84
  John 76-77
  Landell 76-77
  Moll 65-66, 68, 70-77
  Nan 68, 70-77, 79-81, 83-84
  Peter 68, 70-77, 79-81, 83-84
  Winney 83-84
Morris, Obadiah
  Cato 83-85
  Elias 83-85
  Tony 82-85
Morrison, Archibald
  Dinah 82, 84
Mortimer, Arthur
  Hannah 59
Moss, Frances (Mrs)
  George 72
  Sam 72-73
  Winney 72-73
Moss, Gideon
  Betty 84-85
Moss, John Sr. (Capt)
  Ben 73
  George 59-63, 65
  Hannah 76-77
  Harry 73-77, 85
  Maria 76-77, 85
  Nan 68-69, 71-80, 82-85
  Nero 85
  Price 72
  Priss 72-73
  Prue 73
  Sam 59-63, 65, 72-80, 82-83
  Sarah 68-69, 71-78, 80, 82-85
  Will 68-69, 71-77
  Winney 72-73
Moss, Nathaniel
  Dorcas 83-85
Moss, Robert
  Maria 74, 76-77
  Nero 74, 76-77
  Mimy 74, 76-77
Moss, Thomas
  Frank 86
  Hannah 86
  Judy 86
  Sarah 86
  (Under 16 in 1786:)
  Beck
  Esther
  Harry
  James
  Mime
  Simon
Moss, Thomas
  Arford 79-82, 85
Moss, William
  George 68, 70-71
  Priss 68, 70-71, 74-75
  Sam 68, 70-71
  Winny 68, 70-71
Mount, Elijah
  Dick 85
  Jim 84
Mount, Ezekiel
  Rachel 85
Moxley, _____ (Mrs)
  Judy 79
Moxley, Daniel
  Beke 82
  Cate 82
  Glascock 80
  John 82
  Judy 80, 82
  Patt 82
  Spencer 82
Moxley, John
  Caesar 70
  Judy 68, 70
Moxley, Joseph Sr.
  Caesar 76-82, 84-85
  Hannah 76-77
  Joan 76-82, 84-85
  Judy 76-82
  Lucy 76-82
  Pen 76-77
  Sambo 76-82, 84-85
Moxley, Joseph Jr.
  Penelope 78-79, 81-82, 84-85
  Samuel 84-85
Moxley, Samuel
  Joseph 84-85
  Judy 84-85
  Lucy 84
  Penn 85
Moxley, William
  George 71
Muir, Phoebe
  Ralph 81
Muirhead, Andrew
  Lett 83
  Pegg 80
Murray, Samuel
  Phyllis 80-82
Muse, Edward Sr.
  Rachel 83-84, 86
  Winny 84, 86
Musgrove, Benjamin
  George (ferryman) 70
  Tom 70

Musgrove, William
  Frank 75-77
  George 62-63, 68, 70,
    72-77
  Jane 72-77
Muskett, James
  Daniel 79
  Jacob 78-79
  Jacob (2) 78
  Peter 78-79

N

Neale, Ann
  Baker
  Clipsy
  Sarah
Neale, Christopher
  Ager 73
  Bob 73
  Carter 68, 70
  Clipsy 68, 70, 73
  Edger 68, 70
  Giddon 68, 70, 73
  Gupton 68, 70, 73
  Nan 68, 70, 73
  Potter 68-70
  Sall 68-70
  Sarah 68-70
Neale, Christopher Jr.
  Frank 80-85
  Harry 76-77, 80-85
  Mima 75-77
  Sibby 75
Neale, Edward
  Joseph 86
  (Under 16 in 1786:)
  Gattery
Neale, Ferdinando (also O'Neale)
  Ralph 66, 68, 70-71, 74
Neale, Jane (also O'Neale)
  (Under 16 in 1786:)
  Osborn
Neale, Richard
  Frank 79
  Harry 79
  Mima 79
Neale, Thomas
  Ager 71-72, 74-79, 81
  Beck 79
  Bob 71-72, 74-75
  Bristol 83-85
  Clipsy 71-72, 74-81, 83-85
  Hannah 81
  *Jack Giddo 71-72
  *Jack Gupton 71-72, 74-81,
    83-85
  John 74-81, 83-85
  Judy 76-77, 83-85
  Lucy 78-79
  Massey 75-81, 83
  Moses 78-81, 83-85
  Nan 71-72, 74-81
  Peg 80-81, 83

  Tom 83-85
Neilson, William
  Arthur 76-77
  *Ben Johnston 71-74
  Bina 73
  Carriol 76-77
  Cuffy 74
  Edwards 76-77
  Harry 73, 76-77
  Isaac 74, 76-78
  Jack 76-77
  Jacob 74, 76-78
  King 73
  Luca 76-77
  Nan 74
  Person 76-77
  Taylor 76-77
  Tom 76-77
  Tom (2) 76-77
  Toney 73
  Will 73
Nelson, Thomas
  Ralph 70
Newman, Edmond
  Lucy 85
Newton, Willoughby (Capt)
  Aaron 60-62, 65-66
  George 60-62, 65-66
  Hannah 60-62
  Judy 62, 65-66
  Pompey 61-62, 65-66
  Toney 60-62
  White 60-62, 65-66
Nichols, Frederick
  Judy 84
  Peter 84
  Rhode 70-71
  Sawny 79
  Will 82
Nichols, James
  Harry 65
Nichols, William
  Will 71
Nixon, George Sr.
  Sanko 80, 82
Nodding, John
  Evans 74
  Mathew 74
  Prue 71-79, 81
Nodding, William Sr.
  Cate 68, 71-79
  Hannah 73-79
  Lynn 68, 71-79
Noland, Philip Sr.
  Betty 72, 74-75, 79, 82
  Betty (2) 79, 82
  Bob 82
  Charles 82
  Dick 75
  Dianna 82
  Dinah 65-66, 72, 74-75
  Esther 82
  Finicks 75
  George 60
  George (ferryman) 71-72,
    74-75

Jack (ferryman) 60
James (ferryman) 72, 74-75,
    79, 82
*Joseph Roads 75
Molathan 75
Parro 82
Sall 82
Tom 71
Veach 61
Vily 75
Winny 71
Noland, Philip Jr. (Capt)
    Dick 76-77, 79
    Gabb 75
    George (ferryman) 62, 68
    Jackson 76-77
    Judy 82
    Lucy 75
    Nan 70-71, 73
    Pen 82
    Sampson 75
    Tom 79, 82
    Winny 73, 75-77, 79
Noland, Thomas
    Isaac 74
    Moll 79
Norris, William
    Bess 58-59
    Ned 58-59
Novin, William
    Cate 69
    Lynn 65, 69

O

Oden, Thomas
    Beck 78-84
    James 83-84
    Peter 78-84
Oldham, George
    Obadiah 79-83
    Hazard 59-63
    Judith 60-63
    Nan 59-63
    Nell 59
    Philip 60-63
    Tim 59-63
Oliphant, Ephraim
    Tom 74, 81-83
Oliphant, John
    Tom 75
Oram, James
    John 84
Orr, John
    Aaron 78-85
    Abraham 74-75, 81-83
    Backer 83
    Benjamin 75-78
    Celia (Selia) 81
    Darby 80
    Dinah 73-78
    Esther 73-85
    George 74-85
    Jack 83
    James 73-77, 79-85
    John 73-85
    Judy 80-82
    Lett 81-85
    Milly 73-85
    Moses 74, 76-79
    Nan 73-85
    Pesley 79
    Sam 74-83
    Solomon 73-78
    Sylvia 80-85
    Tom 83
    William 76-85
Osburn, Abner
    Agatha (Aggy) 84
    Judy 84
    Ned 84
Osburn, John Sr.
    Charles 59, 61-63, 65
    Joseph 72-77
    Nan 63-65, 69-77
Osburn, John Jr.
    Suck (mulatto) 81-82, 84
    Warner 82, 84
    Will 81-82, 84
Osburn, Nicholas
    Harry 65
    Judy 82
    Martha 63
    Ned 82
    Tom 63
    Will 68
Osburn, William
    Charles 67
    Nan 67
Owens, William
    Canah 69-71
    Geb 71
Owsley, Henry
    George 78-83
    Moll 80, 82
    Sam 81
    Violet 78-83
Owsley, Thomas (Capt)
    Bess 69-72, 74-75, 79-81
    George 70-72
    Jack 63
    Joe 58, 60, 62-63, 65,
        69-72, 74-75, 79-81
    Moll 72, 74-75, 79-81
    Ned 79
    Ruth 63, 65, 69-72, 74-75,
        79-81
Owsley, Thomas Jr.
    Bess 73, 78
    George 73
    Joe 73, 78
    Moll 73, 78
    Ruth 62, 73, 78
Owsley, William (Capt)
    Davy 81
    George 74-81
    Judy 71-81

P

Padgett, Francis
  David 78-85
  Hannah 60-63, 65, 68, 70-85
  Judith 68, 70-85
Page, John (Hon)
  Abraham 73-80
  Agatha 73-85
  Anthony 83-84
  Beck 75-83
  Bob 73-83
  Bob (2) 79-83
  David 73-83
  Edmond 81-85
  Hannah 82-85
  James 73-75, 81
  Jenny 82-85
  Judith 73-83
  Jupiter 84
  Mark 73-83
  Nat 81
  Polly 73-81
  Rachel 81-83
  Rachel (2) 82-83
  Robin 78
  Sally 81
  Sarah 73-84
  Will 73-77
  Will (2) 73-74
Page, Mann
  Agatha 71, 73
  Betty 71-80
  Betty (2) 76-77
  Briggor 76-77
  Camico 71-73, 75-80, 83
  Cate 75
  Charles 71-80, 83
  Combo 78, 80, 83
  Coote 75-80, 83
  Cragar 71-78, 80, 83
  Esther 71-80, 83
  Frank 72, 76-80, 83
  Frank (2) 76-77
  Fyon 76-77
  George 71-80
  Gomer 71-72
  Grabby
  Grace 71-73, 75-80, 83
  Hannah 71-73, 75-77
  Harry 72
  Judith 71-72, 76-77
  Kitt 76-77
  Lettice 71-75
  Limbrick 71-80, 83
  London 72, 74, 76-80, 83
  Major 71
  Megegar (Jigger) 72-73, 75-80, 83
  Mimey 71-75, 79-80, 83
  Moses 72
  Nancy (Nan) 71, 73-75, 78-80, 83
  Nell 71-80, 83
  Paul 80, 83
  Peggy 71-73, 75-77
  Peter 72-79
  Phyllis (Fillice) 76-80, 83
  Pier 71-73, 75 78
  Polly 72-79
  Priss 72
  Sampson 71-80, 83
  Sall 72
  Sciss 72
  Sharper 75
  Sifax 76-80, 83
  Sylvia 73
  *Thomas King 76-77, 83
  Tom (2) 75-80
  Venus 72
  Will 72-77, 83
  Will (2) 72
Page, Mary Mason (Wid)
  Betty 81
  Combo 81
  Charles 81
  Cim 81
  Coote 81
  Cragar 81
  Esther 81
  Frank 81
  George 81
  Grace 81
  *James Dudley 81
  Jigger 81
  Limbrick 81
  Mimey 81
  Moses 81
  Nancy 81
  Pat 81
  Sampson 81
  Sam
  Sifax
Parrot, John
  Fanny 85-86
  Hannah 85-86
  James 85-86
  Jane 85-86
  Steven 85
Parsons, William
  Dinah 65
Patterson, Fleming
  Barry 68
  Chloe 72
  Elsie 68
  Esther 68
  London 68
  Sharper 70-72
  Sharper's son 70
  Sue 71-72
Paul, James
  Moll 75
Payne, Benjamin Clark
  Ben 85
  Chloe 85
  Jenny 85

Payne, Edward
(Resided in Fairfax Co.)
  Jean 73
  Peter 73
  Sampson 73
  Tom 73
Payne, Henry
  Jacob 83-84
  James 76-77
  Lucy 76-84
  Orson 74
  Peter 74-84
  Simon 79-84
Payne, William
  Betty 82-84
  Thomas 82-84
Peake, John
  Harry 62
  *Jack Rivers 60-63, 68, 70
  Jack Jr. 61-63, 68, 70
  Milly 70
  Pompey 61-62
  Sue 61-63
Pearce, Garroon
  Clara 86
  Sharper 86
Pearce, Lewis
  Abel 78
Pearl, William Sr.
  Jack 62-63, 65, 69
  Moll 62-63, 65, 69
  Will 58, 60, 62-63, 65, 69
Perfect, Christopher
  Bob 68, 70-72, 74-77
  Cate 75
  Hannah 64-65, 68, 70-72
  Isaac 76-77
  James (mulatto) 75-77
  Kitt (mulatto) 76-77
  Tony 71-72
Perfect, Robert
  Cato 79-81
  Eve 82
  Jessey 82
Perry, Franklin
  Hannah 82-83, 85
  Joan 74, 82-85
  Muncie 82
Peyton, Ann (Mrs)
  Dick (old) 82, 84
  Dick (big) 82, 84
  Francis (Frank) 82, 84
  John 82, 84
  Milford 82, 84
  Phoebe 82, 84
  Sam 82
  Thomas 82, 84
Peyton, Craven
  Bob 62
  Dick (old) 65, 70-77, 79
  Dick (big) 79
  Esther 60-63, 65
  Frank 58, 60-63, 65, 70-77, 79
  James 58, 60-63, 65, 70-77

  Jonathan 79
  Milford 79
  Sam 72-77, 79
  Sarah 63, 70-77, 79
  Sibb 79
  Tom 76-77, 79
  Will 58
Peyton, Francis (Col)
  Agatha 76-77
  *Ann Lucas (mulatto) 81
  Anthony Lucas (mulatto) 76-77, 79, 82-83, 85
  Cato 78-86
  Charles 68
  Chloe 79-86
  Flora 58-59
  Guss 63, 65, 68, 70-74
  Harry 65, 68, 70
  James 76-77
  Jane 71-86
  Joe 84-86
  Joshen 76-77, 79-86
  Lucy 68, 71-75
  Mesheck 78-86
  Moses 60-63, 65, 68, 70-75, 84-86
  Nan 68, 70-71, 73-74, 76-79, 82-83
  Peg 71-86
  Peg (2) 78-83
  Philip 58-63, 65, 75
  Rhodam 68
  Sampson 58-63, 65, 70
  Sarah 70
  Suca (Suck) 58-63, 65, 68, 70-75
  Suca (2) 68, 70-74
  Tony 75, 78
  William 80-83
  (Under 16 in 1786:)
  Charles   Joan
  Esther   Judy
  Hannah   Sall
  Isaac   Vincent
  James
Peyton, Henry (Col)
  Bob 58-61
  Cate 58-60
  Quive 58-61
  Venus 58
  Will 59-61
Peyton, Robert
  Bob 63
  Winney 63
Phillips, Jenkin Sr.
  Ben 82-83
  Bill 81
  Jane Ingrom (mulatto) 71-77
  Jenny 83
Phillips, Jenkin Jr.
  Kate 78, 80, 83
  Lucy 78, 80, 83
Pike, Jonathan
  Aaron 72
  Codger 73
  Peter 83-84

Piles, John
  Catherina (Cate) 80-82,
    84-85
  David 80-81
  Galloway 75-82, 84-85
  Prince 79
  Russell 85
Pollard, William
  James 74-75
  Jenny 74-75
Polston, Leonard
  a woman not named
Poole, Daniel
  Humphrey 79
  Jenny 79
  Judith 79
  Sarah 79
Poole, Elizabeth
  Harry 83
  Humphrey 83
  Judith 83
  Sarah 83
Poole, Thomas
  Humphrey 80, 83
  Jenny 78, 81
  Judith 78, 80, 82-83
  Sarah 81-82
Porter, Edward
  Hannah 70
  Nan 60-63, 65-66, 68, 70
Porter, Mary
  Hannah 71, 74-79, 81-84
  Nan 71, 74-79, 81-85
Poston, Francis Sr.
  Dick 72-77
  Mander 72-73
  Phyllis 72-77
Poston, Leonard
  Beck 74, 82
  (Under 16 in 1782:)
  George (2 years old)
Potts, Ezekiel
  Austin 67
Potts, Samuel
  Austin 68, 71-72, 74-77,
    80, 82, 84
Pound, John
  Codger 76-77
Powell, Elisha
  Agatha 85
  Anaea 84-85
  Nimner 84-85
Powell, Leven
  Fan 76-82, 84-85
  Fortune 75-82, 84-85
  Hannah 78-82, 84-85
  Jack 75-82
  James 71-82, 84-85
  Jesse 78-82, 84-85
  Mill 80
  Nan 69, 71-77
  Peter (blacksmith) 78-82,
    84-85
  Phill 82, 84-85
  Quivey 63
  Scilla 65, 69, 71-82, 84-85
  Shadrick 84
  Sybel (Sibb) 78-82, 84-85
  Tim 75-79
Powell, Nathan
  Tom 73
Powell, Robert
  Henry 83
  Nimner 83
Powell, William
  Chloe 76-77
Power, Joseph Sr.
  Sid 61
Preston, Moses
  Bess 65
Primm, Kitchen
Pritchard, Thomas
  Dick 84
  Hazzard 71-72, 75
  Will 75
Pugh, Samuel
  Bess 72-74
  Lucy 72-74
Pullen, Charles
  Jane 78
  Philip 82
  Toby 78
Purvis, James
  Abraham 79-81, 83
  Dick 78-81, 83
  Dinah 78-79
  Isabel (Esbell) 80, 83
  Jack 80, 83
  *James Dudley 83
  Lucy 79-80, 83
  Phyllis 79-81, 83
  Rachel 76-81, 83
  Sarah 76-80, 83

R

Ralls, George
  Daniel 85
  Sall 85
Ramey, Jacob Sr.
  Bess 73-74, 76-77
  Chris (Criss) 76-77
  Dinah 60-63, 65
  George 76-77
  Hannah 72, 76-77
  Judith 60-63, 65
  Peg 70-74, 76-77
  Peter 68, 70-74, 76-77
  Prince 60-63, 65
  Sam 72
Ramey, Jacob Jr.
  Bess 75, 78
  Chris (Criss) 74-75, 78-83,
    85
  George 75, 78-83, 85
  Hannah 63, 65-66, 68, 71,
    73-75, 78-83, 85
  Jenny 65
  Joe 60-61
  Peg 75, 78-79, 83, 85

Peter 75
Rachel 83, 85
Sam 63, 65, 66, 68, 71, 73
Sarah 78-83, 85
Ramey, John
  Charity 82
  Rhode (Rody) 82
Ramey, Sanford Sr.
  Bob 68-69, 71-75
  Connor 78
  Esther
  Jenny 80, 82-84, 86
  Lettice 68-69, 71-78, 80, 82-83
  London 75-77, 80, 82-84, 86
  Lucy 69, 71-78
  Sam 68-69, 71-75, 80, 82-84, 86
  Sarah 74-75
  Winney 80, 83-84, 86
  (Under 16 in 1786:)
  Amy
  Edward
  Eley
  Mager
  Penney
  Sall
  Spencer
Reece, David
  Colbert 78
Reed, Andrew
  Adam 84
  Beck 84
  Catherine 84
  Dorcas 84
  Hannah 84
  Lettice 84
  Oliver 84
  Peter 84
  Prue 84
  Richard 84
  Teener 84
  Winny 84
Reed, Barbara
  Grace 62
  Hannah 62
  Moll 62
Reed, Jacob (Maj)
  Darby 80
  Jacob 78
  Mary 78-81
  Moll 83
  Neute 60
  Sall 85
  Sarah 69-73
  Scipio 75-77
  Shant 78-81
  Winny 83-85
Reed, John
  Cate 81, 83-85
  Jack 81, 83-85
  James 81, 83-85
  Scilla 81, 83-85
Reed, Joseph
  Grace 60-61

Hannah 60-61, 81
Moll 60-61
Reed, William
  George 83-85
  Sarah 74-78, 80-81, 83-85
  Tom 71-78, 80-81, 83, 85
Reger, John
  Dinah 84
Respess, Thomas
  Betty 78-80, 82-83, 85
  Binar 80, 82-83
  Clare 76-79
  Daniel 82
  George 82
  Hannah 78-80, 82-83, 85
  Hannah (2) 82
  Harry 82
  Humphrey 82
  Isaac 85
  John 82
  Kate 78-79
  Molly 78-80, 82-83, 85
  Nanny 78-80, 82-83, 85
  Nero 82
  Rachel 82
  Sally 82
  Sampson 80, 82-83, 85
  Sharper 78-80, 82-83, 85
  Sue 82
  Tom 78-80, 82-83, 85
  Will 78-80, 82-83, 85
Reynolds, Cornelius
  Judy 79, 81
  (Under 16 in 1786:)
  Scipio
Rhodes, John
  Sam 79
Richardson, Joseph
  Peter 71-73
Richardson, William
  Charles 84
  Nathan 84
  Will 84
Rightmire, James
  Octer 81
Riley, Benjamin
  Hannah 70
  Sam 70
Riley, Robert
  Sall 84
Roberts, John
  Janet 80
Robertson, John
  Jenny 79
Robinson, Elisha
  Sarah 65
Roocard, Thomas
  Hannah 84
  Winney 79-84
Roper, Thomas
  Chloe 82, 85
  Lett 79
  Milly 79-82
  Ruben 85
Rose, Isaac Sr.
  Dick 71-72

Mima 86
Roszell, Stephen
  Betty 78, 81-86
  Frank
  Hannah 82
  Jacob 78, 81-86
  Jane 83-86
  Ralph 81
  Sue 83-86
  Virgin 70-73, 76-78
    (Under 16 in 1786:)
  Dick
Rowland, Gordon
  Bess 80
  Jerry 80
  Kate 80
Royston, John
  Alec (Ellick) 84
  Esther 83-85
  Esther (2) 83-85
Russell, Albert
  Anthony 83
  Fan 83
  Nellie 83, 85
  Simon 85
Russell, Anthony
  Fan 82
  Hammet 60-63, 68, 70-73,
    75-77, 82
  Sylvia 68, 70-73, 75-77,
    82
Russell, Charles
  Dinah 69
  Eve 69
  Harry 69
  Stephen 69
  Tom 69
Russell, Francis
  Fan 81
  Hammet 79, 81
  Sylvia 79, 81
Rust, Benjamin
  Sampson 72-74
  Simon 71
  Winn 74-75
Rust, George
  Fame 84-85
Rust, William
  Daniel 83-85
  David 61
  Kate 65, 69-77, 81, 85
  Kiz 83
  Maria 61, 65, 69-74
  Nell 81-83
  Peter 83-85
  Sarah 73, 75, 81-82
Ryan, John Bowen
  Henry 83-84
  Hannah 85

S

Sanford, Daniel
  James 73-77, 79-85

  Lucy 80-85
  Moses 84-85
  Nan 84-85
  Stephen 83-85
Sanford, Jeremiah
  Farrow 79-81, 83, 85
  Frank 79-81, 83, 85
  Jack 85
  Joe 79-81, 83
Sanford, Robert
  Charles 60-61, 65
  Jane (Jenny) 60-61, 65
  Sarah 60-61, 65
  Tom 60-61, 65
Sangster, Thomas
  Grace 74
  Judy 74
Sasser, John
  Jack 61-62
  Sarah 61-62
Saunders, Daniel
  Hannah 86
Saunders, James (Estate 79 & 80)
  Joseph 75-77, 79-80
  Mary (Molly) 75-77, 79-80
  Nanny 80
Saunders, John
  Joseph 78
  Moll 78
Saunders, Sarah
  Abraham 82
  Ann 82
  Daniel 82
  Joan 82
  Joe 82
  Judy 82
  Mary 82
  Scipio 82
  Thomas 82
Saunders, William
  Hannah 80-82, 84-85
Savage & Lane (Messrs)
  Rhode 73-74
Scirvin, John
  Judy 75
  Kitt 75
Scott, Robert
  Priscilla 83-85
Sears, William Bernard
  Bett 80-81
  Charles 75
  Ellick 84
  Frank 74-78
  Jack 71, 78
  Jupiter 76-77
  Lettice 72
Sebastian, Benjamin
  Caesar 61, 63
  Hannah 60-61, 63
Seldon, Mary (Miss)
  Bess 68, 70
  Camus (Comico) 68, 70
  Charles 70
  Corager 70
  Esther 68, 70
  George 70

Grace 68, 70
Hannah 70
Judy 68, 70
Lettice 70
Limbrick 68, 70
London 68, 70
Megiger (Gizer) 68, 70
Nell 68, 70
Peg 70
Pier 68, 70
Sampson 70
Will 68, 70
Seldon, Samuel
  Charles 68
  Corager 68
  George 68
  Hannah 68
  Lett 68
  Pegg 68
  Poll 68
  Samson 68
Self, Charmuck
  Sarah 82-83
Self, Presley
  Lydia 82-83
Seward, Ann
  Chloe 63
  Fanny 63
  Jack 63
  Peter 63
Seward, Nicholas
  Chloe 62
  Fanny 62
  Jack 62
  Peter 62
Shafer, Simon
  Jacob 75
  John 85
  Steven 81-82
Shanks, Thomas
  Adam 81-82
  Doll 80-84
  Jarret 84
  Nell 79-84
  Nell (2) 79-82, 84
  Will 83
Shay, Stephen
  Kate 79
Shead, William
  Grace 75
  Judy 75
Shead, James
  Grace 70-73
  Harry 62-63, 65
  Judy 65, 68, 70-73
Shore, Richard
  Friday 76-78
  Peter 76-77
Shore, Thomas
  Ben 60-63, 68, 72
  Cromme 61-63
  Daphney 61-63
  Fan 84
  Friday 79-82, 84
  Hagar 70
  Jack 78-82, 84

  Milly 82, 84
  Nell 68, 70-82
Shore, William
  Isaac 69-75, 78, 80-84, 86
  Sarah 80
Shreve, Benjamin
  Windsor 75
Shryock, Michael
  Beck 82, 85
  Doll 79
  George 82, 85
  James 82-85
  Patt 84
  Venus 79
Sigler, John
  James 81
Simpkins, John
  Hannah 70
  Nan 68, 71
Simpson, Gilbert
  Austin (Orson) 61, 63, 65, 68, 70-72
  Chloe 63, 65
Simpson, John
  Judy 84, 86
  Stace 86
  Suck 84
  (Under 16 in 1786:)
  Ben
  Chaney
  David
  Isaac
  James
  Rachel
  Sam
Simpson, Musgrove
  Jenny 85
  Joe 85
  Nanny 85
  Suckey 85
Sinclair, Amos
  James 79
  Kitt 79
Sinclair, Esther
  Lucy 63
  Violetta 63
Sinclair, John
  Bett 82
  Cate 65-66, 68, 70-78
  Harry 82
  James 66, 68, 70-77
  Kitt 82
  Ned 82
  Nell 82
  Sam 65, 78
Sinclair, Margaret (Mrs)
  Ralph 60-62
Sinclair, Robert
  Jenny 75
  Will 70-75
Sinclair, Waymon
  Jack 61
  Jenny 61
  Lucy 61
  Violetta 61
  Will 61

Singleton, John
  Judy 80, 85
Singleton, Joshua
  Milly 82-83
  Nell 82-83
  Prince 83
Singleton, Stanley
  Daniel 79
  Judy 75-77, 79
  Mutoe 75-77, 79
  Sam 75-77
Skillman, Catherine
  Cuff 76-77
  Jane 76-77
  Mink 76-77
  Phyllis 76-77
Skillman, Christopher
  Peter 73-78
Skillman, John
  Cuff 71-74
  Hazzard 73
  Mink 71-74
Smarr, John
  Abraham 58
  Abraham (2) 81-83
  Ben 82-83
  Hannah 71-83
  Jonas 73-83
  Rose 65, 69, 70-83
  Sniber 73-79
  Tom 65, 69-83
Smarr, Robert
  Sampson 85
Smith, Alexander
  Chloe 71
Smith, Benjamin
  Sam 76-77
Smith, Clator Sr.
  Cate 80-85
  Harry 85
Smith, Edward
  Beck 68, 70-75, 79-83
  Beck (2) 70-75, 79-82
  Dinah 81-82
  George 70-75, 79-83
  Joe 68
Smith, Enoch
  Nan 79-81, 83-85
  Sarah 85
  Selah 82
Smith, Gideon
  Chloe 82
  Lucy 85
Smith, John Sr.
  Guy 65
  Nan 65
Smith, Nathaniel
  Chloe 63-65, 68, 70, 72-85
  Harry 85
  Juno 63-65
  Nell 82-85
  Sam 78-85
Smith, Samuel
  Judy 71
Smith, Temple
  Barrach 74-75

  Dinah 74-82, 84-86
  Hannah 75-82, 84-86
  Jillson 78-82, 84-86
  (Under 16 in 1786:)
  Carey   Jean
  Charlotte Mima
  Fan   Nace
  Fan (2)   Robin
  Isaac   Sall
  James
Smith, William
  Lucy 85
  Will 85
Smith, William (Capt)
  Hannah 61-63, 65, 69-70
  Lucy 60-63, 65, 69-78
  Milly (big) 69-78
  Milly (little) 78
  Ned 61
  Nell 69-78
  Will (old) 60, 62-63, 65
    69-78
  Will (young) 69-75
Smith, William Sr.
  Ben 70-73
  Frank 71
  Minta 71-73
Smith, William Jr.
  Jacob 80
  Jenny 80
  Philip 80
  *Stephen Fisher 80
Smith, Withers
  Barrach 73
  Daniel 74-85
  Dinah 68, 70, 72-73
  Frank 81, 83-85
  Harry 84
  Judy 79-81, 83-85
  Juno 68, 70, 72-81, 83-85
  Loudoun 79-81, 83-85
  Nell 85
  Sarah 68, 70-81, 83-85
  Tom 72-85
  Winny 78
Snickers, Edward
  Agatha 70-72
  Bob 69-71, 73-74, 76-77
  Bob (2) 76-77
  Charles 71-74, 76-77
  Cupid 69-74, 76-77
  Dinah 69-74
  Jenny 69-72
  Margaret (Peg) 69-74,
    76-77
  Nan 69-71
  Rob 70
  Tim 71
  Toby 72
  Will 76-77
Sorrell, Elizabeth (Mrs)
  Selah 75
Sorrell, John
  Harry 80
  Jack 80
  Lucy 80

Selah 80
Sorrell, Reuben
  Jude 84
Sorrell, Thomas
  Celia 68, 70-73
  Chloe 68, 70-73
  Hannah 60-62
  Isaac 61-65, 68, 70-73
  Jack 60-65, 68, 70-73
  Lucy 68, 70, 72-73
Southard, Lawrence
  Jenny 85-86
  (Under 16 in 1786:)
  Sib
Southard, William Sr.
  Andrew 85
  Jenny 70, 72-84
  Sambo 63, 65-66, 68, 70, 72-79
Specht, Andrew
  Suck 82
Spencer, John
  James 83
  Nellie 79
  Peg 83
Spurr, James
  Sarah 59
Spurr, Judith (Wid)
  Sarah 60-61, 63
Spurr, Richard (Capt)
  Ben 80-85
  Jerry 65
  John 82
  Nan 78-85
  Pat 79-85
  Sarah 62, 68-69, 71-85
Squires, George
  Jerry 81-85
Squires, Thomas
  Cate 60-63, 65, 69-79
  James 65, 69-77
  Rachel 74-77
  Sarah 60-63, 65, 69-79
Stanhope, William
  Dinah 78-85
  Duke 82, 84
  James 83
  Jane 78-81
  Phill 78-85
  Sally (Sall) 73-85
Starks, John
  Frank 83
  Jack 83
Starks, Susannah (Mrs)
  Beck 72-74
  Frank 72-74
  Hannah 72-74
  Nan 72-74
Starks, William
  Beck 59-65, 68, 71
  Boatswain (Boson) 59-65, 68
  Frank 62-65, 68, 71
  Hannah 59-65, 68, 71
  Harry 60
  Nan 62-65, 68, 71
Stephens, Edward

  Dick 85
Stephens, Joseph
  Dorrela 61-63, 68-69, 71-72, 74-77
  Jack 61-63
  Jenny 80
  Phyllis 68
Stephens, Richard
  George 61-63, 65, 68-69, 71-77
Stephens, Robert Sr.
  Hagar 58, 60-63, 65, 69-72
  Harry 69-72, 79
  Jack 79
  Lucy 79
  Selah 79
  Winn 79
Stephens, Robert Jr.
  Jerry 72-73
Stewart, Charles
  Jack 82-85
  Suck 84
Stewart, Daniel
  Aaron 85
  Conny 85
  Dick 82-88
  Lydia 85
  Mary 85
  Simon 85
  (Under 16 in 1782:)
  Lett
Stewart, Hugh
  Billy 78
  Butler 78
  Charles 78
  Daniel 78
  Esther 86
  Hanoots 78
  Jerry 78
  Paul 78, 86
  Peter 78
  Rhode 78
  (Under 16 in 1786:)
  Charlotte
  Maria
Stinson, George
  Rachel 68
Stites, John
  Lucy 75
Stoker, William
  Agatha 85
Stone, Davis
  Doll 84
  Will 84
Stone, Thomas
  Dick 62, 73-74
  Frank 62, 73-75
  James 62, 73-74
  Lettice 62, 73-74
  Moll 62, 73-75
  Tucker 62, 73
  Will 75
Stone, William Jr.
  Beck 81
Stonestreet, Basil
  Cate 80-84, 86

(Under 16 in 1786:)
  Lucy   Patience
  Nave   Rachel

Stonestreet, John
  Charles 83-84
  Jenny 82-84
  Sam 84
  Saul 82-83
Summers, Francis
  Bob 60-63, 65-66, 68,
    70-85
  Dinah 59-63
  Doll 79-80
  Happy 85
  Jack 60-62, 65-66, 68,
    70-82
  Jack (2) 79
  James 72-85
  Jenny 68, 70-71
  Judy 83-85
  Moll 59-60
  Moll (2) 79-85
  Nan 65-66, 68, 70-85
  Nell 81-85
  Rachel 78-79
  Robin 59
  Victoria 60-63, 65-66, 68,
    70-83, 85
Summers, George (Col)
  Hannah 78-85
  Jenny 72-85
  Lucy 76-77
Sutphin, Christopher
  Jane 85
Suttle, Reuben
  Ben 74-84
  Dinah 71-84
  Rose 70-84
  Sylvia 82-84
Swart, Adrian
  James
Swisher, Philip
  Sarah 72-81, 83

T

Taite, Peter
  Dick 70-71
Talbert, Ann
  Boatswain 80
  Sarah 80
Talbert, Demoval
  Joseph 83-85
  Zedekiah 85
Talbert, Henry
  Fan 68-69, 71-77, 83-86
  Frank 79-81, 83-84
  George 78-86
  Hager 69
  Milly 78
  Minta 79-86
  Nanbossey 75
  Peter 85

Tony 81
(Under 16 in 1786:)
  Charlotte
  Peter
Talbert, Samuel
  Sawney 84
Tankerville, Earl of, Charles
  Daniel 65
  George 61, 65
  Jack 61, 65
  Jerry 61, 65, 71
  Joe 61, 65, 71
  Morris 65
  Pidgeon 61, 65
  Valentine 61, 65, 71
Tayloe, John (Col)
  Bess 60-63, 65-66
  Charles 60-63, 65-66
  Clare 60-62
  George 60-62
  Jeffery 60-63, 65-66
  Moll 60-61
  Pat 60-61
  Prince 60-63
  Rachel 60-63, 65-66
  Rose 60-63
  Sarah 60-63, 65-66
  Will 60-63, 65-66
Taylor, Charles
  Hagar 60
  James 60
  Lettice 60
  Phyllis 60
Taylor, George Sr.
  Cross 68, 75
  Dick 79, 84
  Dorcas 72-75, 78-79, 84
  Esther 60-62, 65, 68,
    70-74
  Joe (black) 60-62, 65, 68,
    70-75, 78-79, 84-85
  Joe (mulatto) 70-74, 78-79,
    84
  Mary (Moll) 70-72, 74-75
  Nell 60-62, 65, 70-75,
    78-79, 84-85
  Polly 78
Taylor, George Jr. (Capt)
  Ann 84
  Charity 84-85
  Harry 78-82, 84-85
  Henny 79-82, 84-85
  Joe 63
  Nan 80
  Tom 63
Taylor, Henry
  Abraham 58-63, 65, 67,
    69-70
  Augustus (Guss) 63, 65, 67,
    69-70
  Hezekiah (Hesey) 70
  James 65, 67, 69-70
  Judy 58, 61
  Lucy 58-63
  Sarah (Sall) 58-63, 65,
    69-70

Susanna (Sue) 69-70
Suca (Suck) 58-63, 65
Taylor, John (Capt)
  Abraham 74, 78-85
  Anthony (Tony) 78-85
  Augustus (Guss) 74, 78-85
  Hezekiah 74, 78-82
  James 74, 78-79, 85
  Judy 78-85
  Lettice 78
  Lydia 84-85
  Milly 81-82
  Phill 83-85
  Sarah 74, 78-85
  Susanna (Sue) 78-82, 85
  Suckey 83-84
Taylor, Joshua
  Cromer 68, 70-74, 76-78
  Daphney 68, 70-71
  Lydia 70
  Toby 81
Taylor, Manley
  Judy 69-71, 75-79, 81-84
  Lucy 81-84
Taylor, Susanna (Mrs)
  Abraham 71-73, 75
  Augustus 71-73, 75
  Hezekiah 71-73, 75
  James 71-73, 75
  Sarah 71-73, 75
  Susanna (Sue) 71-73, 75
Taylor, William
  Bett 65, 70-71
  Winny 65, 70-71
  (Under 16 in 1786:)
  Simon
Thomas, Daniel
  Chloe 60
  Judy 60
Thomas, Moses (Capt)
  Daniel 74
  George 71-80
  Hannah 72-85
  Jack 81-82
  Judy 71-85
  Travis 82
Thomas, Owen
  Bett 80
Thomas, Richard
  Bett 67
Thomas, Robert
  Carter 75-77, 79, 82, 84
  Cate 84
  George 71-74, 78
  Judy 75-77
  Nan 79, 82, 84
  Richmond 75-79, 82, 84
  Songo 84
Thomas, William
  Shadrach 85
Thompson, Amos (Rev)
  Ben 74-77
  Bett 67-68, 70-78
  Jack 68, 70-78
  Sam 70
Thompson, Israel
  Abraham 65, 67-68, 70-74
  Jack 67
  Minta 60-63, 65
  Peter 60-63, 65, 68, 70, 74, 76-77
  Phyllis 67-68, 70-74, 76-77
  Sarah 60-63, 65
Thompson, Thomas
  Judy 70
Thornton, John
  Bacchus 74-75, 79
  Ben 73
  Caziah 75
  Daphne 75
  Hannah 73-74
  Jarlo 73-75
  Maria 73
  Peter 73-75
  Peter (2) 75
  Phillip 73-75
  Sarah 73-75
  Simon 75
  William 73
Thrift, William
  David 85
  Lucy 85
  Sam 85
Tibbs, Foushee (Col)
  Betty (Bess) 67-68, 70-78
  Boson 80-82
  Brandy 61-63, 65-66, 68, 70-78, 80
  Dick 68, 70-78
  Harry 62-63, 65-68, 70-78, 80-82
  Jack 61-63, 65-67, 70-78, 80-82
  James 82
  Violet 66-68, 70-78, 80-82
Tillett, John
  (Under 16 in 1786:)
  Peg
Tillett, Samuel
  Barrach 64-65, 67
  Hannah 72-73, 75-77, 79
  Harry 79
  Mongo (Mingo) 63-65, 67
  Nan 79
  Sarah 68, 70-71, 75-77
Todhunter, John
  Absolom 78-81, 83
Tolle, Jonathan
  Buck 81
  Lett 81
  Maria 81
  Tom 81
Towner, Jacob
  Oliver 82
  Rose 79
  Sarah (Sall) 76-77, 82
Trammell, Sampson Sr.
  Ben 71-72, 74, 78-80
  Bett 78
  Boatswain (Boson) 59-64, 68-69, 71

Cyrus (Siras) 79-82
Hannah 75, 78
Harry 72, 78
Jack 78-80
James 59-65, 68-69, 71-74,
   78, 80-81
Lydia (Lidd) 79-82
Maria 59-64, 68-69, 71-73,
   78
Moll 75, 78-79, 81-82
Nace 74-75, 78
Nan 75, 78-80, 82
Ned 78-80, 82
Pat 59-64, 68-69, 72,
   78-82
Richard (Dick) 59-64, 68-69,
   72, 75, 78-81
Rose 59-65, 68-69, 71-75,
   78-80, 82
Trammell, Sampson Jr.
  Chloe 83-84
  Flora 75
  Glasgow 75
  Hannah 75
  Harry 78-80, 82-85
  Jane (Jean) 82-85
  Maria 75
  *Numbe Hanner 75
  Rachel 84
  Rose 76-77, 85
  Sam 76-79
  Tom 82-85
Trammell, William
  Flora 64-65, 68-69, 71-74
  Glasgow 61-65, 68-69, 71-74
  Hannah 73-74
  James 64
  Maria 61-65, 68-69, 71-74
  *Numbe Hanner 73-74
  Sam 64-65, 68-69, 71-74
Triplett, Abel
  Glasgow 80
Triplett, Daniel
  Bess 62, 65, 69
Triplett, Francis
  Daniel 75
  Dick 84
  Harry 83
  Rachel 80-84
  Samuel 75
  Titus 84
  Will 70-72, 75
Triplett, Reuben
  Alice 74
  *Cyrus Anthony 74-75, 78, 82,
    84-85
  Jack 82, 84
  Phillip 85
  William 75
Triplett, Simon
  Jenny 71
  Peter 71
Triplett, Simon (Capt)
  *Cyrus Anthony 68
  David 83-86
  Dublin 66-68, 70-75

Fan 73-75, 78-86
French 83-84
Glasgow 79, 81-86
Hannah 65
Immanuel 66
Judy 72-75, 78-86
Milly 86
Patt 79-82
Peter 79-84
Sampson 65
Toby 78-79, 81, 83-86
Tony 74-75, 78
Whitley 79
Will 68
(Under 16 in 1786:)
  Cato   Jeffrey
  David   Jenny
  George   Jerry
  Hannah   Rachel
  Harry   Rose
Triplett, William
  Harry 60
  Nell 60
  Prince 60
Tucker, Benjamin
  Hasey 85
Tuel, William
  Grace 85
Turberville, George (Capt)
(Resided in Westmoreland Co.)
  Betty 65-67
  Dawson 65-68, 70-85
  Esther 66-67
  Frank 67-68, 70-85
  Frank (2) 74-75
  Hannah 65
  Hannah (2) 83-85
  Jane 71-85
  Jemima (Mima) 65-68,
    70-85
  Kate 66-68, 70
  Lett 76-85
  Moll 65-68, 70-85
  Ned 65-68, 70-81
  Phyllis 65-67
  Plymouth 67
  Prince 65-67
  Ptimah 65
  Sam 70-85
  Saul 73-78, 82-83
  Scipio 65-68, 70-83, 85
  Simon 66
  Solomon 79-81, 84
  Will 70-80
Turberville, John (Capt)
  Adam 79-86
  Alice (Alse) 81
  Barbara 68, 70-73
  Billy 68
  Cate 70-74
  Charles 78-86
  Daniel 83-86
  David 68, 70, 78-86
  David (2) 81
  Dawson 60-63
  Dawson (2) 60-62

Dick 70-72
Frank 60-63, 68, 70-73, 78-86
Frank (2) 60-62
George 68, 70-74, 81-84
Hamlet 81
Hannah 60-63
Harry 81
Isaac 78-86
Jack 70-72, 75-78
Jack (little) 75
James 75-79
John 75-77
Keziah (Kissiah) 85-86
Lett 60-62
Low 62
Marmaduke 60-63
Milly 85-86
Milne (Myomi) 60-62
Mima (Jemima) 62-63, 79
Moll 60-63, 68, 70-73
Nan 75-82
Ned 60-63
Peg 81
Phoebe 62
Phyllis 60-61, 63
Plymouth (Plemo) 60-63
Prince 60-63
Rachel 81
Sarah (Sall) 60-63, 68, 70-86
Sarah (2) 60-62, 68, 70-72, 74, 78-86
Scipio 60-63
Suckey 71, 73-77
Sue 63, 68, 70, 72, 81
Sue (2) 81
Tom 71-81
Tom (2) 75-77
Will 68, 70-77
Willoughby 75-77
(Under 16 in 1786:)
Alice   Lydia
Daniel   Sandy
Jess   Tom
Turley, Charles
  Lett 83, 85
Turley, Giles
  Bett 82-85
  Tom 82-85
Turley, John
  Bett 72-75
  Billy 85
  Fan 84
  Jack 81
  James 85
  Jane 78
  Judy 80-81, 84
  Limus 78
  Massey 82
  Monster 72-85
  Nan 72-75
  Sam 72-75, 78
  Will 73-75
Turley, John (2)
  Dick 81-85

Lettice 78-85
Simon 78-85
Turley, John (3)
  Beck 84, 86
  Charlotte 86
  (Under 16 in 1786:)
  Hannah
Turley, Paul
  Culley 67
Turley, Peter
  London 60
Turley, Sampson
(Resided in Fairfax Co.)
  Bett (Bess) 61, 65-68, 71
  George 61, 65-68
  Hannah 65-68, 70, 78-80, 82, 84
  Monster 71
  Nan 65-68, 70-71, 78-80, 82, 84
  Pat 61
  Sam 66-68, 70-71, 78-80, 82, 84
  Will 61, 65-68, 70, 78-80, 82, 84
Turley, Sampson Jr.
  Hannah 83, 85
  Harry 85
  Nan 83, 85
  Sam 83
  Will 83, 85
Turner, Edward
  Betty 62-63, 65, 67, 72-73
  Lucy 62-63, 65, 67
Turner, Fielding (Maj)
  Aaron 73-85
  Betty (Bess) 68-85
  Harry 60--63, 65, 67-68, 70-81
  Isaac 62-63, 65, 67-68, 70-85
  Mimey 83-85
  Peter 80-85
  Rachel 80-85
  Rose (long) 62-63, 65, 67-68, 70-85
  Rose (old) 60-63, 65, 67-68, 70-81
  Rose (3) 73-74
Turner, George
  David 65, 69-71
Turner, John
  Hercules 82
Turner, Lewis, Ellzey
  Crager 85
  Harry 78-85
  Judy 79-85
  Nell 79
Turner, Simon
  Simon 80
  Tom 80
Turner, William Jr.
  Milly 79
  Rachel 79, 83

Tyler, Charles
  Admiral 73
  George 63, 65, 73
  Hagar 61-63, 65
  James 61-63, 65
  Jane 73, 81-83
  Lettice 61-63, 65
  Nan 72
  Tobey 82-83
  (Under 16 in 1782:)
    Charles
    Fan
    Winny
Tyler, John
  Admiral 74-85
  Bett 76-85
  Chloe 83-85
  Cox 75
  George 68, 70-72, 74-85
  James 7585
  Jane (Jenny) 68, 70-72, 75, 79
  Lettice 68
  Sam 68
  Will 79-85
  (Under 16 in 1782:)
    Bett   Lewis
    Chloe   Maria
    Henry   Sarah
Tyler, William
  Jane 68

U

Urton, James
  Abrillah 84

V

Vallendingham, Richard
  Conney 79
  Dick 67-69, 71-77, 79-81, 83-85
Vallendingham, William
  Lin 64
Vandevanter, Cornelius
  Francis (Frank) 74-78
Vandevanter, Jacob
  Francis 73
Vaughan, Cornelius
  Frank 71
  George 69, 71-75, 79-83
  Jane 75
  Tom 80, 82
  Winner 69
Veale, John
  Beck 76-79, 81-82, 84
Veale, William Sr.
  Gimbo 60, 68-69, 71-83
  Harry 60, 65, 68-69, 71-83
  Moses 82-86

  Nan 60, 68-69, 71-86
Violett, John Sr.
  Joe 65

W

Waggoner, John
  Lett 84
Walker, John
  Jane 74
Wallace, James
  Caesar 82
  Dick 82
  George 81-83
  George (2) 82
  Hannah 82
  James 82
  James (2) 82
  Jenny 81-83
  Lydia 82
  Milly 81-83
  Molly 82
  Nancy (Nanny) 81-83
  Sally 82
  Sam 82
Wallace, John
  Ned 83
Walround, William
  Annaca 78
  Daniel 78
  Hannah 78
  Mingor 78
  Petphy 78
  York 78
Warford, Abraham
  Judy 72-73, 75
Warnell, Robey
  Arey 83-84
  Henny 82-84
  Suck 81-84
Washington, Bailey
(Resided in Stafford Co.)
  Adam 72-73
  Buddy 61-63, 65, 68, 70-75
  Dick 61-63, 65, 68, 70-75
  Dick (2) 75
  Jane 71-75
  Lettice 63, 65, 68, 70-73
  Nell 61-63, 65, 68, 70-75
Washington, Henry
  Buddy 76-82
  Dick 76-81
  Dinah 81
  Fender 80-82
  Jane 76-79
  Lilly 76-82
  Lydia 76-82
  Milly 78-82
  Nell 76
  Peter 76-82

Price 79
Washington, John A. (Col)
  Frank 84
  Furry 84
  Joe 84
Waterman, James
  Daphney 75
Watson, Robert
  Bacchus 61
  Barret 62
  Chloe 65
  Fanny 65
  Jack 65
Waugh, Tyler
  Bett 80
  Charity 80
  Dick 80
Weaden, Nathaniel
  Bob 84
  Daniel 80
  Darby 82
  Fann 80, 82
  Hannah 79
  Oliver 82
  Scipio 82
  Sharper 79, 84
  Violet 84
Weeks, Alderson
  Daniel 82-83, 85
  Nell 83, 85
  (Under 16 in 1786:)
  Hannah
  Jacob
Weeks, James
  (Under 16 in 1786:)
  Patty
Wells, Esther
  Lucy 68
  Violet 68
Wells, Thomas William
  Judy 60, 62-63
  Lucy 66
  Peter 62-63, 65-66
  Violet 65-66
West, Charles (Maj)
  Congo 76-77
  Dick 68
  Frank 80-81
  Henry (Harry) 76-84
  Jack 70-71, 73-77
  Julia 78-84
  Juno 76-77
  Leah 70-71, 73-77
  Meah 70-71, 75-80, 82
  Melford 68
  Ned 75
  Rose 73-74
  Sall 75
  Sam 76-77
  Will 75
  William 75
West, Charles (Jr?)
  Goliah 73-74
  Henny 73
  Meah 73-74
West, Edward

Tom 70
West, George
  Daniel 71-81, 83
  Fanny 81, 83, 85
  Frank 68, 70-81, 83, 85
  *Harry Jackson 72-81, 83, 85
  Jack 70-72
  *Jane Robinson (mulatto) 71-73, 75-77
  Joe 59-61, 63
  Lett 85
  Pender 63
  Sam 63
  Sampson 72-81, 83, 85
  Sylvia 68, 70-81, 83, 85
  Tom 78-81, 83
  *William Robinson (mulatto) 71-73, 75-77, 80, 85
West, John
  Conney 84
  Simon 84
West, Mary (Mrs)
  Hannah 72-74, 76-78, 80, 82
  James 73-74, 76-78, 80, 82
  Nace 72-74, 76-78, 80, 82
  Nan 76-78, 80, 82
  Pegg 72-74, 76-78, 80, 82
  Simon 82
  Toby 73
  Tom 72-74, 76-78, 80, 82
West, Sibyl
  Chloe 83
  Tom 83
West, Thomas
  Chris 72
  Dick 70, 72
  Jacob 83
  Melford 70, 72
  Peg 83
West, William Sr.
  Congo 60-62, 65, 68
  George 63
  Guy 58, 60-62
  Hannah 62-63, 65, 68
  Jack 58, 60-63, 65, 68
  Jesse 62
  Leah 58, 60-63, 65, 68
  Meah (Maria) 60-63, 68
  Nan 62, 68
  Peg 62-63, 65, 68
  Sarah 58, 60-62
  Tom 62-63, 65, 68
West, William Jr.
  Congo 58
Whaley, James Sr.
  Betty 85-86
  Jack 59-65, 68-69, 71-79, 82-85
  Joe 85
  Judy 74-77
  Lucy 68-69, 71-79, 82-86
  Suck 84, 86
  Sue 79, 82-83

Tom 59-65
(Under 16 in 1786:)
  Charles   Nero
  Frederick   Peter
  George
Whaley, James Jr.
  David 81-86
  Hannah 83-86
  Mary 81-86
  Milly 81-86
  Ned 82
  Prue 85-86
  Will 83-86
  (Under 16 in 1786:)
  Will
Whaley, John
  Tucker 79-84
Whaley, William Sr.
  Harry 73-85
  Mary 72-79
  Milly 75-79
  Montgalia 83
Whaley, William Jr.
  Harry
Wheeler, Clement
  Abraham 79
  Buck 79
  Daniel 82
  Dick 79, 82
  Dick (2) 82
  Jack 79, 82
  Jack (2) 82
  Jenny 82
  Jerry 82
  Jim 82
  Linney 82
  Ned 79
  Will 79, 82
Wheeler, Drummond
(Resided in Fairfax Co.
  Fad (Phad) 71-74, 78
  Jemima (Mime) 70-74, 78
  Sarah (Sall) 70-74, 78
  Solomon 70, 78
  Will 70-72
Wheeler, Ignatius
  Amy 83-85
  Ben 85
  James 82-85
  Nan 82-85
  Lucy 84-85
Wheeler, Leonard
  2 not named 82
Wheeler, Samuel
  James 85
Wheeler, William
  Fan 75
  Jacob 75
  Mime 75
  Sarah 75
Whillock, James
  James (Jem) 85
  Judy 60, 78
White, Charles
  Amelia 75
  Jesse 71-77

Judy 72-77
Mildred (Milly) 72-74, 76-77
White, Joel
  Ben 75
  Dinah 75
  Durty 75
  George 75
  Hannah 75
  Jack 75
  Lett 75
  Lucy 80
  Macco 80
  Molly 75
  Patience 75
  Simon 75
  Will 75
Whitely, William
  Judy 63, 65, 71-75
  Lydia 63, 65, 71-75,
    79-82
  Lucy 65
  Stacy 82
Whitledge, Thomas
  Pegg 72
Wigginton, Benjamin
  Moses 86
  (Under 16 in 1786:)
  Frank
Wigginton, Eleanor
  Bett 78-80, 82-84
  Charles 78-80, 82-84
Wigginton, Henry
  Hannah 82-84
Wigginton, Roger
  Bett (Bess) 68-69, 71-76
  Charles 71-76
Wigginton, Sarah
  Bett 81-82
  Daniel 78-83
  Hannah 69, 71-73, 75-78
  Jack 62-63, 65, 68-69,
    71-73, 75-81, 83-84
  Jenny (Jean) 62-63, 65,
    68-69, 71-73, 75-82
  Nan 63, 65
  Sandy 68-69, 71, 73
  Travis 72-73, 75-80
Wigginton, Spencer
  Ben 82-84
  Fan 74-84
  Nan 68-69, 71-84
  Suck 78-84
  Tom 79-84
Wildman, William
  Abraham 76-77
Wilkinson, John
  Dinah 80, 82-84
Wiley, John
  Cato 72-73, 75-80, 82-83
Williams, Ann
  Criss 74
  Rippon 70-71, 73-74
Williams, John
  Ben 72-74, 78-81
  Cate 82-85
  Criss 78-81

Immanuel 79
Jane (Jenny) 80-81
Ned 82-85
Sylvia 78-81
Tadge (Dage) 82-85
Williams, Notley
  Lydia 60
Williams, Thomas Sr.
  Criss 75
  Griffin 75
  Jupiter 58, 60-63, 65, 69-81
  Rachel 65, 69-81
  Rippon 76-81
  Sarah 76-81
  Will 73-81
Williams, Walter
  Rippon 63
Willis, Francis
  Agatha (Aggy) 72
  Sylvia 72
Wilson, David Sr.
  Sharper 74
Winn, Elizabeth
  Jane (Jean) 68, 70, 73
Winn, John
  Anthony 62-63
  Grace 60
  Jane (Jenny) 60-63
  Sarah 60-63
  Tony 60-61
Winn, Minor
  Adam 58, 60-63, 65
  Grace 61-63
  Jane (Jenny) 58, 63, 65
  Mary 58
  Moll 58, 60-63, 65
  Poll 58, 60-63
  Rachel 65
  Solomon 60-63
Winn, Owen
  Abraham 79-85
  Eve 76-77
  Jenny 71-72
  Joseph 83
  Milly 71-77, 79-85
  Suckey 82
  Will 75-77
Winn, Samuel
  Hannah 60-61
  Moll 60-62
  Toby 60-61
Winn, Thomas
  Will 73-74
Winn, William
  Doll 65
  Eddy 60-62
  Mary 60-62
  Toby 62, 65
Winters, Martin
  Nace 78
Wishart, Henry
  Clay 72-74
  Frank 60, 62-63, 65, 70-73
  George 70-74

Harry 63, 65, 70-71
Judith 63, 65, 70-72
Venus 61-63, 65
Wiet 61
Wood, William Jr.
  Will 69-70
Woolard, Jesse
  Abraham 67
  Minta 67
  Phyllis (Fillus) 67
Woolard, William
  Isaac 82
  Jane 75-77, 79, 82
  Ned 82
  Tom 68, 71-73
  (Under 16 in 1782:)
  2 not named
Worster, John
  Barker 80
  Judy 80
Wrenn, Isaac
  Alice (Alce) 85
  Cate 83
  Moll 74
  Sarah 81
Wrenn, James (Col)
(Resided in Fairfax Co.)
  Charles 79, 85
  Jack 80-85
  Mary (Moll) 75-85
  Suck 76-78
  Winney 76-85
Wrenn, John
  Betty 83
  Frank 79, 81-83, 85-86
  James 85-86
  Peter 79, 81-83, 85-86
Wright, John
  Gregory 76-77
Wright, Robert
  Patience 85
Wycoff, Nicholas
  James 82
Wycoff, William
  Hannah 82

Y

Yandes, Jacob
  Beck 83
  George 83
Yates, Joshua
  Lett 79

www.ingramcontent.com/pod-product-compliance
Lightning Source LLC
Chambersburg PA
CBHW072145160426
43197CB00012B/2251